MICHAEL EINK (HG.)

GEWALTTÄTIGE PSYCHIATRIE

MICHAEL EINK (Hg.)

Gewalttätige Psychiatrie

ein Streitbuch
mit Beiträgen von

Thomas Bock
Georg Bruns
Stephan Debus
Ilse Eichenbrenner
Michael Eink
Petra Gromann
Horst Haltenhof
Hans-Joachim Haug
Ulrich Kobbé
Harald Pfannkuch
Renate Schernus
Matthias Seibt
Ralf Seidel
Gabriele Tergeist
Günther Wienberg

Psychiatrie-Verlag

Die Deutsche Bibliothek – CIP-Einheitsaufnahme
Gewalttätige Psychiatrie : ein Streitbuch/Michael Eink
(Hg.). – Bonn: Psychiatrie-Verl. 1997
ISBN 3-88414-208-9

Umschlagabbildung: Jutta Jentges, Nürnberg
Umschlaggestaltung: bild-werk, Dorothea Posdiena, Dortmund
Satz: Graphische Werkstätten Lehne GmbH, Grevenbroich
Druck und Bindung: Clausen & Bosse, Leck

Inhalt

Häßliche Geschichten von Zweifel, Angst und Scham

Eine Einführung

»Einsperren, anschnallen und zudröhnen, sonst könnt ihr nichts«, schrie mir einmal ein Mann entgegen, während ich mit ungefähr 10 weiteren Kollegen versuchte, ihn niederzuringen und an sein Bett zu fesseln.

Ich denke nicht, daß er recht hatte. Psychiatrisch Tätige können nicht nur Türen schließen, Patienten »fixieren« und ihnen Medikamente gegen ihren Willen verabreichen. Aber es scheint zum notwendigen Repertoire ihrer professionellen Handlungsformen zu gehören, vielleicht weniger reflektiert und qualifiziert als anderes, das in langjähriger Ausbildung oder Studium gelernt und auch eingeübt werden konnte.

Wenn in der Klinik Alarm ausgelöst wird, renne ich mit zu der betreffenden Station und entferne dabei – scheinbar routiniert – die Armbanduhr vom Handgelenk, um bei einer zu befürchtenden Auseinandersetzung niemanden damit zu verletzen. Das Herzklopfen, die Angst, jemandem wehzutun, oder selbst verletzt zu werden, bleiben hinter der Maske eines erfahrenen Profis verborgen. Wenn Mitarbeiter oder Patienten tätlich angegriffen werden, fesseln wir manchmal einen Menschen, oder, um in unserem distanzierten Sprachjargon zu reden: wir »fixieren« ihn. Ich brauche keinen Psychoanalytiker, um zu verstehen, warum ich mir nach solchen Szenen immer die Hände wasche. Wahrscheinlich kriegen die meisten Kolleginnen und Kollegen auch feuchte Hände, sagen aber nichts.

Mantel des Schweigens

Gewalt in der Psychiatrie wird weitgehend tabuisiert. Selten spricht jemand über die häßlichen und unschönen Geschichten, bei denen wir uns die Hände schmutzig machen, erstaunlich wenig wird dazu veröffentlicht. Gewalt in der Psychiatrie ist ein Thema, dem wir uns »nicht begeisterten Herzens zuwenden« (A. Finzen), da hilft auch kein vergleichender Hinweis auf die Gewalt in der internistischen, neurologischen oder chirurgischen Medizin, deren Legitimität in Notsituationen kaum angezweifelt wird.

Mag sein, daß die psychiatrische Gewalt, sei es in der Täter- oder der Opferrolle, von den in der Psychiatrie professionell Tätigen so massiv verdrängt und verleugnet wird, weil sie in krassem Widerspruch steht zum Selbstbild helfender Berufe. Mag sein, daß die Tabuisierung in der Furcht vor weiterer Diskriminierung psychisch Kranker und psychiatrisch Tätiger gründet und die Scheu gegenüber einer Reflexion der Täterrolle von Patienten darin, daß psychisch Kranke in der (insbesondere deutschen) Psychiatriegeschichte so oft zum Opfer therapeutischer oder staatlicher Gewalt wurden. Trotz der gesicherten Erkenntnis, daß psychisch Kranke nicht mehr Gewalttaten begehen als der Bevölkerungsdurchschnitt, nutzen die Medien immer wieder spektakuläre Einzelfälle dazu, tiefsitzende Ängste und Ressentiments gegenüber den »gefährlichen Verrückten« zu schüren.

All dies und noch mehr mag dazu beitragen, den Mantel des Schweigens über Gewalt in der Psychiatrie zu legen. Verdeckt wird dabei die Allgegenwärtigkeit der Gewalt, zwar auch, um die gelegentlich durch »verrückte«, geängstigte, aggressiv-erregte Patienten/Klienten ausgeübte zu verbergen, in erster Linie aber, weil alltäglicher und systematischer, jene durch uns wohlmeinende Helfer den Patienten angetane.

Vereinzelte heftige Zwischenrufe aus antipsychiatrischer Perspektive vernebeln das Drama mit einer Verleugnung seelischen Leidens und mit groben Entlarvungsstrategien, nach denen psychiatrische Institutionen in ungebrochener Tradition der »hospitales generales« und »Houses of Correction« karikiert werden. Doch auch von psychiatrischer Seite wird selten eine differenzierte Auseinandersetzung mit den gewalttätigen Anteilen des eigenen Handelns gewagt. An die Stelle einer offenen Konfrontation mit Gefühlen des Zweifels, der Angst und der Scham setzen gerade ihre konservativen Apologeten gern Warnungen vor einem »liberalen Umgangsstil, der tätliche Konfrontationen begünstigt« (Zeiler) oder begnügen sich mit trotzigen »Ich steh dazu«-Attitüden auf Stammtischniveau: »Ein psychiatrisches Krankenhaus ist kein Kindergarten« (F. Reimer und H. Starz).

Kruse gegen Krisor

Im Gegensatz zu solchen Nebelbomben haben 1995 zwei Psychiater mit einer öffentlich ausgetragenen, z. T. verbissen-polemischen Kontroverse einen wertvollen Beitrag zur Gewalt-Diskussion geleistet: In der Zeitschrift *Sozialpsychiatrische Informationen* stritten Matthias Krisor aus Herne und Gunther Kruse aus Langenhagen öffentlich über die Frage der Notwendigkeit von Zwangsmaßnahmen bei der Behandlung eines gemeinsamen Patienten und über den Stellenwert von Zwang und Gewalt in der Psychiatrie generell. Eine ungewöhnlich hohe Zahl von Leserbriefen an die Zeitschrift dokumentiert ebenso den Stellenwert des Streites der Chefärzte wie eine Einladung zu einer Podiumsdiskussion an beide zur Jahrestagung der DGSP im selben Jahr. Aus der Aufgeregtheit, die in der Fachwelt entstanden war, entwickelte sich in der Vorbereitungsgruppe zur Tagung allen Ernstes die Idee, die Podiumsdiskussion »Herr K. gegen Herrn K.« mit einer Boxerhymne musikalisch einzuleiten. Der Streit »Kruse gegen Krisor« fand schließlich ohne *Rocky*-Fanfare statt.

Bei allen Vorbehalten, die ich beiden Kontrahenten zu entgegnen hätte, bin ich ihnen für den offenen »Fight« dankbar. Im Gegensatz zu manchen Kollegen, die die »bedenkliche Ideologisierung und Polarisierung« beklagten (A. Wähner), habe ich die polemische Zuspitzung als hilfreich erlebt, eine Diskussion zu provozieren, die wir uns sonst allzu gern ersparen. Herausgeber und Verlag sehen dieses Buch in der Tradition dieser Auseinandersetzung als Beitrag zur Streitkultur und hoffen, daß es weitere Diskussionen provoziert.

Das Dream-Team

Der Aufforderung, pointierte Beiträge für ein »Streitbuch« zu verfassen, sind die Autorinnen und Autoren mit einem unterschiedlichen Maß an Konfliktfreudigkeit und Leidenschaft gefolgt. Fast alle, die ich für mein persönliches »Dream-Team« nominiert hatte, haben die Einladung zum Schreiben angenommen. Ihnen sei für ihre Beiträge ebenso herzlich gedankt wie Barbara Uhlig für die sekretariale Koordination.

Naturgemäß können in einem Buch nur einige Aspekte eines so breiten Themas aufgegriffen werden. Lücken und blinde Flecken bleiben. Die vorliegenden Texte bieten dennoch eine Menge Stoff für die Diskussion um Gewalt in der Psychiatrie: empirische Daten, provokante Meinungen, nachdenkliche Fragen u. v. m.

Die einleitenden Beiträge zum Verhältnis von Macht, Zwang und Gewalt in der Psychiatrie eröffnet Günther Wienberg. Er bietet eine Definition des Gewalt-Begriffes an und reflektiert in 14 Thesen die Beziehung der Psychiatrie zur Gewalt. Utopien einer gewaltfreien Psychiatrie müssen aus seiner Sicht eine Fiktion bleiben.

Ralf Seidel stellt Fragen zur ethischen Legitimation psychiatrischer Gewalt und balanciert zwischen dem Recht auf Selbstbestimmung des einzelnen und der notwendigen Fremdbestimmung durch die ihn tragende Gemeinschaft.

Machbarkeitswahn in der Psychiatrie als handlungsleitende Vorstellung, nach der alles Auffällige und Abweichende »weggemacht« werden kann und soll, diskutiert Renate Schernus in Zusammenhang mit dem ökonomistisch-technizistischen Denken der Nazi-Psychiater, aber auch der neuen Herrschaftssprache im Zeitalter des Qualitätsmanagements.

Im zweiten Teil des Buches (»Heiße Eisen«) geht es um »klassische« Konfliktfelder der Gewalt-Diskussion: Zwangseinweisung, Fixierung, »gefährliche Irre« und (Ohn-)Macht in der ambulanten Arbeit.

Die gesetzlichen Grundlagen und die gängige Praxis der Zwangseinweisungen werden von Georg Bruns problematisiert. Darüber hinaus analysiert der Autor auch die Psychodynamik dieser Eskalationsprozesse und diskutiert psychische Störungen in Form traumatischer Reaktionen auf Zwangsmaßnahmen.

Horst Haltenhof setzt sich mit der sinnfälligsten Form psychiatrischer Gewalt, der Fixierung, auseinander. Aus einer vergleichenden Darstellung vorliegender Forschungsergebnisse leitet er Skepsis gegenüber einer »gewaltfreien Psychiatrie« ab, formuliert jedoch Kriterien für die Anwendung der Fesselung als Ultima ratio psychiatrischen Handelns.

Medikamentöse Zwangsbehandlungen untersucht Hans-Joachim Haug. Der Autor befragte betroffene Patienten und Therapeuten nicht nur nach Umständen und Auslösern der Zwangsmedikation, sondern auch nach dem subjektiven Erleben, nach den Gefühlen, die dabei entstehen.

Das Bild des »gemeingefährlichen Geisteskranken« bewegt Ulrich

Kobbé. Mit kasuistischen Beobachtungen zu selbst- und fremdaggressiven Handlungen forensischer Patienten verweist er auf die Gefahr, den Einfluß der institutionellen Ordnung und der situativen Auslöser auszublenden.

Ilse Eichenbrenner erzählt Geschichten vom Schlagen und Geschlagenwerden im ambulanten Alltag. Keine professionelle Selbstvergewisserung, keine Regeln für den Umgang mit Gewalt, eher Szenen der Angst, der Ratlosigkeit und Verzweiflung.

In dem Teil zur »Unsichtbaren Gewalt« richten die Autorinnen und Autoren den Blick auf Schattenseiten und Grauzonen abseits der bekannten Konfliktfelder.

Ich selbst suche in der psychiatrischen Rehabilitation nach subtilen Formen von Macht und fürsorglicher Belagerung, die fließende Übergänge zu Zwang und Nötigung regelmäßig überschreiten. Keine »gewaltfreie Zone« also, hinter Pseudo-Freiwilligkeit und Aktivitätszwang offenbart sich ein reichhaltiges Sanktionsrepertoire.

Mit einem distanzierten Blick auf psychiatrische Institutionen gelingt es Stephan Debus, Strukturen aufzuzeigen, die das Klima der Institution beherrschen und zur Gewaltbereitschaft beitragen können. Die emotionale Organisation einer Einrichtung schildert er mit Tagebucheintragungen, in denen Szenen des institutionellen Alltags in ungewohntem Licht erscheinen.

Gabriele Tergeist rückt geschlechtsspezifische Aspekte der Gewalt in den Blick. Deutlich wird dabei, was Männer und Frauen in der Täter- und Opferrolle unterscheidet.

Eine Schattenseite der Psychiatriereform beleuchtet Petra Gromann, indem sie die strukturelle Gewalt im Umgang mit dem »harten Kern«, den »schwierigsten« Patienten darstellt.

Im abschließenden Teil zu Utopien und Perspektiven plädiert zunächst Harald Pfannkuch für eine offene Psychiatrie, wie sie in Herne praktiziert wird, und macht deutlich, welche Voraussetzungen für eine gewaltarme Psychiatrie geschaffen werden müssen.

Aus Sicht von Matthias Seibt ist die Psychiatrie ein System der Repression und Gewalt, in dem Menschen, nicht selten mit tödlichen Folgen, mißhandelt werden. Bei aller Skepsis gegenüber Verbesserungen der Situation biete allenfalls die wachsende Selbstorganisation der Psychiatrie-Erfahrenen Anlaß zu Hoffnungen.

Für Thomas Bock setzen Wege zu einer gewaltarmen Psychiatrie ein neues Psychoseverständnis voraus. Erst mit veränderten Beziehungen zwischen Mitarbeitern und Klienten könnten ein Klima der Akzeptanz und eine kommunikative Streitkultur entstehen, durch die sich die (angeblich unvermeidbaren) Anteile von Gewalt in der Psychiatrie durchaus drastisch reduzieren ließen.

Abschließend versuche ich eine subjektive Bilanz der verschiedenen Beiträge und einen Ausblick auf unsere künftigen Gewalttätigkeiten. Ich verbinde dies mit der Hoffnung, daß das »Streitbuch« möglichst viele Diskussionen anregt.

Hannover, im Juni 1997
Michael Eink

Zum Verhältnis von Macht, Zwang und Gewalt

GÜNTHER WIENBERG

Gewaltfreie Psychiatrie – eine Fiktion

Begriffliches und Grundsätzliches zum Problem der Gewalt in der Psychiatrie

Die Probleme der Gewalt sind immer noch sehr dunkel.
(George Sorel, 1906)

Zum Begriff »Gewalt«

Der Titel dieses Beitrags ist bewußt provokant formuliert und als Antithese gedacht gegenüber denjenigen, die eine »gewaltfreie« Psychiatrie propagieren (z. B. KRISOR 1992).

Zunächst will ich den Versuch einer begrifflichen Klärung unternehmen, denn der Gewalt-Begriff ist schillernd, unscharf und zum Teil heftig umstritten. Der *Brockhaus* etwa definiert »Gewalt« als »Unrechtmäßiges Vorgehen, die Anwendung von physischem und/oder psychischem Zwang gegenüber einem anderen, um diesem Schaden zuzufügen bzw. ihn der Herrschaft des Gewalt-Ausübenden zu unterwerfen«. Hervorzuhebende Bestandteile dieser Begriffsbestimmung sind:

- »Unrechtmäßiges Vorgehen«: Gewalt ist rechtlich unzulässig, es sei denn, sie ist legitimiert. Gewalt legitimieren kann, zumindest in Rechtsstaaten westlicher Prägung, ausschließlich der Staat (dies ist Teil seines »Gewaltmonopols«). Gewaltanwendung gegenüber psychisch Kranken ist also verboten, soweit sie nicht staatlich legitimiert ist.
- Die Definition grenzt den Gewaltbegriff nicht auf physische Gewalt ein. Es sind also nicht nur körperliche Schädigungen (wie z. B. Schmerzen und Verletzungen bei einer Zwangsmedikation), sondern auch soziale und psychische Beeinträchtigungen durch die Anwendung von Zwang gemeint (wie z. B. soziale Folgeprobleme einer zwangsweisen Unterbringung in einem psychiatrischen Krankenhaus; die Verletzung der persönlichen Würde durch Vorenthalten von Privatheit und Einschränkung der Intimsphäre).
- Die Definition betont den instrumentellen, zweckgerichteten Charakter von Gewaltanwendung: »zwingen zu etwas«. Aggression dagegen

muß diesen instrumentellen Aspekt nicht haben. Aggressives Verhalten ist eher motiviert und ausgelöst durch starke Affekte auf seiten des Handelnden (z. B. Wut, Enttäuschung, Ärger, Furcht). Während die Anwendung von Gewalt/Zwang also oft einem Ziel dient und daher einem bewußten oder unbewußten Kalkül folgt, wird aggressives Verhalten eher affektiv gesteuert und ist spontan.

- Vorausgesetzt wird eine Beziehung der Ungleichheit, eine – zumindest vorübergehend – asymmetrische Beziehung zwischen »Täter« und »Opfer«: Es gibt einen, der zwingt, und einen, der be- oder ge-zwungen wird. Dies verweist auf den engen Zusammenhang von (Ohn-)Macht und Gewalt. Spontan ist man geneigt, Macht-Haben als Voraussetzung von Gewaltausübung anzusehen: ohne Macht keine Gewalt. Diese Beziehung scheint jedoch nur in bestimmten Grenzen gültig zu sein. So stellt H. Arendt fest: »Macht und Gewalt sind Gegensätze: Wo die eine absolut herrscht, ist die andere nicht vorhanden. Gewalt tritt auf den Plan, wo Macht in Gefahr ist.« (Arendt 1985, S. 57) Diese Akzentuierung des Begriffes klärt die Doppeldeutigkeit des deutschen Wortes »Gewalt«. Es enthält nämlich sowohl die Bedeutungskomponente von »Gewalt antun« als auch die von »Gewalt haben über«. Wenn im folgenden von »Gewalt« die Rede ist, so ist in der Regel die erste Bedeutungskomponente gemeint.
- Zwang kann von Gewalt dadurch unterschieden werden, daß »Schaden zufügen« oder »der Herrschaft unterwerfen« nicht der eigentliche Handlungszweck, eine intendierte Handlungsfolge des ersteren ist. Demnach hätten wir es in der Psychiatrie so lange nicht mit Gewalt im eigentlichen Sinne zu tun, wie Zwang ausschließlich im Interesse des Ge-/Bezwungenen und zu seinem Besten angewendet wird. Selbst wenn wir voraussetzen, daß Schädigung oder Unterwerfung von Patienten regelhaft nicht die Absicht der psychiatrisch Handelnden ist, löst dies das Gewaltproblem aber letztlich nicht auf. Denn ein und dieselbe Handlung – z. B. die zwangsweise Verabreichung einer Injektion – kann unterschiedliche Folgen haben, die von den Beteiligten auch noch unterschiedlich bewertet werden können: Unmittelbar stellt die Zwangsinjektion eine Körperverletzung dar, schädigt den Betroffenen also objektiv; mittelbar mag er die Auswirkungen der Behandlung wider Willen positiv bewerten (schnelle Beendigung eines quälenden psychotischen Erregungszustandes) oder auch negativ (schwere extrapyrami-

dale Beeinträchtigungen ohne psychische Entlastung); rückblickend, nach einem stationären Aufenthalt mag die Bewertung wieder eine andere sein. Die Grenze zwischen »nur Zwang« und »schon Gewalt« ist alles andere als scharf, wobei der Faktor Zeit und sich wandelnde Bewertungen kritische Faktoren darstellen. Ich verwende deshalb weiter den Gewalt-Begriff, um nicht der Gefahr der Bagatellisierung zu erliegen.

Im folgenden werden 14 thesenhafte Aussagen zum Thema »Psychiatrie und Gewalt« getroffen und erläutert. Die Darstellung folgt dem Ziel, die häufig unübersichtlichen und disparaten Positionen zum Thema zu ordnen und zugleich eine eigene Position zu formulieren.

Psychiatrie und Gewalt – 14 Thesen

1. Gewalt gegen psychisch kranke Menschen existiert vor und unabhängig von psychiatrischen Institutionen.

Psychisch kranke und behinderte Menschen sind außerhalb öffentlicher Institutionen wie der Psychiatrie ebenso Gewalttätigkeiten ausgesetzt wie innerhalb. Ob es sich dabei um eher subtile Formen wie Stigmatisierung und soziale Isolierung handelt oder um das Vorenthalten von Lebenschancen, die andere Bürger haben, bis hin zur Verfolgung und körperlichen Vernichtung: Es gibt kaum eine Art von Gewalt gegen Kranke und Behinderte, der sich Gesellschaften nicht schuldig gemacht hätten. So fand Jacobson (1987, 1989) heraus, daß 68 % der ambulanten und 81 % der stationären Patienten eines psychiatrischen Krankenhauses sexuelle oder andere körperliche Gewalterfahrungen gemacht hatten – unabhängig von der Psychiatrie.

Ein Vorteil institutionell legitimierter und normierter Gewaltausübung liegt dabei auf der Hand: Sie wird aus dem Dunkel des Privaten und Subkulturellen herausgeholt in einen potentiell transparenten und kontrollierbaren öffentlichen Raum. Mit anderen Worten: Wenn Gewalt gegen psychisch Kranke ein reales gesellschaftliches Phänomen/Problem ist, dann sollte sie besser durch die Psychiatrie ausgeübt werden, die ja eine öffentliche Institution ist, als in irgendwelchen nicht-öffentlichen Bereichen.

2. Die Gewaltanteile psychiatrischen Handelns sind unauflösbar mit ihrem gesellschaftlichen Auftrag und ihrer sozialen Funktion verknüpft.

Gewalt, auch in ihrer sanktionierten, legitimierten Form, ist ein gesellschaftlich verbreitetes Phänomen. Sie ist nicht auf die Psychiatrie beschränkt. Andere Bereiche, in denen staatlich legitimierte »besondere Gewaltverhältnisse« herrschen, sind etwa Schulen, Gefängnisse, Kasernen usw. So stellt I. Illich fest: »Erziehung ohne Gewalt existiert ebensowenig wie hölzernes Eisen oder ein quadratischer Kreis ... « (Illich 1986, S. 13) Institutionen wie die genannten sind dadurch gekennzeichnet, daß die Ausübung von Gewalt in bestimmten, zumeist gesetzlich legitimierten Grenzen zugelassen oder gar gefordert ist.

Das besondere Dilemma der Psychiatrie besteht in der Doppelgesichtigkeit ihres Auftrages: Sie hat zugleich eine therapeutische und eine Ordnungsfunktion. Was in der Psychiatrie mit kranken Menschen geschieht, ist deshalb nicht allein Angelegenheit der dort Tätigen, es ist immer auch Ausdruck und Konsequenz des gesellschaftlichen Auftrages. E. Goffman (1977, S. 365) bezeichnet deshalb Verwandte, Polizisten, Richter und die Gesellschaft insgesamt als die »wahren Klienten« der Anstalten.

Eine »gewaltfreie« Psychiatrie ist also schon deshalb eine Fiktion, weil sie bestimmte gesellschaftliche Aufträge zurückgeben müßte, um diesem Anspruch gerecht zu werden. Abgesehen davon, ob Gemeinwesen und Staat sich dies gefallen ließen – es müßten und würden dann wohl andere Institutionen diesen Auftrag übernehmen.

Die Doppelfunktion der Psychiatrie als therapeutische Institution einerseits und als Ordnungsmacht andererseits grundsätzlich anzuerkennen, darf jedoch nicht dazu führen, daß Zwang und Gewalt als Therapie ausgegeben werden und damit die Ordnungsfunktion verschleiert wird: »Als das entscheidende Kriterium ist die Zieldefinition anzusehen. Erziehung, Zwang oder Kontrolle setzen eine Person voraus, die für eine andere Person ein bestimmtes Ziel oder mehrere Ziele formuliert und diese durchsetzen möchte. Demgegenüber verlangt Therapie eine Person (oder ggf. ein Familiensystem), die selbst ein Ziel formuliert, zu dessen Erreichen sie die Hilfe eines anderen in Anspruch nehmen möchte.« (Rotthaus 1996, S. 264)

3. Die Gewaltanteile psychiatrischen Handelns sind unauflösbar mit ihrer therapeutischen Funktion verknüpft.

Die Ausübung von Zwang und Gewalt durch psychiatrische Institutionen gründet nicht ausschließlich in ihrer sozialen Funktion. Sie wohnen der Institution Psychiatrie funktional auch deshalb inne, weil psychische Störungen und Krankheiten, zumindest in ihrer zugespitztesten Form (z. B. katatoner Erregungszustand, demente Verwirrung, Alkohol-Delir), von ihrer Natur her einen Verlust der Selbstbestimmung oder Selbstverfügbarkeit einschließen. Menschen in derartigen Extremsituationen sind weder entscheidungs- noch einwilligungsfähig. An die Stelle von Autonomie und Eigenverantwortung treten deshalb (vorübergehend) Fremdbestimmung und Fürsorge. Dabei geht es nicht selten um die Verhütung schwerer gesundheitlicher Schäden. Deshalb müssen psychiatrisch Tätige (in dem rechtlich vorgegebenen Rahmen) im wohlverstandenen Interesse der Betroffenen handeln – und notfalls auch unter Gewaltanwendung.

Die Gewaltanteile psychiatrischen Handelns nicht zu akzeptieren, hieße letztlich, diese schwersten seelischen Krankheitszustände aus dem Zuständigkeitsbereich der Psychiatrie auszuschließen und an andere Institutionen zu delegieren. Das kann aber keine Lösung des Gewaltproblems sein. Eine andere mögliche Konsequenz wäre: Die Gewalt-Anteile psychiatrischer Arbeit würden verdrängt, verleugnet und tabuisiert – damit würden sie aber zugleich unkontrollierbar.

4. Gewalt gehört auch deshalb zur Psychiatrie, weil Gewalttätigkeit eine Möglichkeit (kranken und gesunden) menschlichen Handelns ist.

Eine psychische Erkrankung, Störung oder Behinderung kann unter einer bestimmten Perspektive auch als ein gewaltsamer und damit scheiternder Versuch der Lösung eines Lebensproblems interpretiert werden: »Jede psychische Störung ist ein Lösungsversuch eines Lebensproblems, der vor allem deshalb langfristig schwer lebensfähig ist, weil er gewalttätig gegen sich und/oder andere ist. Dem entsprechen die Gewaltanteile psychiatrischen Handelns.« (Dörner/Plog 1984, S. 10)

Aus diesem Blickwinkel rückt psychische Krankheit als nicht nur passiv Erlittenes, sondern auch als aktiv Gestaltetes in den Blickpunkt. Psychisch Kranke erscheinen als Mitgestalter, »Täter«, Mitverantwortliche ihres Schicksals in einer potentiell gewaltsamen Auseinandersetzung mit sich und ihren Grenzen. Auch diese Perspektive macht deutlich, daß man sich in der Arbeit mit psychisch kranken Menschen dem Gewaltphänomen nicht entziehen kann.

Psychisch Kranke sind nie bloß hilflose Opfer eines über sie hereinbrechenden Krankheitsgeschehens, sondern immer auch Handelnde. Als solche tun sie sich und anderen Gewalt an. Die Gewalt der Psychiatrie ist auf diese Weise ein Stück Ausdruck und Spiegel dieser Gewalt (man denke z. B. an die Destruktivität des Süchtigen, die Ent-Grenzung des Manikers).

5. Die gesetzlichen Grundlagen zur Ausübung staatlich legitimierter Gewalt gegenüber psychisch Kranken in Deutschland sind grundsätzlich angemessen und eines Rechtsstaates würdig.

Genau betrachtet, folgen die Psychisch-Kranken-Gesetze der Länder und das Betreuungsrecht im Bürgerlichen Gesetzbuch dem Grundsatz: Im Zweifel für die individuelle Freiheit. Außerdem geben sie das Recht zur Freiheitsentziehung und die Legitimation zur Anwendung von Zwang in die Hand der dritten Gewalt, nämlich eines Richters. Beide Aspekte dürfen nicht preisgegeben werden – weder durch eine Stärkung des therapeutischen Anspruchs noch durch eine Ausdehnung der Sicherungs- und Ordnungskomponente. Die jüngere deutsche Geschichte (NS-Herrschaft, DDR-Staat) lehrt, wohin es führt, wenn rechtsstaatliche Grundsätze fallen oder ausgehöhlt werden.

Das Problem liegt nicht bei den gesetzlichen Normen, sondern bei der materiellen Ausgestaltung des Rechts oder der »Rechtswirklichkeit«. Ein Indiz dafür sind etwa die großen Unterschiede in der Häufigkeit von Zwangseinweisungen innerhalb und zwischen den deutschen Bundesländern (Riecher-Rössler/Rössler 1992; Psychosoziale Umschau 1994). Dabei gibt es sicherlich Abweichungen nach beiden Seiten, also sowohl in Richtung auf eine zu große Freizügigkeit angesichts realen Handlungsbedarfs als auch in Richtung auf eine Dominanz des ordnungsrechtlichen Aspekts der Gesetze.

Es bedarf der fachlichen Kompetenz, der Zivilcourage und einer großen Sorgfalt im Verfahren, um dem Geist der gesetzlichen Bestimmungen gerecht zu werden.

6. Das Problem der Gewalt gegen psychisch kranke Menschen stellt sich immer im Spannungsfeld von Bewirken und Belassen, Tun und Nichtstun.

Schaden zufügen kann ich jemandem auch, indem ich etwas unterlasse, ihm etwas verweigere, mich abwende und die Hände in den Schoß lege. Wenn zu psychiatrischem Handeln unabwendbar auch Gewaltanteile gehören, kann man diesem Dilemma in der Regel nicht entgehen, indem man schlicht nicht handelt. Auch das Nicht-Handeln wird nämlich häufig schädliche Konsequenzen haben. Die absolute Ablehnung von Gewalt in Form eines »Egal-was-Verbotes« beruht auf der ethisch zutiefst fragwürdigen Unterscheidung zwischen Handlungen und Unterlassungen.

Da aber Tun und Nichtstun hinsichtlich ihrer konkreten Auswirkungen nicht voneinander zu trennen sind, müssen diejenigen, die keine Gewalt anwenden, auch wenn sie damit größere Gewalt verhüten könnten, die Verantwortung für die Gewalt übernehmen, die sie hätten verhindern können (vgl. auch die Unterscheidung von Gesinnungsethik und Verantwortungsethik bei M. Weber, vgl. Rohls 1991). Die Frage der Gewaltanwendung wird somit zu einer Frage der Abwägung zwischen verschiedenen möglichen Handlungsfolgen. Dort, wo es um schwerwiegende Folgen geht und wo die Abwägung zu einem eindeutigen Ergebnis kommt, kann es ein »Recht auf Zwang« geben (Finzen 1986). So halte ich es für meine uneingeschränkte Pflicht, einen psychisch Kranken daran zu hindern, sich selbst zu töten, auch mit Gewalt, denn die Folge meines Nicht-Handelns wäre nicht wieder gutzumachen.

7. Gewaltsames Handeln in der Arbeit mit psychisch kranken Menschen steht immer in einem raum-zeitlichen und sozialen Kontext.

Zum Kontext gehören unter anderem:

- Die »Kultur«, das »Klima« oder »Makro-Milieu«der jeweiligen Institution: J. Zeiler (1993) vertritt die These, daß sowohl die »überstrukturierten Milieus« der traditionellen Verwahrpsychiatrie als auch die »unterstrukturierten« Milieus mancher psychiatrischer Reformeinrichtungen in die gleiche Richtung wirken: Sie fördern gewalttätiges Verhalten auf seiten der Patienten und damit Gegengewalt – wenn auch in unterschiedlicher Form.

- Das therapeutische »Mikro-Milieu« vor Ort, im Team, auf der Station: Zeiler referiert Merkmale von »friedlichen« und solche von »gewalttätigen« Stationen und stellt fest: »Die Eigenheiten der gewalttätigen Stationen erinnern an jene pathologischen Milieueinflüsse, die Ciompi als gefahrvoll für Schizophrene herausgestellt hat: ›Überstimulation‹, Unruhe, Unübersichtlichkeit (der Räumlichkeiten, der Rollen, der Funktionen), Anonymität, ständiger Wechsel der nächsten Bezugspersonen, Diskontinuität, Unberechenbarkeit, Entwertung, Gleichgültigkeit, Kälte. Milieueigenschaften, welche den Kranken, gerade den Schizophrenen, in Angst, Spannung und Verwirrung versetzen, begünstigen offenkundig auch aggressive Entäußerungen.« (ebd. S. 131)
- Anzahl und Qualifikation der Mitarbeiter: F. Reimer und H. Starz (1989) fanden beispielsweise auf einer Akutstation eine Zunahme von Fixierungen mit abnehmender Personaldichte; unerfahrene Mitarbeiter lösen eher aggressives Patientenverhalten aus als erfahrene (vgl. Zeiler 1994).
- Individuelle Dispositionen, Haltungen und Bewältigungsmuster: Es gibt offenbar Menschen, die gewaltbereiter sind und eher Gewalt auslösen als andere. J. Zeiler (1994) referiert als mitarbeiterbezogene Risikofaktoren aggressiven Patientenverhaltens: männliches Geschlecht; autoritäres Verhalten; fordernder, abweisender, strafender Umgangsstil.
- Räumliche und materielle Arbeitsbedingungen: Enge, Lärm und andere Formen sensorischer Überreizung steigern das Erregungsniveau von Menschen in psychischen Ausnahmezuständen und damit ihre Aggressionsneigung.

Eine sorgfältige Analyse des Kontextes hilft dabei, Möglichkeiten (und Grenzen) der Gewaltreduzierung zu erkennen.

8. Unterschiedliche Formen psychiatrischer Gewalt stehen in Wechselwirkung untereinander.

Die Dynamik eines sozialen Systems im Hinblick auf sein Gewaltpotential ist – auch in der Psychiatrie – oft symmetrisch. D. h., es kommt zur Eskalation durch fortgesetzte positive Feedback-Schleifen nach dem Muster: Gewalt provoziert Gegengewalt und so fort. Symmetrische Eskalationsprozesse sind grundsätzlich ein Zeichen dafür, daß auf der Station/im Team etwas nicht stimmt (z. B. Überforderung, fehlende Struktur, ungünstige personelle Konstellation). Ein qualifizierter Umgang mit dem Gewaltpotential in psychiatrischen Sozialsystemen ist dagegen primär komplementärer Art, d.h. daß auf drohende oder tatsächliche Gewalt deeskalierend, also nach dem Prinzip der negativen Rückkoppelung reagiert wird. Von verschiedenen Autoren werden Handlungsstrategien oder Handwerksregeln für die komplementäre Interaktion in »brenzligen« Situationen vorgeschlagen (z.B. Dörner 1986; Hubschmid 1991).

Bei dem Versuch, ein System (z.B. eine Station) als Ganzes darauf auszurichten, komplementär-deeskalierend auf das Gewaltpotential in der Arbeit mit psychisch kranken Menschen einzugehen, sind die Wechselbeziehungen zwischen verschiedenen Handlungsweisen und deren Folgen zu beachten: Die Reduktion von Gewaltanteilen in einem Teil des Systems kann zu einer Erhöhung solcher Anteile in anderen Bereichen des Systems führen. So kann z.B. die Öffnung geschlossener Stationstüren bewirken, daß Patienten häufiger isoliert oder fixiert werden; die Reduzierung der Häufigkeit und Dauer von Fixierungen kann erkauft werden durch einen steigenden Verbrauch von sedierenden Medikamenten; die permanente 1:1-Betreuung eines zur Selbstverletzung neigenden Patienten verletzt dessen Privatheit und Intimsphäre usw. Oder: Die humane und freizügige Behandlung der Mehrheit führt zum Ausschluß einer kleinen Gruppe extrem gewalttätiger bzw. -auslösender Patienten, zu ihrer Verweisung an »Spezial-einrichtungen« und damit quasi zum Export von Gewalttätigkeit: »Man kann beobachten, daß in reformorientierten Institutionen (potentiell oder manifest) gewalttätige Patienten oft keine angemessene Behandlung finden und Gefahr laufen, ausgegrenzt zu werden – durch Verlegung, sog. disziplinarische Entlassung oder Überantwortung an Polizei und Justiz. Liberalisierung stationär-psychiatrischer Einrichtungen und Verschiebung Schwerstgestörter in den Maßregelvollzug scheinen einander zu ergänzen.« (Zeiler 1993, S. 130)

9. Es ist eine therapeutische Aufgabe, psychisch kranke Menschen dabei zu unterstützen, ihre gewalttätigen/ -auslösenden Anteile in ihr Ich zu integrieren.

Im Kontext von gewaltsamen Eskalationen neigen sowohl Patienten als auch Helfer zur Spaltung: zwangseingewiesene oder -behandelte

Patienten idealisieren häufig – zumindest vorübergehend – sich und ihr eigenes Verhalten (»gute« Opfer), während die gewaltanwendende Psychiatrie bzw. die dort Tätigen abgewertet und angeschuldigt werden (»böse« Täter). Unser Tun sollte deshalb dem Patienten zu verstehen geben, daß wir als Helfer versorgende und versagende, gewährende und zwingende, »gute« und »böse« Anteile realisieren. Dies hilft ihm auch bei der Integration seiner eigenen ambivalenten Anteile und Tendenzen.

Dies heißt aber auch, daß wir Spaltungen innerhalb eines Teams oder zwischen Teams oder Stationen möglichst vermeiden. Wenn immer die einen für die »gute Therapie« und die anderen für die »böse Gewalt« zuständig sind, fördert dies tendenziell die Spaltung auf seiten des Patienten. Dies schließt nicht aus, daß es innerhalb oder zwischen Teams zu einer vorübergehenden Rollenteilung kommen kann, bei der die eine Seite eher für die begrenzenden, zwingenden, die andere Seite eher für die gewährenden, empathischen Anteile »zuständig« ist. Eine solche Aufteilung kann sogar notwendig sein, um überhaupt ein Arbeitsbündnis herzustellen. Derartige Rollenteilungen müssen aber flexibel bleiben und *ein* therapeutisches *System* konstituieren, anstatt zwischen verschiedenen Systemen mit unterschiedlicher Wertigkeit zu spalten.

Ein wichtiges Hilfsmittel bei der Integration von gewaltsamen Anteilen in der Beziehung zwischen Betroffenen und psychiatrisch Tätigen kann die in Bielefeld in den vergangenen Jahren entwickelte und erprobte Behandlungsvereinbarung sein. (Dietz u.a. 1995) Mit ihr vereinbart ein Psychiatrie-Erfahrener in »guten Zeiten« mit der Psychiatrischen Klinik die Modalitäten für eine zukünftig (eventuell) erforderliche stationäre Behandlung. Solche Vereinbarungen können auch als prospektiver Versuch der Vermeidung von Spaltungen aufgefaßt werden.

10. Gewaltsames Handeln, das von psychisch kranken Menschen ausgeht, hat grundsätzlich Ausdruckscharakter.

Gewaltsames Handeln kann beispielsweise verständlich werden als Ausdruck von Angst, Hilflosigkeit, Wut. Insbesondere Angst und Furcht werden fast nie fehlen im Hintergrund gewalttätiger Eskalationen. Nach K. Dörner hat man davon auszugehen, »daß die in Gewaltsamkeit kanalisierte Angst in jedem Einzelfall … Unterschiedliches bedeuten kann, beispielsweise Kampf um Unabhängigkeit, Rache, Enttäuschung, Wunsch nach Liebe und Zuwendung. Man muß dies sehen wollen, statt Ruhe und Ordnung für die erste Krankenhausarbeiterpflicht zu halten, was zudem die unterschwellige Eskalation der Gewalt zur Brutalität noch begünstigen würde«. (Dörner 1986, S. 426)

Die zentrale Frage in diesem Zusammenhang ist: »Was wolltest du eigentlich mit deiner Gewalttätigkeit ausdrücken?« (ebd., S. 429) Diese Frage eröffnet einen therapeutischen Zugang zum gewalttätigen Handeln. Die Aufgabe der psychiatrisch Tätigen besteht darin, die hinter gewalttätigem oder aggressivem Verhalten stehende Botschaft zu entschlüsseln und gemeinsam mit dem Patienten nach alternativen Ausdrucksmöglichkeiten zu suchen. Diese Aufgabe stellt sich nicht zuletzt unter prophylaktischer Perspektive.

11. Gewaltsames Handeln gegenüber Schwachen, Kranken und Behinderten steht im Widerspruch zu nach wie vor geltenden ethischen Grundhaltungen in unserer Gesellschaft. Es unterliegt damit aber auch einer starken Tendenz zur Tabuisierung.

Der Gewaltanteil psychiatrischen Handelns hat – neben fachlichen, institutionellen, rechtlichen und politischen Aspekten – grundsätzlich eine ethische Dimension. G.B. Achenbach (1989) trifft die in diesem Zusammenhang hilfreiche Unterscheidung von Sittlichkeit und Moral als mögliche Bezugspunkte ethischen Nachdenkens. Dabei faßt er Moral als die Sphäre der eher kurzlebigen Gebote und Verbote auf, die sehr stark Zeitströmungen und auch gesellschaftspolitischen Tendenzen unterliegt. Sittliche Normen haben demgegenüber eher den Charakter grundsätzlicher innerer Einstellungen und Haltungen. Sie entwickeln sich über lange geschichtliche Zeiträume hinweg, sind zum Teil unbewußt wirksam und tief in der Geschichte einer Gesellschaft und der einzelnen verwurzelt.

So konnte sich z. B. im »Dritten Reich« in weiten Teilen der Bevölkerung als moralisches Gebot durchsetzen, daß psychisch kranke und behinderte Menschen an der Fortpflanzung zu hindern seien, um Schaden von der Gesellschaft abzuwenden. Andererseits wissen wir aus persönlichen Zeugnissen, daß viele, die daran direkt oder indirekt beteiligt waren, dies als sittlich verwerflich ansahen und Skrupel verspürten bzw. an Schuldgefühlen litten.

Der gesellschaftliche Umgang mit Gewalt ist demnach nicht nur eine Frage von Moral, also von unter Umständen kurzlebigen Normen, Geboten und Verboten. Vielmehr ist es eine in unserer Kultur historisch gewachsene und spätestens seit der Aufklärung tief verwurzelte Sache von Sitte und Anstand, daß »man« einem schwachen, kranken oder behinderten Menschen keine Gewalt antue. Auch wenn man dies vielleicht sogar unter bestimmten Umständen darf – es also moralisch legitimiert ist –, gehört es sich »eigentlich« nicht, gilt also als sittlich verwerflich.

Entgegen allen gegenteiligen Anzeichen, gerade aus jüngerer Zeit, basiert dieses ethische Prinzip glücklicherweise noch auf einem breiten Konsens und hat damit eine hohe »Verletzungsschwelle«. Legitime oder illegitime Überschreitungen dieser Schwelle unterliegen deshalb einem hohen persönlichen und gesellschaftlichen Tabuisierungsdruck.

12. Der beste Schutz vor zuviel und unangemessener Gewalt gegen psychisch kranke Menschen ist, sie möglichst unverstellt wahrzunehmen und schonungslos zu thematisieren.

Erforderlich ist das offene und öffentliche Gespräch, die konsequente Enttabuisierung des Themas. Wenn es richtig ist, daß der Gewaltanteil aus psychiatrischer Arbeit nicht herauszuhalten ist und diese Gewalt ethisch gesehen unter einem hohen Tabuisierungsdruck steht, dann ist Hinsehen und darüber Sprechen eine grundlegende Handwerksregel psychiatrischer Arbeit. Nur sie kann davor schützen, entweder in bewußtlose Gewaltroutine zu verfallen oder das Problem zu individualisieren, indem jeder für sich allein Gefühle von Scham und Schuld, Wut und Angst zu bewältigen versucht. Eine psychiatrische Einrichtung oder ein Team, das sich nicht immer wieder mit Fragen von Zwang und Gewalt auseinandersetzt, handelt fahrlässig und fachlich wie ethisch bedenklich.

Insofern ist der Umgang mit Zwang und Gewalt ein notwendiger Bestandteil der internen Qualitätssicherung psychiatrischer Einrichtungen. Dabei geht es in erster Linie um Anforderungen an die Prozeß- und Ergebnisqualität. Gerade im Hinblick auf diesen prekären Bereich bedarf es vereinbarter Standards sowie einer darauf bezogenen Dokumentation und Evaluation (Aktion Psychisch Kranke 1996).

13. Psychiatrisches Handeln braucht – gerade im Hinblick auf seine gewaltsamen Anteile – kritische Solidarität und öffentliche Kontrolle.

Die Gewaltanteile des professionellen Umgangs mit psychisch Kranken sind ungleich verteilt – sowohl zwischen Institutionen als auch zwischen Personen(-Gruppen). Dafür sorgen Zuständigkeiten (etwa gesetzlicher Art) ebenso wie Zuschreibungen (etwa Delegation von Zwangsmaßnahmen an diejenigen, die selbst nicht weiter delegieren können). In der Welt der Psychiatrie sind es vor allem die Mitarbeiterinnen und Mitarbeiter von Krankenhäusern und dort insbesondere die auf geschlossenen Stationen und hier wiederum vor allem die im Pflegedienst Arbeitende, auf die gewaltsames Handeln übertragen und delegiert wird. Diese Mitarbeiterschaft hat einen Anspruch auf kritische, aufmerksame Solidarität – sowohl von seiten anderer Berufsgruppen und Institutionen als auch von seiten einer informierten Öffentlichkeit. Es ist unredlich, mit dem Finger auf diejenigen zu zeigen, die für und im Auftrag anderer Fachleute sowie der Gesellschaft als ganzer die vermeintlich »schmutzigen« Anteile psychiatrischer Arbeit übernehmen.

Kritische Solidarität und öffentliche Kontrolle gehören zusammen. Kontrolle kann dabei auch aufgefaßt werden als »externe Qualitätssicherung«.

14. Als Meta-Regel für die ethische Bewertung der Gewaltanteile psychiatrischen Handelns kann das uralte Gebot dienen, »anderen so zu tun, wie wir möchten, daß sie uns tun«.

Unser Handeln kann nur von einem Standpunkt aus ethisch akzeptabel sein, der universell und nicht nur subjektiv, bloß individuell ist. So fordert I. Kants »kategorischer Imperativ«, über die je eigenen Interessen und Präferenzen hinauszugehen: »Handle nur nach derjenigen Maxime, durch die du zugleich wollen kannst, daß sie ein allgemeines Gesetz werde.«

Literatur

ACHENBACH, G.B. (1989): Wie macht man das - ethisch nachdenken? In: DÖRNER, K. (Hg.): Psychiatrisches Handeln gestern und heute - ethisch begründet. 40. Gütersloher Fortbildungswoche. Gütersloh.

AKTION PSYCHISCH KRANKE (Hg.) (1996): Leitfaden zur Qualitätsbeurteilung in Psychiatrischen Kliniken. Bonn.

ARENDT, H. (1985): Macht und Gewalt. München/Zürich.

DIETZ, A.; HILDEBRANDT, B.; PÖRKSEN, N.; VOELZKE, W. (1995): Vertrauen ist gut - Kontrollierbarkeit ist vertrauensbildend. Über erste Erfahrungen mit der Behandlungsvereinbarung in Bielefeld. In: *Psychosoz. Umschau,* 4, S. 12–15.

DÖRNER, K. (1986): Thesen zu »Aggression im Krankenhaus«. In: *WzM* 38, S. 422–429.

DÖRNER, K.; PLOG, U. (1984): Irren ist menschlich. Lehrbuch der Psychiatrie/Psychotherapie. Bonn.

FINZEN, A. (1986): Gewalt in der Psychiatrie - Zur Legitimität der Zwangseinweisung. In: *Spektrum,* 4, S. 147–155.

GOFFMAN, E. (1977): Asyle. Frankfurt a. M.

HUBSCHMID, T. (1991): Gewalt in der Ohnmacht - Vom Umgang mit gewalttätigen Psychiatriepatienten. In: *Gruppenpsychother. Gruppendyn.,* 27, S. 111–119.

ILLICH, I. (1986): Schrift und Gewalt. In: FELDMANN-BANGE, G.; KRÜGER, H.-J. (Hg.): Gewalt und Erziehung. Bonn.

JACOBSON, A. (1987) Assault experiences of 100 psychiatric patients: evidence of the need for routine inquiry. In: *Am. J. Psychiat.,* 144, S. 908–913.

JACOBSON, A. (1989) Psychiatric concepts and therapy. In: STRAUBE, E. R.; HAHLWEG, K. (Hg.): Schizophrenia - concepts, vulnerability and intervention. Berlin/Heidelberg/New York.

KRISOR, M. (1992): Auf dem Weg zur gewaltfreien Psychiatrie. Das Herner Modell im Gespräch. Bonn.

KÜNG, H.; KUSCHEL, K.-J. (1993): Erklärung zum Weltethos. München.

PSYCHOSOZIALE UMSCHAU (1994): Zahl der Zwangseinweisungen ist dramatisch gestiegen. Heft 2, S. 28–30.

Reimer, F.; Starz, H. (1989): Gewalt und Sicherheit im Psychiatrischen Krankenhaus. In: *Spektrum*, 5, S. 195–198.

Riecher-Rössler, A.; Rössler, W. (1992): Die Zwangseinweisung psychiatrischer Patienten im nationalen und internationalen Vergleich. In: *Fortschr. Neurol. Psychiat.*; 60, S. 375–382.

Rohls, J. (1991): Geschichte der Ethik. Tübingen.

Rotthaus, W. (1996): Willkür verringern - Versuch einer Ethik des Helfens. In: *Zeitschrift f. system. Ther.*, 14, S. 263–270.

Zeiler, J. (1993): Der aggressive Patient - Anmerkungen zur Sozialpsychologie der Gewalt. In: *Psychiat. Prax.*, 20, S. 130–135.

Zeiler, J. (1994): Gewalttätiger Patient und institutionelle Gegengewalt. In: *Gesundh.-Wes.*, 56, S. 543–547.

RALF SEIDEL

Zwischen Gewalt und Gewähren

Anmerkungen zur psychiatrischen Praxis

Die Kritik der Gewalt ist die Philosophie ihrer Geschichte.
(Walter Benjamin)

Die Möglichkeiten, Konflikte im Bereich der Überzeugungen oder des Handelns menschlich zu »lösen«, sind äußerst vielgestaltig: Dies mag unter eher Gleichgesinnten im Diskurs (Habermas) bzw. in geregelter Übereinkunft (Rawls), unter eher ungleichen Partnern häufiger in Konkurrenz (G. Simmel), im Streit (C. Schmitt) oder letztlich durch Gewalt geschehen.

Menschliches Leben beruht auf *Gegenseitigkeit*. In ihr gründen *Fürsorge* und *Hilfe* - aber auch *Gewalt,* und deren Voraussetzung ist die *Macht,* die ein Wille für oder über einen anderen Willen ausübt. Gewalt meint physisches oder psychisches Einwirken von Menschen auf Menschen, mit dem Ziel, diese absichtsvoll zu bestimmtem Handeln - oder dessen Unterlassung - zu zwingen. Zwang verweist dabei zunächst auf den Abbruch einer rechtfertigungsfähigen Beziehung.

Die Gestalten der Gewalt sind vielfältig: Von der Drohung über physische Nötigung bis hin zum Mord. Und all das läuft immer darauf hinaus, den jeweils anderen in seiner Handlungsfähigkeit einzuschränken oder, in Demütigung und Folter, seine Selbstachtung zu brechen.

Das Feld zwischen Bezwingung, Nötigung, Sich-Fügen und Verständigung ist weit. Nicht selten führen erst »Furcht und Hoffnung« zu der Einsicht, die Einverständnis nach sich zieht. Doch kann Furcht Gewalt in Motivation wandeln, so daß der Handelnde schließlich frei entscheidet, aus vernünftiger Furcht vor Gewalt? ARISTOTELES schreibt hierzu: »Was aber aus Angst vor größerem Übel geschieht oder wegen etwas Edlem, etwa wenn ein Tyrann eine schädliche Tat befiehlt und dabei Eltern und Kinder in seiner Gewalt hat und diese gerettet werden können, wenn man sie tut, so besteht hier ein Zweifel, ob man das freiwillig oder unfreiwillig nennen soll ... Solche Handlungen sind also gemischt, gleichen aber eher den freiwilligen ...«

Auch Aristoteles erkennt zwischen Zwang, der gewaltsam wirkt, Macht, die manipulative Elemente enthält, und Überzeugung fließende Übergänge an.

Läßt sich nun der Einsatz von Gewalt*mitteln* im Umgang mit Menschen rechtfertigen? In der naturrechtlichen Tradition scheint ihre Anwendung durch gerechte Zwecke hinreichend begründet. H. Arendt (1970) hat allerdings gezeigt, wie rasch sich im Bereich menschlicher Angelegenheiten die Vorrangstellung des Zwecks im Handlungsvollzug verliert: »Der Zweck, der die Mittel bestimmt, die zu seiner Erreichung notwendig sind, und sie daher rechtfertigt, wird von den Mitteln überwältigt ...« Das Naturrecht, das auf Zweckgerechtigkeit beruht, übersieht dabei die Bedingtheit der Mittel. Und es sind die *Mittel*, die auf ihre Berechtigung hin geprüft werden müssen. Dabei wäre Gewalt entweder als rechtsetzend oder als rechterhaltend aufzuweisen (Benjamin 1991). Und im verletzlichen Bereich der Psychiatrie besteht stärker als anderswo, ähnlich vielleicht wie bei der Polizei, die Gefahr, daß sich erhaltende Verfügungsgewalt nicht immer von bestimmender Ordnungsmacht trennen läßt.

Das Problem des Einsatzes von Gewaltmitteln ist rechtlich nicht endgültig lösbar. Gesetze versachlichen hier eine elementar menschliche Schwierigkeit, begrenzen Willkür und machen so Freiheit handhabbar. Es steht außer Frage, daß es geschichtliche, menschliche - und dies auch und gerade in der Psychiatrie - Lebenslagen gibt, die den Einsatz von Gewalt unabdingbar erforderlich machen. Doch muß dieser stets einer Überprüfung standhalten. Und da kann Vertrautes Orientierung bieten: Die *goldene Regel* mit dem ihr innewohnenden *Gebot der Fürsorge* sowie der *Kategorische Imperativ* durch sein Prinzip der *Achtung der Person* als Zweck an sich. Beide verweisen uns *zunächst* fraglos auf den Weg einer *gewaltfreien Psychiatrie*. Auf Wege etwa, wie sie M. Gandhi mit seinem Prinzip des »Satyagraha« - der »Macht der Wahrheit« - beschritten hat, um entgegenstehende Konflikte ohne Gewalteinsatz lösen zu können. Doch läßt sich sein Vorgehen nur unter bestimmten, umschriebenen Ziel-Mittel-Konstellationen erfolgreich zur Anwendung bringen (Jaspers). Konsens bedarf eines Mindestmaßes an wechselseitigem Verständnis. Ist dies gegeben, dann können auch in der Psychiatrie unmittelbare Konflikte in mittelbare Lösungsschritte, in der Begegnung, im Gespräch übersetzt werden. Gegnerschaft würde zur Sprache des Vertrauens finden. Doch vergessen wir hierbei nicht, daß Sprache auch die Kehrseite des falschen Versprechens, das Kant so gefürchtet hat, und der friedliche Diskurs die Tücke des verweigerten besseren Arguments enthält. Beide sind Formen des Machthabens *über* andere und damit *sanfter*, die Selbstachtung treffender Gewalt. So wird sich Gewalt in der Psychiatrie nie gänzlich abwenden lassen. Es besteht in vielen Situationen des psychiatrischen Alltags eine zu eklatante Asymmetrie der Machtmöglichkeiten. Gewaltig erregte Patienten können erschreckende und in höchstem Maß gefährliche Macht über andere Patienten und das Personal ausüben. Das Personal wiederum muß über Machtmittel verfügen, diesen Gefahren wirksam zu begegnen. Und es *kann* sie mißbrauchen, in schlechter Absicht, in unbedachter Routine oder aus grundloser Furcht.

Als Extremform der Ausübung vernichtender Gewalt ist die Psychiatrie im Nationalsozialismus anzusehen. Ihr lag die Ideologie uneingeschränkter Gemeinschaftlichkeit zugrunde, die das »Gemeinschaftsgut Glück« herrschaftlich verordnete. Wer dieses verfügten Glücks nicht würdig erschien oder sich ihm zu unterwerfen nicht willens war, galt als »gemeinschaftsunfähig« und durfte »beseitigt« werden. Dem gegenüber steht, wenn auch weit weniger gefährlich, das andere, »liberale« Extrem: Jeder Mensch ist autonom und damit, sei er auch noch so verrückt, voll verantwortlich für all sein Tun (Szasz 1977). Eine scheinbar gütige, menschen-freundliche Position. Doch entzieht sie gerade den Menschen, gänzlich Wahnsinnigen oder Schwerstverwirrten, Hilfe und Fürsorge, die ihrer am stärksten bedürfen.

Beide Extreme, Entwürfe einer störungsfrei funktionierenden bzw. einer gänzlich friedfertig erscheinenden Welt, sind Wege ohne Ausweg. Sie bieten keinen Raum für Menschen, die in die vorgezeichneten fremd- oder selbstbestimmten Gemeinschaften sich einzufügen nicht befähigt sind.

Psychiatrie ist Handeln. Sie handelt von Menschen, von stets empfindlichen, immer schwierigen, gelegentlich destruktiven, aber auch nicht selten höchst empfindsamen, phantasiebegabten Personen. Personen, denen die zumeist »selbstverständliche Gewißheit« (Wittgenstein) fehlt, der Gemeinsinn (Kant) verlorenging. Ihr sind die unsere Lebensvielfalt notwendig auf ein handhabbares Maß reduzierenden *Regeln* abhanden gekommen (Knoll 1985). Das muß sinnvolle Verständigung erschweren oder gänzlich aufheben. Und es verlangt *Behandlung*. Doch behandelt der Psychiater nicht ein lädiertes Knie, einen grimmenden Magen oder stolpernde Herzen. Er kümmert sich um »Funktionen«, die uns zu dem machen, was wir eine »unverwechselbare Persönlichkeit« nennen: Verstand, Willen, Empfinden, Einsichtsvermögen und Urteilskraft. Und die Psychiatrie trägt dabei stets ein Doppelgesicht. Sie ist unausweichlich zugleich dem *einzelnen Kranken* und der *Allgemeinheit* verpflichtet (Fischer-Homberger 1973). Das Verhältnis von Behandler und Behandeltem, von Arzt und Patient, wirft in der Psychiatrie besonders brennend Fragen nach Macht und Ohnmacht, Manipulation und Gewährenlassen, nach Fremd- bzw. Selbstbestimmung auf (Kindt 1988). Psychiatrie ist so eine unabweisbar durch die Sorgeseite menschlicher Freiheit ausgezeichnete Unternehmung. Und das heißt, daß sie um *ethische Fragen* nicht herumkommt. Denn Ethik zielt aufs Handeln. Und der Behandelte nimmt den Behandler besorgt in die Pflicht. Psychiatrisches Tun kann sich der Verantwortung, in die es gestellt ist, nicht entziehen.

Und: Der Stil, der in psychiatrischen Institutionen herrscht, der Respekt, der den von psychischer Krankheit Betroffenen durch die Behandelnden entgegengebracht wird, bestimmt wesentlich das Maß an Achtung, das die Allgemeinheit dem psychiatrischen Patienten entgegenbringt.

Der Beginn der Behandlung

Nirgendwo sonst tritt die Sache der Freiheit (Blankenburg 1986) in der Medizin so mächtig auf den Plan wie bei der »Unterbringung unter Zwang«. So schließt die Position des amerikanischen Psychiaters Th. Szasz jegliche Zwangsbehandlung aus (Delkeskamp 1980). Sie unterstellt, daß das Konzept eingeschränkter Willens- und Entscheidungsfähigkeit den betroffenen Menschen seiner persönlichen Würde entkleide und der Begriff »psychische Krankheit« die wirklichen, drängend menschlichen Probleme verschleiere. Und sie verweist darauf, daß sich psychiatrisches Urteilen stets vordringlich aus dem Blick des jeweils Anderen bildet. Entzieht sich der einzelne, von diesem Blick Betroffene, dieser Sicht, dann zeigt er sich »nicht einsichtig«, erschwert sich seine Lage.

Uns stellt sich heute die Frage der Zwangsaufnahme als ein äußerst diffiziles Unternehmen der Balance zwischen dem Recht auf Selbst-Bestimmung des einzelnen Kranken und notwendiger Fremdbestimmung durch die ihn tragende Gemeinschaft, wobei den Freiheitsrechten des einzelnen der Vorrang gebührt. Doch eine gerechte Bewertung kompliziert sich oft durch eine Tatsache, die jedem Praktiker vertraut ist: Nicht selten beklagen Patienten, »wieder zu sich gekommen«, warum man nicht früher eingegriffen, warum man sie so lange ihrem Elend überlassen habe. So bleibt bei bedachter Handhabung die Zwangsaufnahme ein zwar stets widersprüchliches, aber doch eben *unumgängliches* Instrument psychiatrischer Krankenbehandlung.

Diagnosen

Jede Eingrenzung menschlichen Verhaltens auf Diagnosen ist von sozialen Konzepten, ökonomischen Zwängen und Ideologien, ja, der Biographie des Diagnostikers mitgetragen. Das Stellen von Diagnosen ist Machtgebrauch mit durchaus gewaltigen Irrtumsmöglichkeiten. Dabei verweisen versehentliche Fehldiagnosen zumeist nicht auf ethische, sondern eher auf sachliche Probleme. Anders verhält es sich bei in Kauf genommenen Fehlbewertungen, sei es im angenommenen Interesse des Patienten, der Familie oder der Gesellschaft. Und nicht selten entartet die Diagnostik zu technologischem Selbstzweck und zur scheinbaren Lösung für verwickelte menschliche Lebenslagen. Als äußerst gefährlich erweisen sich schließlich Diagnosen, wenn sie zu Ausschlußargumenten gegen die unbequemen Meinungen anderer instrumentalisiert werden.

Medikamentöse Behandlung

Sicher hat auch ein nicht-freiwillig aufgenommener Patient ein Recht, die Medikamenteneinnahme zu verweigern. Schwieriger ist schon die Frage zu beantworten, welche Folgen dies für ihn, das behandelnde Team und die übrigen Patienten hat. Wieviel an möglicher oder sich auslebender Gewalt müssen sie über sich ergehen lassen, und wieviel Gewalt gegen und in sich ist dem Patienten selbst zuzumuten. Auch hier ist das Feld zwischen kritischer Selbstbestimmung und machtvoller Fremdbestimmheit weitgespannt. Es stellt sich die Frage, wie weit der Patient in der Lage ist – selbst verzweifelt an der Fülle der ihn umgebenden Welt –, komplexe Darlegungen über die Wirksamkeit psychotroper Substanzen kritisch aufzunehmen. Oder: Wie weit kann ein erregter, verwirrter, tieftraurig in sich versunkener Patient frei entscheiden? Wann sollte der behandelnde Psychiater in paternalistischer Manier im Interesse seines Patienten doch die Entscheidung selbst in die Hand nehmen?

In einer Gesellschaft, in der jedermann jederzeit glücklich und leistungsfähig zu sein beansprucht, muß der, der sich unwohl, unzufrieden, unglücklich fühlt, meinen, er sei eben krank. Und Kranksein heißt dann sofort vor allem medikamentös behandelt zu werden. Hier kehrt sich *Selbstbestimmung* in *Nötigung* um.

Psychotherapie

Die stetige Fortentwicklung von Techniken der Beeinflussung menschlichen Verhaltens muß die Gefahren, die dies mit sich bringt, fürchten machen. Psychotherapie als Disziplin des Be-Schreibens und Vor-Schreibens ist zwischen Geschichts-, Natur- und Moralwissenschaft angesiedelt. Sie gründet, wie jede gute Therapie, nur augenscheinlicher im *Dazwischen-Sein*, im *Interesse*. Das Verhältnis zwischen Patient und Therapeut, selbst wesentlicher Grund seiner eigenen Veranstaltung, der Therapie, ist darauf angelegt, sich zunehmend dichter zu gestalten. Wie verhält es sich bei dieser immer enger werdenden Abhängigkeit des Behandelten mit dem ihm vorgegebenen Therapieziel, dem Zugewinn an Selbständigkeit? Oder ist *Autonomie* überhaupt nicht das Lernziel des psychotherapeutischen Prozesses, sondern *Anpassung* an gegebene gesellschaftliche Verhältnisse? Und wie steht es um das immer wieder erträumte *Ideal der Selbstverwirklichung*? Vergessen wir nicht: Gerade die Erlangung dieser Scheingestalt ist ein hervorragender Nährboden für das gewaltsame Vorgehen mancher manipulativ operierender Sekten. Auf einen Bereich drohender *heimlicher Gewalt* kann hier nur hingewiesen werden: den der *Sexualität* (Herzog/Tergeist 1996), gerade im Rahmen der Psychotherapie. Das Feld der Versuchungen ist, wie schon Mesmer, Charcot und Freud eingestanden haben, weit und die Gefahr, ihnen zu erliegen, Macht zu mißbrauchen, groß.

Geschlossene Stationen, Fixierungen

Idealerweise, und von manchen weitgehend praktiziert (Krisor 1993), sind psychiatrische Stationen stets offen zu führen. Geschlossene Türen beschränken gewaltsam die Freizügigkeit. Und sie betreffen nicht nur den Zugang nach außen, sondern auch, für Angehörige und Freunde, den Zugang nach innen. Sie entfremden den psychisch Kranken seiner Umgebung und erhöhen die Schwelle zwischen der »normalen Welt« und der der psychiatrischen Institutionen. So sollte die offene Station die Regel sein und die Ausnahme hierzu, wie in Fällen schwerer Suizidalität, der Begründung bedürftig bleiben. Ähnliches muß analog für die Beschneidung von Außenkontakten gelten. Sie sind Eingriffe in die Privatsphäre des Patienten und (als solche) zu verantworten. Allerdings sind sie nicht selten, etwa bei Drogenpatienten, zwingend geboten.

Gelegentlich tritt *Gewalt durch Patienten* offen zutage (Zeiler 1985). Dies kann Mit-Patienten und Personal extrem gefährden. Von Patienten ausgehende Gewalt darf nicht als das nötige Beiwerk psychiatrischen Tuns betrachtet werden. Tätlichkeiten jedweder Art, Machtmißbrauch durch Patienten wie Personal, ist zu unterbinden, wobei zu beachten bleibt, daß Ereignisse dieser Art nur selten ohne Vorwarnung in Erscheinung treten. In besonders schwierigen Fällen muß jedoch immer noch, wenn alle kommunikativen Mittel versagen, zur *notwendigen Gegengewalt*, der Fixierung etwa, als »letztem Mittel« gegriffen werden.

Gemeindepsychiatrie

Der umfassende Anspruch des fraglos vernünftigen gemeinde-psychiatrischen Konzepts deutet die Gefährdungen an, denen wir hier ausgesetzt sind. Soziotherapie etwa, die der Gemeindepsychiatrie gemäßeste Methode, gerät rasch in »falsche Freiheit« (Kisker 1982), die dem Betroffenen fremdbestimmte Welten *scheinbarer Autonomie* verschreibt, die doch eher *Wunschwelt der Therapeuten* sind. Nirgends liegen eben in der Psychiatrie *bevormundende Kontrolle* und *befreiende Hilfe* so unentdeckt nahe beieinander.

Dennoch bietet gerade die Gemeindepsychiatrie die Chance, den

Bedürfnissen der Patientinnen und Patienten gerechter zu werden, ihre Erfüllungsmöglichkeiten ein wenig mehr denen der übrigen Bürger anzugleichen. Es ist eben der Ort des Wohnens, der Gewohnheiten bildet. Sie bestimmen die Regeln gemeinsamen Zusammenlebens, die Ausgrenzung verringern können. Und das Eingebundensein in die Gemeinde mag immer noch der beste Schutz - auch vor Gewalt - sein, den die Gemeinschaft ihren psychisch kranken Mitbürgern bieten kann. Gerade dies hat die Geschichte der Psychiatrie im Nationalsozialismus eindrucksvoll aufgezeigt (MEYER/SEIDEL 1989).

»Psychiatrisches Leiden, welcher Art und Herkunft auch immer, ist Preisgabe von Freiheitlichkeit ans Unwillkürliche.« (KISKER 1982) Unsere Aufgabe als psychiatrisch Tätige ist es, diesem gewaltigen Geschehen beizustehen, es, wo wir nicht mehr zu tun vermögen und es sich oder anderen zu schaden droht, in Grenzen zu zwingen, oder, wo dies möglich ist, wo uns ein Maß an zugänglichem Mitsein entgegensteht, diesem zu sich, zu seiner Freiheitlichkeit zurückzuverhelfen. Angesichts der Vielgestaltigkeit des Menschen gerade in seiner besonderen Verletzlichkeit werden wir uns, trotz aller verfeinerten Methoden der Therapeutik, dabei zu bescheiden haben. Psychiatrisches Handeln ist der Weg bedachten Zweifels. Er kann Gewalt nicht gänzlich ausscheiden. Und Ethik vermag dabei nicht mehr zu bieten als eine *sachgerechte Beschreibung* dessen, was nur vage zu bestimmen ist. Hier, im Feld des Unwillkürlichen, kann es nicht gelingen, zu universellen Normen zu gelangen. Doch ist das Wahrnehmen und Ins-Gespräch-Bringen der nur schwer zugänglichen Menschen schon viel. Und es reicht aus, uns der Verantwortungszumutung auch durch die schwierigsten Patienten zu stellen.

Literatur

Arendt, H. (1970): Macht und Gewalt. München.

Aristoteles (1983): Nikomachische Ethik. Berlin.

Becker, K. (1984): Zur Gemeingefährlichkeit der therapeutischen Einstellung. In: Dörner, K. (Hg.): a. a. O.

Benjamin, W. (1991): Zur Kritik der Gewalt, Ges. Schriften II, 1. Frankfurt a. M.

Blankenburg, W. (1986): Ansätze zu einer Psychopathologie der Freiheit. In: Held, T. (Hg.): Deutsch-Französische Psychiater-Begegnung. Köln.

Bloch, S.; Chodoff, P. (Hg.) (1981): Psychiatric Ethics. Oxford/New York/Melbourne.

Delkeskamp, C. (1980): Critical Use of Utilitarian Arguments: Szasz on Paternalism. In: Brody, B. A.; Engelhardt, H.T. Ir. (Hg.): Mental Illness: Law and Public Policy. Dordrecht.

Dörner, K. (Hg.) (1984): Fortschritte der Psychiatrie im Umgang mit Menschen. Gütersloh.

Erde, E.L. (1980): Involuntary Civil Commitment: Concerning the Grounds of Ethics. In: Brody, B. A.; Engelhardt, H.T. Ir. (Hg.): a. a. O.

Ernst, K. (1981): Praktische Klinikpsychiatrie. Berlin/Heidelberg.

Fischer-Homberger, E. (1973): Dem Einzelnen oder der Gesamtheit verpflichtet? In: *Schweizer Ärztezeitung*, 20, Nr. 21, S. 723–729.

Herzog, G.; Tergeist, G. (Hg.) (1996): Störfall Sexualität. Intimitäten in der Psychiatrie. Bonn.

Kant, I. (1978): Über ein vermeintliches Recht aus Menschenliebe zu lügen, Werkausgabe, Band 8. Frankfurt a. M.

Karasu, T. (1981): Ethical Aspects of Psychotherapy. In: Bloch, S.; Chodoff, P. (Hg.): a. a. O.

Kindt, H. (1988): Ethische Fragen im Umgang mit psychisch Kranken. In: Marquardt, O.; Seidler, E.; Stauidinger, H. (Hg.): Ethische Probleme des ärztlichen Alltags. Ethik und Wissenschaften, Band 7. Paderborn.

Kisker, K.P. (1982): Sozialtherapie, fragmentarische Überlegungen zu ihrer Praxis und Ethik. In: TELLENBACH, H. (Hg.): Psychiatrische Therapie heute. Antike Diaita und moderne Therapeutik. Stuttgart.

KLERMAN, G.; SCHLECHTER, G. (1981): Ethical Aspects of Drug Treatment. In: BLOCH, S.; CHODOFF, P. (Hg.), a. a. O.

KNOLL, M. (1985): Über den Ursprung der Gewalt in der Psychiatrie - ein Beitrag zur double-bind-Wut. In: *Psychiatrische Praxis*, 12, S. 116–123.

KRISOR, M. (1993): Auf dem Weg zur gewaltfreien Psychiatrie. Werkschriften zur Sozialpsychiatrie. Bonn.

MEYER, I.E.; SEIDEL, R. (1989): Die psychiatrischen Patienten im Nationalsozialismus. In: KISKER, K.P. U. A. (Hg.): Psychiatrie der Gegenwart, Band 9. Berlin/Heidelberg/New York.

REICH, W. (1981): Psychiatric Diagnosis as an Ethical Problem. In: BLOCH, S.; CHODOFF, P. (Hg.): a. a. O.

SEIDEL, R. (1987): Von der notwendigen Fragwürdigkeit psychiatrischen Beistands. In: LEIPERT, M.; STYRNAL, R.; SCHWARZER, W.: Verlegt nach Unbekannt. Köln.

SEIDEL, R. (1990): Der Einzelne und die Anderen. Psychiatrisches Handeln zwischen Selbstbestimmung und Zwang. In: *Sozialpsychiatrische Informationen*, 20, 4, S. 8–14.

SZASZ, TH. (1977): The Illogic and Immorality of Involuntary Psychiatric Interventions: A personal Restatement. In: SZASZ, TH.: The Theology of Medicine. New York.

ZEILER, J. (1985): Freizügigkeit oder Kontrolle. - Zum Umgang mit gewalttätigen Patienten in psychiatrischen Kliniken. In: *Psychiatrische Praxis*, 12, S. 124–129.

RENATE SCHERNUS

Machbarkeitswahn in Psychiatrie und Psychotherapie

Unser Zeitalter trieft ohnehin von Tatkraft. Es will nicht mehr Gedanken, sondern nur noch Taten sehen. Diese furchtbare Tatkraft rührt nur davon her, daß man nichts zu tun hat. Innerlich meine ich ... Es ist so einfach, Tatkraft zu haben, und so schwierig, einen Tatsinn zu suchen! ... In Wahrheit hätten wir nicht Taten von einander zu fordern, sondern ihre Voraussetzungen erst zu schaffen.
(Robert Musil)

Was hilft? – Wie? – Wem? – Warum?

Da ich das, was ich bisweilen mit anderen Menschen veranstalte oder bespreche, auch schon mal Psychotherapie nenne, erscheint es sinnvoll, dieses Handeln auf Wahnverdacht hin zu prüfen.

Erlebe ich mich bei psychotherapeutischen Gesprächen und Interventionen nicht einigermaßen sicher und habe Grund unter den Füßen? Ja, in der Tat, erstaunlicherweise ist es so – Wahnsicherheit?

Das, was mich in meinen Gesprächen lenkt, ist nicht die Erkenntnis *eines* Problems und der Glaube, daß ich es lösen könnte. Auch gibt mir nicht irgendeine psychotherapeutische Schule Sicherheit. Es ist vielmehr von viel grundsätzlicherer Art und hängt mit folgendem Erlebnis zusammen:

Zu Beginn meiner beruflichen Laufbahn als Psychologin war Verhaltenstherapie en vogue. Die kinder- und jugendpsychiatrische Abteilung am Max-Planck-Institut in München galt als einsame Spitze auf diesem Gebiet. Ich wollte dort durch eine Zeit der Hospitation lernen. Während dieser Zeit wurde mir angetragen, mit einem kleinen Gerät, mit dem man leichte Elektroschocks austeilen konnte, ein »autistisches« Kind, welches sich das Einnässen zu Tages- und Nachtzeiten nicht abgewöhnen konnte (oder: wollte), zu »behandeln«. Eine erfahrene Krankenschwester auf der dortigen Station lehnte die Beteiligung an dieser »Therapie« zum Unmut der leitenden Ärzte und Psychologen aus

»gefühlsmäßigen Gründen«, die sie nicht weiter erklären konnte, ab. Ich nun – damals wunderbar vertraut mit dem ganzen Vokabular und in sich stringenten Denkmuster des, wie man damals sagte, »Kontingenzmanagements« – ließ mich mit rationalen Argumenten überzeugen, daß es doch immerhin besser sei, jetzt dem Kind einige unangenehme »Reize« zuzufügen, als es seiner steten Nässe, die mit sozialer Ablehnung durch die Mutter, einer unmöglichen Rolle in der Schule und manchen unangenehmen Folgen mehr verbunden sein würde, auszuliefern. Außerdem konnte ich mich am eigenen Körper davon überzeugen, daß der Strom zwar unangenehm, aber nicht unerträglich war.

Dann ging's los.

Was ich nicht bedacht hatte, war, daß das Manöver den Charakter des »Auflauerns« und plötzlichen »Überfallens« hatte.

Unauslöschlich hat sich mir der Schreckensblick des Kindes eingeprägt. Schlagartig wurde mir klar, daß ich die Beziehung zu dem Kind verletzte, daß ich, egal wer ich für das Kind war (ich war ihm nicht vertraut), eine Beziehung herstellte, die verletzend, erschreckend, lieblos »autistisch«, eben nicht bezogen war.

Das kann man zwar machen, aber was macht man da?

Die nah mit den Kindern arbeitende Krankenschwester hat sich nicht verführen lassen. Nur eine idiotische, ehrgeizige, angeblich ganz rational denkende und diesbezüglich von der Abteilungsleitung gelobte junge Psychologin konnte so einem »Machbarkeitswahn« erliegen.

Dieses Erlebnis hat mich übrigens, so sehr ich mich auch seiner schäme, nicht dazu gebracht, jede Methode abzulehnen. Aber mein Empfinden ist: Der Grund, auf dem ich seither stehe, ist der Blick dieses Kindes.

Zur Erholung für all jene, die sich nach einer etwas »wissenschaftlicheren« Ausdrucksweise sehnen, ein Zitat, das, wie mir scheint, in dieselbe Richtung weist: »So wenig wir auf eine psychotherapeutische Behandlungstechnik verzichten können, so wichtig wird hier die korrigierende Einsicht, die uns eine anthropologische Betrachtungsweise zur Verfügung stellen kann: daß nämlich jede Technik ihre Möglichkeit und ihre Grenzen an der Struktur einer menschlichen Beziehung findet.« (Weiss 1990, S. 110)

Ohne ausreichend tragende menschliche Beziehungen innerhalb und außerhalb von Psychotherapie sind einzelne Methoden und Techniken so gut wie nichts wert.

Der feine Unterschied

Aus den großen Langzeitstudien der letzten Jahre zum Verlauf der Schizophrenie wird immer wieder ein Befund zitiert, der mich in diesem Zusammenhang interessiert: Die Aussicht, sich nach einer psychotischen Episode einigermaßen unbeschadet wieder im Bereich des anerkannt Normalen bewegen zu können, sei hoch korreliert mit »positiven Erwartungen« von Menschen, die einem wichtig sind.

Dieser Befund scheint so etwas darzustellen wie den wissenschaftlichen Beweis dafür, daß Glaube Berge versetzen kann. Mit Sicherheit ist er nicht so zu interpretieren, daß Angehörige oder Professionelle tatenlos herumsitzen und warten, daß alles von innen heraus und alleine geschieht. Vielmehr scheint mir, daß sich hinter diesem so trocken zitierten Befund das geheime Agens jeder Beziehung, wenn sie denn hilfreich sein soll, verbirgt, nämlich eine Haltung, die damit rechnet, daß ein Mensch, wie verrückt er auch sein mag, seinen Weg finden und die ihm angebotenen Hilfen und Anstöße so nutzen wird, *wie* es ihm möglich ist, *wie* es zu ihm paßt und *wann* es zu ihm paßt. Eine solche Haltung wirkt wie ein Kompaß, der in der Begegnung – sowohl derjenigen im Alltag als auch derjenigen, die sich im Rahmen von Psychotherapien vollzieht – immer wieder nachgeeicht werden muß.

Hiermit ist nichts über gute oder schlechte Alltagshandlungen oder psychotherapeutische Handlungen gesagt. Es ist z. B. nicht gesagt, daß Antreiben, Drängen, Zwingen, Redefluß unterbrechen und ähnliches immer schlecht sein muß und daß dagegen Lassen, Entlasten, Zuhören immer gut. Es ist nur gesagt, daß das Herausfinden, was passend und hilfreich ist, nur gelingen kann, wenn ich daran glaube, daß der andere nicht auf seine derzeitigen Möglichkeiten ein für allemal festgelegt ist. Ein feiner Unterschied – so möchte ich hinzufügen – unterscheidet die »positive Erwartung« von dem »Erwartungsdruck«, der eher Blockaden verfestigt als auflöst. Positive Erwartung entgeht dadurch der Entartung zum Erwartungsdruck, wenn in ihr das Wissen mitschwingt, daß jemand seine Störung, seine Symptome *zur Zeit* braucht. Wenn Sigmund Freud davon spricht, daß »schwebende Aufmerksamkeit« eine der wichtigsten Fähigkeiten eines Psychoanalytikers sei, meint er vermutlich eben dies.

Diese Art von handlungsleitendem Glauben ist die einzige, die sich m. E. einerseits einigermaßen wahnfrei im Blick auf das, was machbar ist, und andererseits burn-out-frei auf das Nicht-Machbare halten kann.

Das Positive, das geschehen kann, wird letztlich nicht vom eigenen therapeutischen Tun erwartet. Therapeutisches Handeln öffnet Raum, stößt an, lenkt den Blick auf neue Möglichkeiten, geht mehr indirekt als direkt vor. Wenn es direkt wird, dann eher kompensatorisch als auf Veränderung drängend. Daß zuviel Absicht leicht von Übel ist, kennen wir alle aus dem Alltag: Ich will so richtig haargenau nach Rezept kochen – prompt wird das Gericht nicht gar. Ich nähere mich meinem Kind mit vorsätzlich erzieherischen Absichten – prompt haben wir den größten Krach.

Gerade durch den Nachweis, daß in allen Psychotherapien neben dem hilfreichen, wenn auch unterschiedlichen methodischen Handwerkszeug grundlegend etwas wirkt, das menschliche Beziehungen überhaupt hilfreich sein läßt (ohne solche wären wir alle verloren), wird deutlich, daß psychiatrisches Alltagshandeln und Psychotherapie nur graduell zu unterscheiden sind. Beides ist wichtig und aufeinander angewiesen. Eine Psychotherapiestunde in einer öden Klinik mit unfreundlichem »Personal« dürfte dem Tropfen auf einem heißen Stein gleichen. Umgekehrt genügt auch Liebe allein nicht, wenn der Weg aus Verwirrung und Irrsal gesucht wird. Methodisch geschulte Spurensucher können da durchaus hilfreich sein. Hilfreich dann, wenn sie sich auf den Kontext eines zwischenmenschlichen Umgangs einlassen, den Sinn dieses Umgangs im Auge behalten und immer wieder üben, auf »Effekte« zu verzichten.

Machbarkeitswahn? – Unter einem Wahn stehend zu handeln heißt nicht, daß man nicht wirkungs- oder eindrucksvoll handelt. Es heißt lediglich, daß man sich über die Qualität des Phänomens, auf das sich die Handlung bezieht, täuscht. Dadurch entsteht die Gefahr, daß diese Qualität verletzt oder letzten Endes zerstört wird.

Im Prinzip könnte man Psychotherapeuten als Menschen ansehen, die mehr als andere die Gabe haben, an die Entwicklungsmöglichkeiten ihrer Mitmenschen zu glauben. Diese Grundhaltung versuchen sie methodisch durch sogenannte Selbsterfahrung, durch Training und auch theoretisches Lernen zu verfeinern. Sie können dadurch sozusagen zu besonderen Experten für bestens dosierte »positive Erwartung« werden. So verstanden, sollten ganz besonders Menschen mit psychotischen Erfahrungen in den Genuß von Psychotherapien kommen können, wenn sie es wünschen. Sie insbesondere brauchen (neben manchem anderen, das eine Therapie bieten kann), sozusagen als Gegengift, Unterstützung dabei, mit den vielen lähmenden und kränkenden, eben nicht bestätigenden gesellschaftlichen Vorurteilen besser fertig zu werden.

Zur Freude der verschiedensten psychotherapeutischen Schulen hat sich anscheinend nachweisen lassen (darin stimmen unterschiedliche Arbeiten überein), daß Psychotherapie eine deutlich positivere Wirkung erbringt als das Placebo. Das heißt in diesem Fall, daß die Anwendung von geplanten und strukturierten psychologischen Behandlungsverfahren sich positiver auswirkt als weniger überlegtes Tun. Nicht eindeutig nachweisen ließ sich jedoch trotz bewundernswerter Anstrengung und ausschweifender Untersuchungsdesigns (u. a. von Grawe), daß *eine* Psychotherapieform grundsätzlich mehr und Besseres leisten kann als eine andere (Tschuke u. a. 1994, S. 281ff.).

All dies erlaubt uns zur Zeit, sogar wissenschaftlich sanktioniert, nicht allzusehr an *eine* Methode wissenschaftlicher Psychologie zu glauben und gleichzeitig darauf zu drängen, daß gerade Menschen, die bisher kaum eine Chance hatten, psychotherapeutische Verfahren in Anspruch zu nehmen, nicht von dieser »individuellen Form psychologischer Hilfe« (Keupp 1988, S. 81) ausgeschlossen werden. Gerade chronisch psychisch kranke Menschen sind auf lange währende psychotherapeutische Beziehungen angewiesen. Heiner Keupp weist darauf hin, daß vor allem das marktförmige Anbieten psychotherapeutischer Dienstleistungen dazu geführt hat, »daß diese in ihrer gesellschaftlichen Verteilung den Mustern sozioökonomischer Privilegierung folgen und für Menschen benachteiligter sozialer Schichten kaum erreichbar sind« (ebd.). Menschen mit niedrigem sozioökonomischen Status, mit den massivsten Alltagsbelastungen und daraus folgenden psychosozialen Problemen hätten kaum Zugang zu psychologischer Hilfe. Dies trage dazu bei, daß gerade sie »bei nicht mehr tolerierbarer Zuspitzung ihrer psychischen Probleme eher unfreiwillig vom psychiatrischen System erfaßt werden« (ebd.).

Trotz solcher ungünstigen Einweisungsvoraussetzungen kann die Psychiatrie vielleicht immer noch das Schlimmste verhüten, zeitweilig schützen und entlasten, z. B. auch durch Medikamente. Auch kann sie bisweilen zu Neuanfängen ermutigen.

Sie könnte dies besser, wenn außerhalb und innerhalb des psychiatrischen Systems die Begleitung psychisch kranker Menschen ergänzt würde durch psychotherapeutische Verfahren von Therapeuten mit langem Atem.

Sprechen und Handeln gestern

Unzufriedenheit mit den Zuständen der Psychiatrie kennzeichnete die Stimmung der Psychiater zwischen 1920 und 1945. Es konnte doch nicht angehen, daß Hunderte von Patienten in Anstalten dahinlebten, dämmerten oder tobten und dadurch die Psychiatrie in den Ruf gebracht wurde, nichts Wesentliches ausrichten zu können. Progressive, dynamische Psychiater erkannten das Problem und entwickelten mit Hilfe erbbiologischen Denkens Lösungen. Aus vielen vorliegenden Quellen geht hervor, daß Hintergrund ihrer Überlegungen und Strategien ein therapeutischer Idealismus war. Dieser kommt besonders eindrucksvoll in einem gemeinsamen Papier zur künftigen Entwicklung der Psychiatrie, welches 1943 von fünf der bekanntesten deutschen Ordinarien ausgearbeitet wurde, zum Ausdruck:

»Zunächst setzte eine Hinwendung zu *zielbewußter* Psychiagogik und *aktiver* Psychotherapie ein ... unter Herausarbeitung bestimmter Indikationsstellungen ... Man darf erwarten, daß mit *Fortschreiten* der Forschung und mit der *Vervollkommnung* der therapeutischen Methoden die *Heilerfolge* immer besser werden. Jedenfalls kann man nach alledem sagen, daß die Psychiatrie heute eine im echten Sinne des Wortes ärztlich heilende Disziplin ist ... In den letzten Jahren hat sich die deutsche Psychiatrie auch *energisch* dem Problem der Kinderpsychiatrie zugewandt.« Beklagt werden die naiven Vorstellungen von Laien und Behörden, die zur Differenzierung nicht fähig seien und von »seelisch Kranken generell als von Idioten« sprächen, »für die etwas zu tun sich nicht lohne«. Ganz anders denken fortschrittliche Psychiater, die wissen, bei *welcher* Menschengruppe *was* zu tun ist: »Aber auch die Maßnahmen der Euthanasie werden um so mehr allgemeines Verständnis und Billigung finden als sichergestellt und bekannt wird, daß in jedem Fall bei psychischer Erkrankung *alle Möglichkeiten erschöpft* werden, um die Kranken zu heilen oder doch so weit zu bessern, daß sie, sei es in ihren Berufen, sei es in einer anderen Form volkswirtschaftlich wertvoller Betätigung zugeführt werden.« Dies sei möglich »ohne einen vernünftigerweise untragbaren Aufwand an Mitteln und an Pflegekräften« (SCHNEIDER U. A. 1943, zitiert aus einer unveröffentlichten Abschrift, Hervorhebungen von mir).

So sprechen realistische Wissenschaftler – die berühmtesten und kompetentesten ihrer Zeit –, die sich nicht von »therapeutischem Nihilismus« in die Knie zwingen lassen, die marktwirtschaftlich denken sowie Aufwand und Mittel nicht dort verschwenden wollen, wo es nicht lohnt, sondern dort, wo sich Heilerfolge nachweisen lassen. Es handelt sich um Wissenschaftler, die sich nicht durch das Irrlicht des Subjektiven und Chaotischen hineinfunken lassen wollen in die angestrebte Ordnung. Und sind nicht gewisse Tendenzen zur Ordnung bereits im Vorzufindenden vorhanden? Gibt es etwa nicht, um das Naheliegendste zu nennen, Patienten, die besser und schneller ansprechen auf Therapie als andere? Wenn man eindeutige Änderungsziele festlegt, die in bestimmten Zeiträumen erreicht werden müssen, wird man die Menschen leicht einteilen können in solche, die die Ziele komplett erreichen, in solche, für die dies nur bedingt gilt, und in solche, für die jeder Aufwand vergeblich ist.

Die Psychiatrie unserer Vorfahren war durchaus nicht hinterwäldlerisch. Bereits »1920 empfahl er (der Psychiater Roemer) ... erweiternde sozialhygienische Maßnahmen einerseits in Form ambulanter Außenfürsorge, um durch Frühentlassung der Geisteskranken den ungünstigen Auswirkungen der Anstaltsrepression entgegenzuwirken, andererseits aufklärende psychische Hygiene durch die Errichtung von Beratungsstellen zur Verhütung der syphilitischen Gehirnkrankheiten, des Alkoholismus und anderer Suchterkrankungen«. Derselbe Roemer begann 1934 gegen ein »Überwuchern der Ballastexistenzen«, die den »Lebensraum« für den »erbgesunden Nachwuchs« versperrten, zu wettern. Eine solche Verbindung von Fortschrittsdenken und »Maßnahmen«, die wir heute als Verbrechen bezeichnen, gibt zu denken. Schaut man genauer hin, ergibt sich:

Das »Euthanasie«-Programm war keineswegs gegenläufig zu dem, was an fortschrittlicher Psychiatrie betrieben wurde. Es war vielmehr »in umfassende Planungen zur Modernisierung der Psychiatrie eingebettet« (Schmuhl 1990, S. 411ff.). Das Kernstück dieser Planungen bestand in der Trennung der Heil- von den Pflegeeinrichtungen. Als eine »Grundforderung« sah der Psychiater Nitsche es an, »daß die künftigen Heilanstalten in der Nähe städtischer Ballungsgebiete liegen sollten« (ebd.). Man machte sich viele Gedanken über Arbeitsmöglichkeiten für die Patienten, wollte Durchlässigkeit der Anstalten versus Gettoisierung durchsetzen und hatte auch bereits erkannt, daß eine gemeindenahe Unterbringung die Verbindung zu den Angehörigen erleichterte, was für die Therapie als förderlich angesehen wurde. Für die Pflegeeinrichtungen indes wurden drei Kategorien von Patienten vorgesehen, für die sich aktiv einzusetzen nicht geplant war. Eine dieser Kategorien sollte aus nicht mehr arbeits- und behandlungsfähigen Kranken und Behinderten bestehen, denen, wie der Psychiater Enke sich ausdrückte, »nur noch eine begrenzte Frist ihres traurigen und lebensunwerten Daseins zugemutet werden wird« (ebd.).

»In mancher Hinsicht«, schreibt Kurt Nowak, »kann die Psychiatriepolitik des 3. Reiches als – freilich extrem radikalisierte – Vollstreckung von Tendenzen und Plänen angesehen werden, die sich in der deutschen Gesellschaft bereits in den Jahren des Wilhelminischen Kaiserreiches und der Weimarer Republik zu entwickeln begonnen hatten ... Das Studium der ›Euthanasiedebatten‹ zwischen 1895 und 1933 liefert dafür viele Belege. Kosten-Nutzen-Rechnungen ... haben nicht erst die Nazis angestellt ... Paradox genug: die blinde Ausrottungswut stützte sich auf wissenschaftliche Argumente und auf eine Strategie zur Modernisierung der Psychiatrie. Nicht wenige der Mörder verstanden sich als Reformer und Anwälte einer leistungsfähig-modernen Psychiatrie.« (Nowak 1993, S. 17)

Machbarkeitswahn fällt nicht vom Himmel. Wenn er nicht bisweilen der sich für aufgeklärt haltenden Vernunft zum Verwechseln ähnlich sehen würde, wenn er nicht Verbesserung, Fortschritt, Heilung suggerieren würde, wenn er sich nicht mitten im beruflichen Alltagshandeln entwickeln würde, wäre es leicht, ihm zu entgehen.

Sprechen und Handeln heute

Aus den Tagebüchern Victor Klemperers (Romanistikprofessor, Sohn eines Rabbiners), der die Nazizeit in Deutschland überlebte, ist mir folgende Eintragung vom Juni 1942 besonders wichtig geworden. Ich will sie als Überleitung vom Gestern zum Heute zitieren: »Das Badezimmer hier (im Judenhaus) wird von einem Gasspeicher gespeist ... man zündet ein winziges Flämmchen an. Läßt man dann Wasser einlaufen, so entzündet sich in einem gegebenen Moment explosiv (schlagartig) eine ganze Flammenreihe und erhitzt sehr schnell das durchströmende Wasser. - Mir geht das heute den ganzen Tag als Bild durch den Kopf. Als Einzelflämmchen ist jede Idee in fast *jeder* Zeit vorhanden. Die Rassenidee, der Antisemitismus, die kommunistische Idee, die nationalsozialistische, der Glaube, der Atheismus - jede Idee. Wie kommt es, daß plötzlich *eine* von diesen Ideen eine ganze Generation erfaßt und nun dominiert? - Wenn ich Rosenbergs ›Mythos‹ bei seinem Erscheinen 1930 gelesen hätte, ich hätte ihn bestimmt als Flämmchen gewertet, als Irrsinnsprodukt eines Einzelnen, einer kleinen desequilibrierten Gruppe. Ich hätte niemals geglaubt, daß das Flämmchen zünden - in Deutschland zünden könnte.« (KLEMPERER 1996, S. 113)

Ob ein Flämmchen sich zusammen mit vielen anderen zu einem Flächenbrand vereinigt, dürfte mit dem Gasgemisch, das in der Luft liegt, zusammenhängen. Fraglich ist, ob man als Zeitgenosse der Gegenwart die Einzelflämmchen seines eigenen Arbeitsfeldes hinsichtlich ihrer Wahnpotenz erfassen kann und ob man ein Gespür für das Gemisch, das sich zusammenbraut, auch dann entwickeln kann, wenn man täglich diese Luft einatmet. Klemperer war in der Lage, die Frühwarnzeichen der eigenen Zeit erstaunlich genau zu erfassen, und zwar durch das Hören darauf, wie gesprochen wird.

Die Geschichte lehrt z. B., daß, wenn extrem viel von Frieden, Friedenssicherung, Friedensbewahrung, Friedenstruppen etc. gesprochen wird, der Krieg meist in Vorbereitung ist und die Truppen vermutlich schon irgendwo einmarschieren.

Ähnlich mißtrauisch bin ich heutzutage dem Begriff »Qualität« gegenüber, der nicht nur in der Kombination Qualitätssicherung, sondern noch in ungezählten weiteren Kombinationen auf uns einrieselt:

Potentialqualität, Qualitätsniveau, Qualitätszirkel, Qualitätsgefälle, Qualitätsstandards, Qualitätsmaßstab, Qualitätssiegel und natürlich Struktur-, Prozeß- und Ergebnisqualität.

Wollt ihr die totale Qualität? Dann ran ans »total quality management«! Insider sagen nur noch TQM. »Was hast du gegen Qualität?« fragen meine Kollegen. »Dagegen kann man doch nichts haben. Dagegen, sie zu sichern, doch auch nicht!«

Oder doch? Ich befürchte schlicht und einfach, daß »Qualität« der Begriff ist, unter dessen Tarnung denjenigen, die nicht schnell genug gesund werden, die dauerhaft leiden, die die Kühnheit besitzen, ziemlich alt zu werden, die keine Rückfallprophylaxe betreiben, die nicht genügend Einsicht besitzen, aktiv am Gesundwerden mitzuwirken, eine verläßliche Basis entzogen werden kann, ohne daß es so recht bemerkt wird.

»Qualität« ist ein wichtiger marktwirtschaftlicher Begriff, und daß man das Gesundheitswesen den Prinzipien des Marktes unterwerfen möchte, damit alles so schön wie in Amerika wird (Reinhardt 1996), kann eigentlich niemandem verborgen geblieben sein. Der Begriff »Qualität« ist jedoch nicht ohne den dazugehörigen Begriff des Wettbewerbs zu denken. Preiskonkurrenz erfordert über kurz oder lang, den Preis auf Kosten der Qualität zu senken. Damit dies im Gesundheitswesen nicht allzu auffällig geschieht und nicht zu deutlich ausgesprochen wird, beschäftigt man die Mitarbeiter mit Kontrollinstrumenten, um wenigstens bürokratisch so etwas wie ein Qualitätskontrollsystem zu installieren. Die Qualitätsfassade muß stimmen. Das wiederum erfordert erhebliche Kosten für Qualitätsmanagement, für Qualitätsbeauftragte usw. Neben der vermuteten Problematik der Tarnung irritiert mich die in diesem Zusammenhang wuchernde marktorientierte, z. T. auch computerorientierte Sprechweise, die mit einer geradezu manischen Begeisterung von der Fachwelt aufgegriffen wird. Da handelt es sich plötzlich um »qualitative Innovationsanforderungen« oder um ein »potentes Instrument zur Optimierung von Verfahrensabläufen«. Worte wie: umfassend, total, hocheffizient, exakt, ideal, qualitativ, maximal, potent und flächendeckend finden sich zu Scharen in den einschlägigen Veröffentlichungen. Es fällt schon nicht mehr auf, wenn in einem Prospekt der Diakonie etwas von »organisierter Nächstenliebe« oder von »Humankapital« steht. In der diakonischen Zeitschrift *Zur*

Orientierung ist unter anderem zu lesen: »Wir stehen dem neuen Mangel jedoch nicht hilflos gegenüber ... Nicht härter zu arbeiten ist in Zukunft angesagt, sondern intelligenter ... Sichtweise der eigenen Arbeit als ein System von Prozessen mit sich selbst als Prozeßverantwortlichem«. Und wer etwa nicht wissen sollte, was Ergebnisqualität ist, bekommt folgende Definition: »zufriedene Ausgeglichenheit des Bewohners mit Weiterentwicklungsoption« (KOLBE 1996).

Kritik an diesem marktwirtschaftlichen, mit Anglizismen und Worten aus der Computerbranche durchsetzten Sprachzauber, der sich auf soziale Verhältnisse angewandt so besonders absurd ausnimmt, habe ich bisher wenig gehört. Dafür gibt es um so mehr vorauseilenden Gehorsam, was die Vermengung der Sphären betrifft, die Übertragung von Begriffen aus der marktwirtschaftlichen Welt und der Computersprache in die Zusammenhänge des Sozial- und Gesundheitswesens. Was man ändern will, muß man anders benennen. Da unsere »Erfahrungswelt« durch unsere »Wortwelt« determiniert wird, kann dies nicht ohne Folgen bleiben. »Es kommt zu einer Ökonomisierung von Dimensionen des menschlichen Zusammenlebens, die dessen humanen und sozialen Charakter zerstört. Menschenrechte lassen sich nämlich nicht vermarkten, ohne daß sie daran zerbrechen.« (H. U. DEPPE 1996, S. 12)

Daß gerade in einer Zeit, in der die Mittel knapp werden, die Machersprache im psychosozialen Bereich Exzesse feiert, läßt nach der Panik fragen, die dahinter steckt. Ist es vielleicht die Angst, daß wir prinzipiell nicht allzuviel machen können, daß wir Mittel verbrauchen für das grundsätzlich nicht oder nur sehr bedingt Machbare? Die Angst, daß wir eben kein Produkt vorweisen können, daß wir uns in Zeiten knappen Geldes nicht rechtfertigen können vor der göttlichen Instanz des Marktes, die allein unser Gewissen beruhigen könnte?

Aber in dieser Sprache werden wir niemals rechtfertigen können, daß »lieb und teuer« genauso zusammengehören, wie es der Volksmund will.

»Sie (die Sprache) ist, da sie Ideen und ihren Umlauf befestigt, die Bedingung der Möglichkeit dafür, daß wir fortwährend in Wahnsystemen leben. Daß sie die Wirklichkeit entwirklicht, macht diese darum nicht unwirklich. Auch Phantome und Phrasen lassen sich verwirklichen; freilich wird dann die Wirklichkeit gespenstisch.« (PÖRKSEN

1988, S. 20) Die Wirklichkeit ist schon gespenstisch: »... in den USA kommen jährlich etwa 200 000 Menschen durch das Gesundheits- und Sozialsystem zu Tode. Wolfensberger spricht von ›totmachen‹ und beschreibt damit das meist indirekte arbeitsteilige Handeln von Mitarbeitern, wobei jeder für seinen Beitrag ein gutes Gewissen haben kann ... Vom Genozid spricht Wolfensberger deswegen, weil durch diese Mechanismen in den USA eine höhere Tötungsrate auftritt, als selbst die Nazis im 3. Reich zustande gebracht haben.« (Beck 1993, S. 51)

In Amerika ist eine Entwicklung bereits weitgehend abgeschlossen, an der bei uns noch gearbeitet wird: Aus Patienten sollen Kunden werden. Diese sollen sagen, was sie wollen. Wer mehr zahlt, bekommt mehr. Wer sich im Laden nicht benimmt, wird rausgeschmissen. Was auf der Straße mit ihm wird, ist sein Problem. Die Beziehung zum Kunden ist eindimensional und direkt. Man nennt das heute »adressatengerecht«. Sie kann optimiert werden, z. B. durch Zielgruppendefinitionen. Hieß es früher: »Doctor knows best«, heißt es jetzt häufig: »Projectmanager knows best«. Es ist die Zeit neuer Experten und der genauso unverständlichen wie beeindruckenden Expertensprache - die Zeit einer neuen Herrschaftssprache. Neue Methoden werden implantiert, die Resultate maximiert.

Damit ist vielleicht ein Teil des Gasgemisches, das in der Luft liegt und das sich - um in der Analogie Klemperers zu bleiben - mit dem Einzelflämmchen psychiatrischen Denkens, Sprechens und Handelns bereits hier und dort verbunden hat, beschrieben. Zu dem Gemisch gehören vermutlich neben der kosten-nutzen-orientierten Markthörigkeit noch folgende Elemente: utilitaristisches Denken, welches Werthaltungen untergräbt, die bisher nicht hinterfragter Konsens waren; Reduzierung der Ethik auf Bioethik; Übertragen des am Computermodell orientierten Denkens auf zwischenmenschliche Beziehungen (bis hin zur computergestützten Tötungshilfe des Dr. Nitschke, zum erstenmal angewandt am 26.9.1996); neue, erstaunliche Handlungsmöglichkeiten im Bereich von Medizin und Biotechnik, die den Menschen immer selbstverständlicher in den Bereich des Machens und Verfügbarmachens rücken (Organtransplantationen fast aller Art, Klonierung, Kinderzucht im Reagenzglas, genetische Diagnosen und »check ups«, Keimbahntherapie, tiefgefrorene Embryonen, Hirntote als Ersatzteillager usw.).

Daß in dieser fortschrittsschwangeren Atmosphäre auch die Psychiater einen deutlicheren Beitrag zur Leidensverminderung geben möchten, als ihnen bisher von ihrem Selbstverständnis her möglich war, ist verstehbar. Sollte man nicht vielleicht doch an Menschen, die nicht zustimmungsfähig sind, im Interesse von höheren Zwecken forschen dürfen? (Helmchen/Lauter 1995) Könnten nicht auch tiefe Depressionen ein Grund für Euthanasie sein? (v. Ackeren 1994)

Jede wissenschaftliche Disziplin ist eingebunden in die gesellschaftlichen Wertvorstellungen und auch Wahnvorstellungen ihrer Zeit. So auch die Psychiatrie. Im Blick auf letztere muß gegen den Trend des Zeitgeistes festgehalten werden:

Keine Methode der Psychiatrie und schon gar nicht die Psychotherapie kann leidvolle Beziehungsgeschichten »wegtherapieren«. Das gleiche gilt für den gerade zur Zeit hoch aktuellen Wunsch, durch Zwangs(psycho)therapie Sexualstraftaten auszuschließen. Psychiatrie, als die Wissenschaft, die an der Schnittstelle zwischen Naturwissenschaften einerseits sowie Geistes- und Gesellschaftswissenschaften andererseits steht, sollte sich des Auftrags bewußt sein, der ihr durch die besondere Qualität ihres Gegenstandes zufällt und der sich von keiner der genannten Teildisziplinen her ausreichend definieren läßt: Jeder Versuch, Menschsein nur von einer wissenschaftlichen Teildisziplin her zu erfassen, führt, konsequent zu Ende gedacht, zur Zerstörung des »Menschlichen«, also des Gegenstandes der Psychiatrie. Deshalb muß die Psychiatrie eine Philosophie des Menschseins entwickeln oder sich einer solchen verpflichtend aussetzen, die ihr das Denken an den Grenzen zwischen Teildisziplinen, aber auch zwischen Mensch und Mensch gelingen läßt. Damit sind der Psychiatrie Grenzen gesetzt, die sie nur dann in fruchtbarer Weise nutzen kann, wenn sie sie in das Zentrum ihrer epistemologischen Selbstbesinnung rückt.

Der XIV. Weltkongreß für Soziale Psychiatrie 1994 griff diese Sicht, die gleichzeitig Horizonte öffnet und Grenzen setzt, in seinem Titel auf: *Abschied von Babylon – Verständigung über Grenzen in der Psychiatrie.*

Möglicherweise ist die Psychiatrie gefährdeter als andere Wissenschaftszweige, gesellschaftlichen Denkmoden und daraus resultierenden Handlungsaufforderungen zu verfallen, da sie weder in den Natur- noch in den Geisteswissenschaften ganz zu Hause ist und ihre Vertreter leicht nach beiden Seiten hin Minderwertigkeitskomplexe entwickeln.

Bekanntlich sind letztere ein besonders geeigneter Nährboden für vorauseilenden Gehorsam gegenüber sanktionierenden Instanzen und für Omnipotenzphantasien. Die Psychiatrie hat grundsätzlich in dem Dilemma auszuharren, daß sie über direktes »Machen« stets weniger und über eher indirektes Handeln stets mehr bewirken kann, als die Gesellschaft jeweils von ihr fordert.

Literatur

Ackeren, M. van (1994): Tödliche Giftdosis für seelische Qualen. In: *Deutsches Ärzteblatt*, 91, Heft 31/32.

Bateson, G. U.; Bateson, M. C. (1993): Wo Engel zögern – unterwegs zu einer Epistemologie des Heiligen. Frankfurt a. M.

Beck, C. (1993): Neue Euthanasie. In: *Zur Orientierung*, 4, S. 51.

Deppe, H. U. (1996): Die Kostenexplosion im Gesundheitswesen ist eine Erfindung der Politik. In: *Frankfurter Rundschau* vom 18.06.1996, Nr. 139, S. 12.

Helmchen, H.; Lauter, H. (1995): Dürfen Ärzte mit Demenzkranken forschen? Stuttgart.

Keupp, H. (1988): Riskante Chancen – das Subjekt zwischen Psychokultur und Selbstorganisation. Heidelberg.

Klemperer, V. (1996): Tagebücher. Berlin.

Kolbe, H. (1996): Zum Qualitätsmanagement als dem Ganzen, das mehr ist als die Summe vieler Teilfortschritte. In: *Zur Orientierung*, 3.

Mackenthun, G. (1997): Länger hilft besser – Untersuchung zur Psychotherapie bringt Dogmen ins Wanken. In: *Frankfurter Rundschau* vom 18. 01. 1997, Nr. 15.

Musil, R. (1988): Der Mann ohne Eigenschaften. Reinbek.

Nowak, K. (1993): Die nationalsozialistischen Krankenmorde zwischen Historisierung und Vergegenwärtigung. In: *Zur Orientierung*, 4, S. 17ff.

Pörksen, U. (1988): Plastikwörter, die Sprache einer internationalen Diktatur. Stuttgart.

Reinhardt, U. (1996): Können vom amerikanischen Gesundheitswesen nützliche Impulse für Europa erwartet werden? In: *Das Krankenhaus*, 9.

Schmuhl, H.-W. (1990): Die Selbstverständlichkeit des Tötens. Psychiater im Nationalsozialismus. In: *Geschichte und Gesellschaft*, 16, S. 411–439.

Schneider, C. u. a. (1943): Gedanken und Anregungen betr. die künftige Entwicklung der Psychiatrie. Gem. Vereinbarung zwischen Professor Rüdin, München, Professor de Crinis, Berlin, Professor C. Schneider, Heidelberg, Professor Heinze, Görden, Professor Nitsche, Berlin, BA-R 1996 I/9, unveröff. Abschrift.

Stolz, P. (1983): Die Rolle der Irrenanstalten im Faschisierungsprozeß der deutschen Psychiatrie. In: *Recht und Psychiatrie*, 2, S. 65ff.

Tschuke, V. u. a. (1994): Gibt es unterschiedlich effektive Formen von Psychotherapie. In: *Psychotherapeut*, 39, S. 281–295.

Weiss, H. (1990): Placebophänomen - Arzt-Patient-Beziehung und psychotherapeutischer Prozeß. In: *Daseinsanalyse*, 7, S. 110ff.

Heiße Eisen

GEORG BRUNS

Die psychiatrische Zwangseinweisung

Die zwangsweise Unterbringung von Patientinnen und Patienten in psychiatrischen Krankenhäusern und die damit in der Regel verbundene zwangsweise Behandlung ist eine der großen Belastungen der Psychiatrie im Urteil der Bevölkerung. Aber nicht nur deswegen existieren gute Gründe, Zwangseinweisungen aus übergeordneten Gesichtspunkten heraus so selten wie möglich anzuwenden. Der wichtigste ist ein ethisch-rechtlicher: Zwangseinweisungen stellen ernste Eingriffe in die Persönlichkeitsrechte der Betroffenen dar; sie beschränken das Grundrecht der Freiheit der Person.

Darüber hinaus sprechen pragmatische, behandlungsbezogene und patientenbiographische Gründe für die sparsame Anwendung des Mittels Zwangseinweisung. Zwangseinweisungen können die Bereitschaft von Patienten zur Kooperation in der Behandlung zerstören, verringern oder gefährden. Sie zeitigen für betroffene Patienten unangenehme soziale Folgen, wenn etwa durch die zuständige Ortspolizeibehörde nach einer Zwangseinweisung der Führerschein entzogen wird, andere behördliche Zulassungen wie etwa ein Jagdschein gesperrt werden oder die bürgerlichen Rechte wie das aktive und passive Wahlrecht vorübergehend außer Kraft gesetzt werden. In manchen Bundesländern gilt die abgelaufene Zwangseinweisung als Hinderungsgrund für eine Verbeamtung. Schließlich wird eine Zwangseinweisung nicht selten von Patienten traumatisch erlebt mit den entsprechenden Folgen einer traumatischen Reaktion, deren Auswirkungen über Jahre bestehen bleiben können – eine bisher wenig beachtete schädliche Folge der Behandlung selbst.

Im folgenden werde ich einige wichtige Aspekte und Probleme des komplexen Gegenstandes Zwangseinweisung in drei Bereichen anschneiden: der Gesetzeslage, der Epidemiologie und der Interaktions- und Psychodynamik.

Die gesetzlichen Grundlagen

Zwangsweise Unterbringungen können sich in Deutschland im wesentlichen auf drei Gesetzeskomplexe stützen: die Psychisch-Kranken-Gesetze (PsychKG) bzw. Unterbringungsgesetze (UBG) der Länder, das bundesweit geltende Betreuungsgesetz, das die bis 1992 geltenden vormundschaftlichen Regelungen des BGB abgelöst hat, und die strafrechtliche Unterbringung, die in den einschlägigen Paragraphen der Strafprozeßordnung (StPO) und des Strafgesetzbuches (StGB) geregelt wird. Die »gewöhnliche Zwangseinweisung« erfolgt in der Regel nach einem PsychKG oder UBG; die folgenden Ausführungen betreffen diese Unterbringungen.

Das Betreuungsrecht verlangt eine gewisse, langfristig bestehende Einschränkung der Geschäftsfähigkeit bzw. Selbstversorgungsfähigkeit, die strafrechtlichen Regelungen verlangen einen forensisch relevanten Tatbestand. Sie betreffen insofern Sondergruppen innerhalb der psychisch Kranken.

In praktisch allen Bundesländern wurden in den 70er und 80er Jahren Psychisch-Kranken-Gesetze oder reformierte Unterbringungsgesetze verabschiedet (Übersicht in Crefeld/Schulte 1987). Ein Vorbild für viele Bestimmungen war das PsychKG NW. Die wichtigste Voraussetzung für eine Unterbringung nach all diesen Gesetzen ist das Vorliegen einer aus einer ernsthaften psychischen Krankheit hervorgehenden Fremd- oder Selbstgefährdung, einer »gegenwärtigen Gefahr«.

Neben einer Bestimmung des Begriffs und der Voraussetzungen der Unterbringung enthalten alle reformierten Gesetze ausführliche Verfahrensvorschriften. Wie im PsychKG NW werden in ihnen jeweils drei Arten der Unterbringung beschrieben, die im PsychKG NW »sofortige«, »einstweilige« und »sonstige« Unterbringung heißen. Die sofortige Unterbringung wird in dringenden Fällen von der Verwaltungsbehörde ohne vorherige Richtereinschaltung durchgeführt; sie darf längstens »bis zum Ablauf des auf den Beginn der Unterbringung folgenden Tages«, also 24 bis 48 Stunden, dauern, falls sie nicht inzwischen durch eine Gerichtsanordnung abgelöst worden ist. Die einstweilige Unterbringung kann vom Gericht für längstens zwei Monate angeordnet werden, evtl. nach Anhörung eines ärztlichen Sachverständigen bis zu einer Gesamtdauer von drei Monaten verlängert werden. Die sonstige

Unterbringung kann bei Suchtkrankheiten und anderen nicht-psychotischen Erkrankungen längstens ein Jahr, bei Schwachsinn und chronischen Psychosen – man beachte die Gleichstellung – längstens zwei Jahre betragen; sie wird durch ein Gericht angeordnet und ist wiederholbar.

Für den Zeitraum der Unterbringung im Krankenhaus werden Untersuchung, Heilbehandlung, Schriftverkehr und Beurlaubungen vom Gesetz geregelt. Die Entlassung ist als eine »vorläufige Entlassung« in Verbindung mit bestimmten Behandlungsauflagen durchführbar. Nach der Entlassung soll eine »nachgehende Hilfe« unter Kontrolle durch das zuständige Gesundheitsamt erfolgen. Schließlich enthält das Gesetz Kostenregelungen und Schlußbestimmungen. Eine ausführliche Besprechung und Würdigung des PsychKG NW und der anderen reformierten Gesetze haben M. Bauer und H. Berger (1986, S. 50 ff.; vgl. auch Bruns 1993, S. 24 ff.) geliefert, auf die ich hier nur verweisen möchte.

Problematisches an den Gesetzen und der Gesetzespraxis

Die Uneinheitlichkeit: Die reformierten Gesetze sind in ihrem Sprachgebrauch, in ihren Fristenregelungen, in ihren Anforderungen an die Qualifikation des gutachtenden Arztes und in ihren Hilferegelungen uneinheitlich. In einigen Bundesländern z. B. ist im Unterbringungsverfahren die Beiordnung eines Rechtsanwalts obligat, in anderen Bundesländern fakultativ, in einem Bundesland (Baden-Württemberg) gar nicht vorgesehen. Die Bezeichnungen für die drei oben beschriebenen Arten der Unterbringung wechseln von Land zu Land. Die Verfasser waren offenbar um eine harmlose Nomenklatur bemüht. Am auffälligsten ist dieses Bestreben für die langfristige Unterbringung, die lediglich in drei Bundesländern eine gesonderte Bezeichnung besitzt, ohne daß aber eine dieser Benennungen den besonders gravierenden Charakter dieser Unterbringungen verdeutlichen würde. Im Gegenteil: »Regelverfahren« (Baden-Württemberg) klingt beruhigend alltäglich; »befristete Unterbringung« (Bremen) betont die Begrenzung und erscheint kurz, obwohl es sich gerade um die langfristige Unterbringung handelt; »sonstige Unterbringung« (NRW) bleibt in der Vorstellung blaß, harmlos und assoziationsfrei und läßt nicht an eine zweijährige Einschließung denken. Die anderen Bundesländer belassen es schlicht bei dem Terminus »Unterbringung« – die langfristige Unterbringung stellt demnach in der Logik der Gesetze den Standardfall dar. Baden-Württemberg erlaubt eine »fürsorgliche Zurückhaltung« bis zu drei Tagen ohne Richtereinschaltung. Bremen sieht als einziges Bundesland die regelmäßige Beiordnung eines Sozialarbeiters vor.

Die Gefährlichkeit: Es ist offensichtlich, daß in vielen Fällen von Zwangseinweisungen die Bescheinigung der Gefährlichkeit in den Einweisungsgutachten nur ein legitimierendes Konstrukt ist. Bei einer strengen Prüfung der Anlässe von Unterbringungen zeigt sich, daß lediglich bei einem Drittel der Zwangseingewiesenen tatsächliche selbst- oder fremdgefährliche Handlungen vorgelegen haben (Bruns 1993, S. 161 ff.; Stumpfe/Husser 1978; Bergener u. a. 1988, S. 32).

Die Gefahrenprognose und die präventive Zwangseinweisung: Seit Zwangseinweisungen empirisch untersucht werden, spielt die Gefahrenprognose immer wieder eine Rolle. Bereits G. Bosch (1971) stellte fest, daß sie praktisch immer aus der Grundkrankheit abgeleitet wird, so daß eine Art »Vorbeugehaft für psychisch Kranke« (Walter 1978, S. 59) existiert. Empirische Untersuchungen wie in den USA (Bruns 1992) liegen dazu aus Deutschland nicht vor.

Die Mehrfachfunktion des Arztes: Häufig, vor allem bei Patienten, die sich in der Klinik befinden, vereinigt ein Arzt mehrere Funktionen für den zwangseingewiesenen Patienten auf sich, z. B. der behandelnde und der gutachtende Arzt zu sein. Da es in der Behandlung psychisch Kranker zu unüberschaubaren und die Beteiligten sehr persönlich berührenden Verwicklungen (s. u.) kommen kann, ist die für eine Begutachtung notwendige Neutralität und Objektivität möglicherweise nicht mehr gegeben. Diese Doppelfunktion ist nicht selten: bei 201 (42,8 %) von 470 Unterbringungen des Jahres 1994 in Bremen beispielsweise erstatteten Ärzte der Psychiatrischen Klinik des ZKH Bremen-Ost, also der unterbringenden Einrichtung, die ärztliche Stellungnahme. Es ist bei solchen Überschneidungen nicht auszuschließen, daß neben der persönlichen Involviertheit des Arztes die Interessen der unterbringenden Institution »mitbeteiligt« sind bei der Beurteilung.

Die erzwungene Freiwilligkeit: Es existiert eine nicht zu benennende Dunkelziffer an Klinikaufnahmen und Zurückhaltungen von Patientinnen und Patienten in der Klinik mit Hilfe der Androhung von Zwangsmaßnahmen. Auch wenn in vielen Fällen dieses Mittel dem Patienten einen formalisierten juristischen Eingriff mit seinen Folgen (s.o.) erspart und in eine Zustimmung seinerseits übergehen kann, öffnet es doch Momenten der Willkür das Tor. Es wäre deshalb besser, in den Gesetzen den Ärzten die Möglichkeit einer befristeten Zurückhaltung ohne Einschaltung von Polizei und Gericht zu eröffnen, z. B. für 24 oder 48 Stunden, diese aber an Verfahrensregelungen zu knüpfen.

Zur Epidemiologie psychiatrischer Zwangseinweisungen

Der Anteil der Zwangseinweisungen an den psychiatrischen Klinikaufnahmen lag laut Psychiatrie-Enquete 1970 in den einzelnen Bundesländern zwischen 6 % und 50 %, in einzelnen Kliniken erreichte er 70 %. In einer Erhebung für 1985 lag er zwischen Werten von 1 % und etwa 27 % (Bruns 1989). A. Spengler (1994) fand in dem Zeitraum 1991/1992 Schwankungen der Zwangseinweisungsanteile an den Aufnahmen von 0 % bis 34 % zwischen verschiedenen Kliniken. Die Prävalenz von Zwangseinweisungen (ZE pro 100 000 E) aus verschiedenen Versorgungsgebieten ergab für 1985 Werte zwischen 0,2 und 129 (Bruns 1993, S. 80), 1987 für verschiedene Großstädte Raten zwischen 5 und 199 (Bruns 1993, S. 39). A. Spengler (1994, S. 119) berichtet aus 1991/1992 Raten zwischen 0 und 239 ZE pro 100 000 Einwohner.

Zwangseinweisungen sind also offensichtlich in Deutschland nach verschiedenen epidemiologischen Untersuchungen (Überblick bei Bruns 1993, S. 52 ff.; Spengler 1994) extrem ungleich verteilt. Neben der Dimension Regionalität kommen dabei zwei weitere Dimensionen, der soziodemographische und der medizinische Status, zum Tragen.

Die regionale Ungleichverteilung

In den ostdeutschen Bundesländern wie auch in den süddeutschen und südwestdeutschen Bundesländern Bayern, Baden-Württemberg, Rheinland-Pfalz und Saarland werden, ausgedrückt als Prävalenz, also Häufigkeit pro 100 000 Einwohner, weniger Zwangseinweisungen durchgeführt als in den übrigen Bundesländern; eine Ausnahme unter den norddeutschen Bundesländern bildet Bremen mit ebenfalls relativ niedrigen Unterbringungsraten. Innerhalb ein und desselben Bundeslandes gibt es zwischen benachbarten Städten z. T. erhebliche Differenzen, z. B. zwischen Köln (1987: 157) und Düsseldorf (1987: 39). Es existiert darüber hinaus ein klares Stadt-Land-Gefälle. In Versorgungsregionen von psychiatrischen Abteilungen an Allgemeinkrankenhäusern liegt im Vergleich mit den Versorgungsregionen von psychiatrischen Großkliniken die gesamte psychiatrische Hospitalisierungsrate hoch, d. h., die Bewohner einer solchen Region treten relativ leicht in eine psychiatrische Klinik ein, die Prävalenz von zwangsweisen Unterbringungen liegt dagegen niedrig (Bruns 1989).

Die soziodemographische Perspektive

Zwangseinweisungen korrelieren positiv mit (Bruns 1993, S. 52 ff. und S. 123 ff.):

- dem männlichen Geschlecht;
- der Altersgruppe 18–34 Jahren bei Männern; der biographische Häufigkeitsgipfel bei Frauen liegt etwa 7 bis 8 Jahre später; abweichend davon existiert in manchen Regionen ein zweiter Häufigkeitsgipfel in der Altersgruppe der über 65jährigen speziell bei Frauen;
- dem Ledigenstatus bei Männern;
- der Arbeitslosigkeit: etwa 40 % der Zwangseingewiesenen in Bremen sind arbeitslos (ebd. 1993, S. 135).

Die medizinische Aufschlüsselung

Zwangseinweisungen sind verbunden mit (Bruns 1991):

- einer hohen Überrepräsentation der Diagnose »Schizophrenie«;
- einer signifikant verlängerten stationären Verweildauer gegenüber freiwilligen Patienten;
- einer ausgeprägten Erhöhung der Rehospitalisierungen gegenüber freiwilligen Patienten.

Die Interpretation dieser z. T. eklatanten Ungleichverteilungen würde den Rahmen dieses Aufsatzes sprengen. Aus soziologischer Sicht ist jedoch der Hinweis interessant, daß die Personengruppen bevorzugt von Zwangseinweisungen betroffen sind, die sozialen Deprivationen in verschiedenen Bereichen unterworfen sind und/oder vermehrt von strafrechtlichen Maßnahmen erfaßt werden. Zwangseinweisungen scheinen insofern ein moderner Aspekt des Pauperismus und eine moderne Alternative zur strafrechtlichen Sanktionierung von Devianz zu sein. Die regionale Ungleichverteilung scheint zumindest in einem Faktor auch darauf zurückzuführen zu sein: Eine differenzierte Studie aus der Rheinischen Landesklinik Köln (Bergener u. a. 1988) ergab für 1984 als häufigste Diagnose situative Auffälligkeiten, oft unter Alkoholeinfluß, im Gegensatz zur Diagnose »Schizophrenie« in Bremen. Die Unterbringungsprävalenz lag in Köln viel höher als in Bremen. Das heißt: Je strenger die Indikation für eine Zwangseinweisung gestellt wird, desto mehr betrifft sie eine Kerngruppe sogenannter endogener Psychosen. Wo die Indikation großzügiger gestellt wird, werden vermehrt Personen mit sozial unangemessenen Verhaltensweisen betroffen. Dieser Befund unterstützt den Eindruck, den bereits die Kölner Autoren in ihrer Untersuchung geäußert hatten, die psychiatrische Unterbringung werde bei großzügiger Anwendung als ordnungspolitisches Disziplinierungsmittel verwandt.

Die von Zwangseinweisungen besonders bedrohten Personen lassen sich zusammenfassend so beschreiben: männlich, ledig, zwischen 20 und 40 Jahre alt, arbeitslos, bereits mehrfach hospitalisiert und an einer Schizophrenie leidend, in manchen Gegenden tritt sozial auffälliges Verhalten als Anlaß in den Vordergrund. Wenn diese Merkmale vorliegen, sollten Polizisten, Ärzte und Psychiater im Notfalleinsatz noch mehr, als es grundsätzlich zu fordern ist, einen konfrontativen und eskalierenden Interaktionsstil vermeiden.

Die epidemiologischen Ergebnisse erlauben zwei Schlußfolgerungen:

1. Die unterschiedliche Häufigkeit von Zwangseinweisungen in der Verbindung mit differierenden diagnostischen Verteilungsmustern zeigt, daß in verschiedenen Regionen Zwangseinweisungen über das medizinisch notwendige Maß hinaus durchgeführt werden. Wenn Zwangseinweisungen eine Funktion der Schwere der Erkrankung wären, wäre eine etwa gleichmäßige Verteilung zu erwarten, da in epidemiologischen Untersuchungen schwere psychische Erkrankungen in großräumigeren Strukturen ein relativ stabiles Häufigkeitsmuster aufweisen.

2. Für die Differenzen sind nicht etwa medizinische, sondern sozialstrategische Faktoren ausschlaggebend, die diagnostische, soziodemographische und sozialintegrative Kriterien unterschiedlich bewerten.

Zur Interaktions- und Psychodynamik von Zwangseinweisungen

Zwangsmaßnahmen in der Psychiatrie sind Bestandteil, evtl. Endpunkt von oft sehr wechselvollen und verwickelten Interaktionssequenzen. Sie bahnen sich fast immer über einen gewissen Zeitraum hin an. Jedoch sieht der Psychiater die frühen Phasen des Eskalationsprozesses meistens nicht, wenn sie außerhalb der Klinik ablaufen; bei den gar nicht so seltenen Zwangsunterbringungen von Patienten, die primär freiwillig in die Klinik eingetreten waren, ist dieser Prozeß jedoch beobachtbar. Ich beschreibe drei Phasen der Interaktions- und Psychodynamik von Zwangsmaßnahmen: erstens die Phase der Anbahnung mit fortschreitender aggressiver Aufladung, danach zweitens die Phase der Zwangsanwendung selbst als Phase der Entladung, drittens die Phase der Verarbeitung. Meine Bemerkungen zur Psychodynamik von Zwangseinweisungen halten sich notwendigerweise auf einer sehr allgemeinen Ebene, die die vielen möglichen Spielarten nicht erfaßt, da letztlich jeder einzelne Patient eine spezifische psychodynamische Konstellation herstellt.

Wichtig ist jedoch die Betonung des Interaktionscharakters von Zwangseinweisungen. Sie sind ein Hinweis auf das Störungsniveau der betroffenen Patienten. Die entscheidende Störung ist nicht nur ein innerer Konflikt zwischen psychischen Instanzen, nennen wir sie Objektrepräsentanzen oder Ich, Es und Über-Ich, sondern die Störung der zur Symbolisierung und Errichtung von Repräsentanzen führenden Funktion (Bruns 1997; Lempa 1995). Diese präsymbolische Natur des beteiligten psychischen Konflikts ist verantwortlich dafür, daß er nicht intrapsychisch gehalten werden kann, sondern häufig in der Außenwelt inszeniert werden muß, oft eben in einer äußerst destruktiven Weise. Die präsymbolische Natur des Konfliktes drängt die Patientinnen und Patienten in Beziehungen zu nahestehenden Personen dazu, diese wie die Objekte ihrer inneren Welt zu behandeln, da sie eine hinreichende Differenzierung zwischen Innenwelt und Außenwelt nicht mehr treffen können.

Phase der Anbahnung

Wenn bei der Durchführung einer Zwangseinweisung anamnestische Daten zur Entwicklung des aktuellen Zustands erhoben werden, stellt sich regelmäßig heraus, daß er sich über mehrere Tage, eventuell auch Wochen entwickelt hat. Fast immer handelt es sich um ein psychopathologisches Bild, in welchem Aggression eine hervorragende Rolle spielt. Sie kann, schematisierend, eine überwiegend nach außen oder überwiegend nach innen gerichtete Ausdrucksform finden. In der ersteren Ausrichtung, vor allem bei schizophrenen, aber auch Borderline-Störungen beobachtbar, baut der Patient zunehmend Konfrontationen mit Angehörigen, Nachbarn oder anderen Personen auf, die nach meinen Beobachtungen immer in einem näheren Verhältnis zu ihm stehen. Immer mehr richtet er seine Aggressionen auf sie, bis diese sich – völlig hilflos, überfordert oder unerträglich gereizt – bedroht und gefährdet fühlen und, meistens, die Polizei zu Hilfe rufen. In der zweiten, vor allem bei depressiv-narzißtischen und wiederum Borderline-Störungen vorfindlichen Ausrichtung, kommt es zu zunehmendem Rückzug, Kontaktabbruch, Suizidandrohungen und -handlungen, die in der Umgebung Sorgen, Ängste und nicht selten ein Erpressungsgefühl hervorrufen. Auch bei dieser mehr autoaggressiven Gruppe führen Rat- und Hilflosigkeit schließlich zur Einschaltung von Polizei und anderen Notfallinstanzen.

Patienten, die sich bereits in der Klinik befinden, wenden dieselben Interaktionsmuster gegenüber dem Klinikpersonal an, jedoch in der Regel thematisch zentriert auf das Behandlungssetting: Es werden provokativ Stationsregeln übertreten, Medikamente zurückgewiesen und Personal oder Mitpatienten latent oder offen aggressiv angegangen, so daß Konfrontationen sich hochschrauben. Häufig wird nicht erkannt, daß die rigide Durchsetzung von Regeln, so wertvoll diese sein können, ein wichtiger institutioneller Beitrag zu gewalthaften Eskalationen sein können, im legitimierten Gewande jedoch der therapeutischen Konsequenz. Mir erscheint dagegen der Hinweis wichtig, daß es bei vielen psychiatrischen Patienten ein störungsbedingtes Bedürfnis nach Gewalterfahrung als unbewußten Wiederholungszwang gibt. Gewaltmaßnahmen werden so zu szenischen Darstellungen der inneren Welt dieser Patienten, in die Angehörige, Polizei, Gericht und die Institution Psychiatrie eingewoben werden, indem sie in eine Position manövriert werden, in der ihnen nur noch Gewaltanwendung bleibt.

Die Phase der Zwangsanwendung selbst

Die Zwangseinweisung ist der Höhepunkt des Eskalationsprozesses, der danach in ein entspannteres Stadium übergehen kann. Nicht selten jedoch provozieren Patienten weitere Zwangsmaßnahmen, sind auf jeden Fall an deren Einsatz beteiligt. Um ein Verständnis für diese Abläufe zu gewinnen, ist eine Betrachtung auf zwei Ebenen sinnvoll, einer situativ-aktuellen und einer historisch-biographischen.

Die situativ-aktuelle Ebene beschreibt die Aktualgenese von gewalthaften Situationen. Für die Seite des Patienten kann die Provokation gewalthafter Eingriffe als Abwehr von dissoziativen Zuständen wie Depersonalisation und Derealisation oder von unerträglichen Ängsten vor der seelischen Fragmentierung angesehen werden; er bedient sich dabei einer ihm bekannten, bereitstehenden Institution der kontrollierten Gewaltanwendung, wie sich etwa der Borderline-Patient in Momenten der Depersonalisation des Messers bedient, um über schmerzhafte Schnitte wieder ein Bewußtsein seiner Existenz zu erlangen. Auf der Seite des öffentlichen Publikums geht es um die Abwehr eigener unbewußter Wünsche nach und Ängste vor der Verrücktheit (Bruns 1986a). Für die in den gewaltausübenden Institutionen Polizei, Gericht und Psychiatrie Tätigen geht es um die kompromißhafte Befriedigung und Kontrolle aggressiver Bedürfnisse im gesellschaftlichen Auftrag, also in einem legitimierten Zusammenhang (Bruns 1993, S. 233 ff.). Wenn diese Überlegungen zutreffen, dann sind psychiatrische Zwangsmaßnahmen im individuellen Fall Ausdruck einer interpersonellen Abwehr, als soziale und rechtliche Institution Ausdruck einer institutionalisierten Abwehr im Dienste der Bewältigung und Bindung ansonsten unerträglicher Ängste sowie gleichzeitig für Patienten und ihr jeweiliges Gegenüber psychosoziale Kompromißbildungen mit zugleich Befriedigung und Kontrolle aggressiver Bedürfnisse.

Unter der aktualgenetischen Ebene läuft eine zweite, historisch-biographische mit: die Ebene von Übertragung (ÜT) und Gegenübertragung (GÜT). Im Verlauf einer Psychotherapie entwickelt der Patient dem Psychotherapeuten gegenüber solche Gefühle mit entsprechenden Ängsten, Wünschen, Hoffnungen und Enttäuschungen, wie er sie gegenüber seinen wichtigen frühen Bezugspersonen entwickelt hat, in der Regel also gegenüber den Eltern und anderen nächsten Angehörigen. Im Therapeuten wiederum entstehen die entsprechenden komplementären Affekte. Die Übertragungen und Gegenübertragungen entwickeln sich jedoch nicht nur in therapeutischen Situationen, sondern sind Bestandteil alltäglicher Kontakte und Beziehungen in der Schule, der Arbeit, der Ehe, im Freundeskreis und im Sportverein. Üblicherweise werden Übertragungen zumindest partiell durch die Funktion der Realitätsprüfung korrigiert. Bei schweren psychischen Störungen ist diese Funktion beeinträchtigt, so daß gegenwärtige Personen und Beziehungen entsprechend ihren internalisierten historischen Vorläufern verkannt werden.

Die frühe Kindheit psychotischer oder psychosenaher Patienten nun ist, wie biographische Untersuchungen und langdauernde Behandlungen ergeben haben, i. d. R. gekennzeichnet von Beziehungsabbrüchen und häufig von dem Erleben mißbräuchlicher, gewalthafter, bedrohlicher, vernachlässigender Beziehungen. In der krankheitsbedingten Regression erlebt der Patient die in diese Zeit gehörenden Gefühle wieder, er überträgt sie auf Personen seiner Umgebung. Wegen der versagenden Realitätsprüfung und Symbolisierung behandelt er sie, als seien sie wirkliche Personen seiner frühen Kindheit. In ihnen wiederum entstehen die Gefühle und Impulse, die frühe Bezugspersonen dem Patienten entgegengebracht haben. Das Spiel der Verkennung in der Übertragung, der Inszenierung frühkindlicher Beziehungsqualitäten und der Entwicklung einer dazu passenden Gegenübertragung wiederholt sich ggf. auf verschiedenen Stufen: in der Alltagsumgebung des Patienten, in der Begegnung mit der Polizei und schließlich beim Eintritt in die Klinik. Wenn der Wiederholungscharakter in ÜT und GÜT nicht erkannt wird, wiederholen sich mißbräuchliche, gewalthafte, bedrohliche, vernachlässigende Beziehungen zwischen Patient und Personal. Genau in diesen Zusammenhang gehören Zwangsmaßnahmen in der Psychiatrie. Sie sind der Höhepunkt der eskalierenden Wiederholungsspirale unbekömmlicher, früher Objektbeziehungen der Patienten.

Phase der Verarbeitung

Obwohl ausgiebige Untersuchungen zur Auswirkung von Zwangseinweisungen auf die Patienten bisher fehlen, deutet vieles darauf hin, daß zumindest ein Teil der Patienten sie traumatisch erlebt. In einer qualitativ angelegten Untersuchung über Zwangseinweisungen im Erleben betroffener Patienten (Füg 1996) scheint sich mit den bisherigen

Ergebnissen zu bestätigen, daß gewalthafte Situationen für die Patienten auch traumatische Situationen sind: Soweit sie darüber sprechen, fühlen sie sich gekränkt, entwertet und verletzt. Die Patientinnen und Patienten beschäftigen sich oft selbstquälerisch jahrelang damit; sie hegen den ausgeprägten Wunsch nach Wiedergutmachung - z. B. in Form einer Entschuldigung seitens Beteiligter - und versuchen, das eventuell auf dem Klageweg zu erreichen, oder sie zeigen die bei traumatischen Reaktionen charakteristische Abspaltung bzw. Dissoziation der traumatischen Erinnerung mit spontaner Flucht-, Angst- oder Vermeidungsreaktion bei deren Berührung (vgl. schon Bruns 1993, S. 12 ff.).

Es muß ernsthaft darüber nachgedacht werden, daß Zwangsmaßnahmen in vielen Fällen gravierende psychische Störungen in Form traumatischer Reaktionen nach sich ziehen. Möglicherweise ist das bisher nicht erkannt worden, weil die Symptome als persistierender Bestandteil der zur Unterbringung geführt habenden Krankheit angesehen worden sind. In der ICD 10 ist inzwischen ein entsprechendes Krankheitsbild unter F 43.1 als »Posttraumatische Belastungsstörung« beschrieben worden. Zu einer allgemeinen Psychodynamik der traumatischen Situation und Reaktion verweise ich auf entsprechende Literatur (z. B. Ehlert/Lorke 1988).

Über die Verarbeitung von Zwangseinweisungen durch den jeweiligen Gegenpart der Patienten ist noch weniger bekannt. Ein Hinweis kann sein, daß anscheinend in der Psychiatrie das Personal die Besprechung von Gewaltsituationen mit den Patienten vermeidet, statt dessen zur disziplinarischen Reaktion neigt (Fritz u. a. 1991; Genz u. a. 1988; Noble/Rodger 1989; Steinert u. a. 1991; Stierlin 1956). Vielleicht ist das ein Hinweis auf eine Neigung zur Verleugnung eigener Gewalthaftigkeit durch die Psychiatrie-Professionellen. Die Besprechung von Gewaltsituationen scheint aber auch die Praxis zu verändern (Rosenthal u. a. 1994).

Eine Hilfe für Patienten, Zwangseinweisungen ohne pathologische Reaktion zu bewältigen, könnte sein: sie möglichst nicht überfallartig durchzuführen; sie mit ihnen, sobald sie dazu in der Lage sind, zu besprechen und sie auch zu begründen; schließlich ihnen Gespräche dazu anzubieten, die ihnen eine weiterreichende Aufarbeitung ermöglichen, falls sie es wünschen.

Literatur

BAUER, M.; BERGER, H. (1986): Rechtsprobleme bei der Einweisung und Behandlung von akut Kranken mit einem Anhang zu Pflegschaft und Entmündigung. In: KISKER, K.P.; LAUTER, H.; MEYER, J.-E.; MÜLLER, C.; STRÖMGREN, E. (Hg.): Psychiatrie der Gegenwart. Berlin/Heidelberg/New York/Tokyo, Bd. 2, S. 45–84.

BERGENER, M. (1986): Die zwangsweise Unterbringung psychisch Kranker. Problematik aus der Sicht von Ärzten und Richtern. Berlin/Heidelberg/New York/Tokyo.

BERGENER, M. U. A. (1986): Die Problematik der zwangsweisen Unterbringung psychisch Kranker aus der Sicht von Ärzten und Richtern – Beispiel der Anwendung des PsychKG Nordrhein-Westfalen. In: *Psychiatrische Praxis*, 13, S. 104–111.

BERGENER, M.; HEILIGER, A.; HOLZSCHNEIDER, H. (1988): Problematik des Freiheitsentzugs bei psychisch Kranken. Die Zwangsunterbringung nach dem PsychKG NW am Beispiel der Stadt Köln. Berlin/Heidelberg/New York/Tokyo.

BOSCH, G. (1971): Zur Frage des Abbaus von Zwangseinweisungen. In: *Nervenarzt*, 42, S. 65–74.

BRUNS, G. (1986a): Über die Funktion psychiatrischer Zwangseinweisungen. Ein Beitrag zur politischen Massenpsychologie. In: *Gruppenpsychother. Gruppendynamik*, 21, S. 350–362.

BRUNS, G. (1986b): Zwangseinweisung und ambulante Dienste. In: *Nervenarzt*, 57, S. 119–122.

BRUNS, G. (1988): Erleben und Deuten – Psychoanalyse in der Psychiatrie. In: *Psychiatrische Praxis*, 15, S. 155–159.

BRUNS, G. (1989): Drei Typen der stationären psychiatrischen Versorgung – ein statistischer Vergleich. In: *Öff. Gesundheitswesen*, 51, S. 17–20.

BRUNS, G. (1990): Gefahrenabwehr? Fürsorge? Kontrolle? Empirisch-kritische Bemerkungen zu den Rechtsgrundlagen der Unterbringung psychisch Kranker. In: *MschrKrim*, 73, S. 25–39.

BRUNS, G. (1991): Zwangseinweisungspatienten – eine psychiatrische Risikogruppe. In: *Nervenarzt*, 62, S. 308–312.

BRUNS, G. (1992): Stille Macht und Samaritertum. Soziologische Beschreibung versus Selbstdefinition der Psychiatrie in den USA. In: *Kölner Zeitschrift für Soziologie und Sozialpsychologie*, 44, H. 3, S. 503–518.

BRUNS, G. (1993): Ordnungsmacht Psychiatrie? Psychiatrische Zwangseinweisung als soziale Kontrolle. Opladen.

BRUNS, G. (1997): Die Öffnung der Dyade – eine patienteninduzierte Modifikation in der psychoanalytischen Behandlung psychotischer Patienten. In: *Psychotherapeut* (im Erscheinen).

CREFELD, W.; SCHULTE, B. (Hg.) (1987): Das Recht der Hilfen und Zwangsmaßnahmen für psychisch Kranke. Gesetzestexte. Bonn.

EHLERT, M.; LORKE, B. (1988): Zur Psychodynamik der traumatischen Reaktion. In: *Psyche*, 42, S. 502–532.

EITINGER, L. (1990): KZ-Haft und psychische Traumatisierung. In: *Psyche*, 44, S. 118–132.

FRITZ, U.; MACK, B.; RAVE-SCHWANK, M. (1991): Gewalt in der Psychiatrie. Evaluation der Fixierungsdokumentation in einem psychiatrischen Krankenhaus. In: *Psychiatrische Praxis*, 18, S. 162–166.

FÜG, C. (1996): »Was jetzt kommt, das will ich nicht erleben«. Die psychiatrische Zwangseinweisung im Erleben Betroffener. Unveröff. Diplomarbeit, Universität Bremen.

GENZ, A.; KRÜGER, E.; DOST, B. (1988): Aggressives Verhalten in der psychiatrischen Klinik. In: *Psychiat. Neurol. med. Psychol.*, 40, S. 542–550.

LEMPA, G. (1995): Zur psychoanalytischen Behandlungstechnik bei schizophrenen Psychosen. In: *Forum Psychoanal.*, 11, S. 133–149.

MENTZOS, S. (1988): Interpersonale und institutionalisierte Abwehr. Erweiterte Neuausgabe, Frankfurt a. M.

NOBLE, P.; RODGER, S. (1989): Violence by Psychiatric In-Patients. In: *Brit. J. Psychiat.*, 155, S. 384–390.

ROSENTHAL, B.; HAUG, H.-J.; HOFFMANN-RICHTER, U.; FINZEN, A. (1994): Zur Isolierungspraxis in einer psychiatrischen Klinik. In: *Psychiatrische Praxis*, 21, S. 151–153.

SPENGLER, A.; BÖHME, K. (1989): Versorgungsepidemiologische Aspekte der sofortigen Unterbringung. In: *Nervenarzt*, 60, S. 226–232.

Spengler, A. (1994): Sofortige zwangsweise Unterbringungen in der Bundesrepublik Deutschland, 1991–1992: Erste Ergebnisse. In: *Psychiatrische Praxis*, 21, S. 118–120.

Steinert, T.; Vogel, W.D.; Beck, M.; Kehlmann, S. (1991): Aggressionen psychiatrischer Patienten in der Klinik. Eine 1-Jahres-Studie an vier psychiatrischen Landeskrankenhäusern. In: *Psychiatrische Praxis*, 18, S. 155–161.

Stierlin, H. (1956): Der gewalttätige Patient. Eine Untersuchung über die von Geisteskranken an Ärzten und Pflegepersonal verübten Angriffe. Basel/New York.

Stumpfe, K.D.; Husser, J. (1978): Untersuchung über Zwangseinweisungen von psychisch Kranken. In: *Öff. Gesundheitswesen*, 40, S. 808–814.

Walter, M. (1978): Aspekte für eine Reform des Unterbringungsrechts. In: Lauter, H.; Schreiber, H.L. (Hg.): Rechtsprobleme in der Psychiatrie. Köln, S. 51–61.

HORST HALTENHOF

Die Fixierung – Relikt vergangener Zeiten?

Unser Tun ist immer An-Tun
und muß damit stets frag-würdig bleiben.
(Ralf Seidel, Von psychischer Krankheit und Menschenwürde)

Ultima ratio?

Die Anwendung von Gewalt gegen Patienten gehört zu den schmerzvollen Schattenseiten psychiatrischer Tätigkeit. Wir reagieren auf diesen Aspekt unserer Arbeit nicht selten mit Tabuisierung und Verleugnung, heftigen Schuldgefühlen oder auch unkritischer Rechtfertigung entsprechender Verhaltensweisen. Die Frage nach der Angemessenheit von Gewalt gegen Patienten läßt sich m. E. weder pauschal noch ein für allemal beantworten, da Gewalt sowohl Ausdruck von Machtmißbrauch und Willkür als auch notwendiges Hilfs-Mittel zur Abwehr einer größeren Gefahr sein kann. Im folgenden werden nach Anmerkungen zu Voraussetzungen, Anlässen und Durchführung der Fixierung einige Studien über diese vermutlich extremste der offenen und direkten Formen von Gewaltanwendung gegen Patienten referiert. Den Schluß des Beitrags bilden einige Überlegungen zur (Un-)Vermeidbarkeit von Gewalt durch psychiatrisch Tätige.

»Die Fixierung ist die mechanische Bewegungseinschränkung eines Patienten« und bedeutet »einen schwerwiegenden Eingriff in die persönlichen Grundrechte«, insbesondere werden »die Rechte des Patienten auf seine persönliche Freiheit und seine Menschenwürde verletzt« (GROßKOPF 1994). Wie andere freiheitsbeschränkende Maßnahmen kann sie »notfalls durch unmittelbaren Zwang ... ohne oder gegen den ausdrücklichen Willen des Betroffenen« durchgesetzt werden (SCHREIBER 1986). In der einschlägigen Literatur wird unmißverständlich betont, daß Zwangsmaßnahmen »lediglich als ... ultima ratio der Hilfestellung zur Abwehr größeren Unglücks« zulässig sind (PAYK 1996) und »weil die Behandelnden den Kranken (oder sich) nicht anders zu helfen wissen« (FINZEN U. A. 1993). Abgesehen von der Einwilligung des Betroffenen sowie von Notwehr (§32 StGB) und Notstand (§34 StGB) sind derartige Eingriffe allerdings nur im Rahmen des zivilrechtlichen Betreuungsgesetzes sowie der öffentlich- und strafrechtlichen Unterbringungsgesetze zulässig. Dabei wird die Fixierung nicht nur von den meisten Professionellen als die weitestgehende Maßnahme angesehen (z. B. Ernst 1995; Steinert u. a. 1993; Winkler 1966), sondern auch von der Mehrheit der psychiatrischen Patienten in einer der wenigen diesbezüglichen Untersuchungen am häufigsten abgelehnt, während Isolierung und Zwangsmedikation für weniger einschränkend gehalten werden (Sheline/Nelson 1993). Diese Einschätzung wird jedoch mit Hinweisen auf das längere Alleingelassenwerden des isolierten Patienten und die vermeintlich persönlichkeitsverändernde Wirkung von Neuroleptika relativiert. Immerhin zieht eine Minderheit von 10 % der Patienten in der erwähnten Studie eine Fixierung den anderen Maßnahmen vor.

In Übereinstimmung mit der Rechtsprechung können Fixierungen nach Ausschöpfung aller anderen Möglichkeiten in erster Linie zum Schutz vor massiven autoaggressiven Verhaltensweisen und zur Durchführung notwendiger medizinischer und pflegerischer Maßnahmen bei verwirrten und psychisch oder geistig schwer behinderten Menschen gerechtfertigt sein sowie in zweiter Linie - wenn eine Isolierung nicht möglich oder nicht gewollt ist - zum Schutz anderer Patienten oder von Mitarbeitern bei Fremdaggressivität und als Schutzmaßnahme bei Verwirrtheit mit Verletzungsgefahr. Unangebracht sind Fixierungen bei störendem Verhalten oder disziplinarischen Problemen sowie in der Regel auch bei Suizidalität (Steinert 1990).

Ebenso wie die rechtlichen Voraussetzungen und die möglichen Anlässe werden auch die Anforderungen an die Durchführung einer Fixierung weitgehend übereinstimmend geschildert (Aktion Psychisch Kranke 1996; Ernst 1995; Schädle-Deininger/Villinger 1996; Steinert 1990, 1995; Tardiff 1988). Auch an der Art und Weise, in der für notwendig erachtete Zwangsmaßnahmen erfolgen, - und nicht nur an der Tatsache ihres Vorkommens überhaupt - läßt sich die Güte psychiatrischer Arbeit ablesen. Jede Fixierung muß mit einem Minimum an Demütigung und Provokation sowie unter Kontrolle der Gegenübertragungsgefühle erfolgen. Ein Mitarbeiter sollte während des Geschehens immer wieder das Gespräch mit dem Patienten suchen, zumindest aber ihm beruhigend zusprechen. Die Fixierung muß von einer ausreichenden Anzahl von Personen in abgesprochener und koordinierter Weise durchgeführt werden, wobei ein evtl. an einem Konflikt im Vorfeld beteiligter Mitarbeiter sich nicht an der Zwangsmaßnahme beteiligen sollte. Bei der Durchführung einer Fixierung muß das Risiko von Verletzungen des Patienten und der Professionellen beachtet werden. Außerdem gilt es, Öffentlichkeit durch andere Patienten oder Besucher soweit wie möglich zu vermeiden. Während und nach einer Zwangsmaßnahme sollte ein Mitarbeiter für die Betreuung der anderen Patienten, die eingeschüchtert und verunsichert, aber auch unruhig und aggressiv reagieren können, zuständig sein. Selbstverständlich darf der fixierte Patient nicht allein gelassen werden. Gerade in einer solchen Extremsituation ist der Betroffene darauf angewiesen, daß durch vielfältige Hilfen (z. B. beim Liegen, beim Essen, beim Waschen) zusätzliche Kränkungen und Entwertungen vermieden werden. Es versteht sich von selbst, daß die Notwendigkeit der Fixierung regelmäßig und in kurzen Abständen überprüft werden muß. Grund, Dauer und Umfang der Fixierung sowie eine evtl. zusätzliche medikamentöse Behandlung müssen sorgfältig dokumentiert werden. Schließlich sollte jede Fixierung im Team mit dem betroffenen Patienten und in der Patientenrunde nachbesprochen werden. Diese aus meiner Sicht selbstverständlichen Anforderungen werden leider im Alltag häufig nur unzureichend beachtet.

Dokumente gegen die Verleugnung

»Die Anwendung von Methoden der mechanischen Fixierung erübrigt sich heute so gut wie vollständig«, stellte W. T. Winkler 1966 fest. Und K. Ernst betonte 1982: »Der uralte Bettgurt dürfte als Mittel zur Ruhigstellung schwer erregter gewalttätiger Kranker heute in den meisten Kliniken weitgehend – aber leider nicht überall vollständig – abgeschafft sein.«

Diesen beiden Einschätzungen möchte ich im folgenden den (veröffentlichten) Alltag in psychiatrischen Kliniken gegenüberstellen: Wie oft werden Fixierungen heute durchgeführt? Bei welchen Anlässen und Diagnosen? Wann und wie lange finden sie statt? Welche Alternativen werden berücksichtigt? Wie erleben die betroffenen Patienten Fixierungen?

Bei Durchsicht der Literatur fällt zunächst auf, daß in den vergangenen Jahrzehnten im deutschsprachigen Raum, auf den ich meine Übersicht konzentrieren möchte, auffallend wenig über Fixierungen - und auch über Isolierungen und Zwangsmedikationen - geschrieben worden ist und daß sich daher nur einige und unvollständige Antworten auf die gestellten und andere wichtige Fragen finden lassen. Dieser Umstand ist sicherlich nicht nur darauf zurückzuführen, daß Zwangsmaßnahmen als Chiffren von Gewalt und Inhumanität dem Ansehen der Psychiatrie in der Öffentlichkeit in hohem Maße abträglich sind, sondern auch darauf, daß wir diesen Anteil psychiatrischer Arbeit eher verleugnen, da er nicht in unser Selbstverständnis als Helfer paßt. Insbesondere die Fixierung erscheint wie ein Relikt vergangener Zeiten.

In einer der ersten Arbeiten zu diesem Thema nach dem Zweiten Weltkrieg lenkte H. Stierlin (1956) mit seiner Monographie *Der gewalttätige Patient. Eine Untersuchung über die von Geisteskranken an Ärzten und Pflegepersonen verübten Angriffe* die Aufmerksamkeit nicht nur auf die aggressiven Verhaltensweisen psychisch Kranker, sondern auch auf »Gegenmaßnahmen« psychiatrisch Tätiger. Auf seine Umfrage in zahlreichen psychiatrischen Anstalten in Deutschland, Österreich, der Schweiz und einigen anderen Ländern wurde detailliert über 773 »ernsthafte aggressive Akte« von Patienten berichtet. Bei 292 (38 %) dieser Fälle wurden auch die Reaktionen der Professionellen geschildert. Keine besonderen Maßnahmen wurden bei 34 Gewalttaten für erforderlich gehalten. Bei den übrigen 258 Situationen standen »mechanische Beschränkungen« mit 7,0 % an sechster Stelle der Gegenmaßnahmen, häufiger waren medikamentöse Sedierung (50 %), Isolierungen (22,5 %), Verordnung von Bettruhe (18,2 %), Verlegungen in eine besser gesicherte Abteilung oder Anstalt (17,4 %) und Krampfbehandlungen (10,5 %). Außerdem wurden weitere Maßnahmen (5,0 %) einschließlich dreier Leukotomien sowie an letzter Stelle »Aussprachen« (3,1 %) erwähnt.

V. Dittmann berichtete 1988 über Zwangsbehandlungen auf der Männer-Aufnahmestation der Psychiatrischen Universitätsklinik Lübeck. Von 1983 bis 1985 waren 137 (6,6 %) von 2056 Patienten fixiert worden. Indikationen waren »akute, nicht anders beherrschbare Aggressivität mit erfolgten oder drohenden Angriffen auf Mitpatienten oder Pflegepersonal und erhebliche motorische Unruhe mit der Gefahr der Selbst- oder Fremdgefährdung, insbesondere bei akuten exogenen Psychosen und Delirien«. Zwangsmedikationen wurden – überwiegend zur »Behandlung akuter Erregungszustände von Patienten mit schizophrenen oder manischen Psychosen« – »nicht mehr als 10- bis 20mal pro Jahr« durchgeführt, waren also etwa zwei- bis viermal seltener als Fixierungen.

F. Reimer und H. Starz beschrieben 1989 »Sicherungsmaßnahmen« an ihrem psychiatrischen Krankenhaus (Zwangsmedikation, Fixierung, Isolierung). Diese Arbeit ist v.a. wegen zweier Tabellen aus einer überwiegend geschlossen geführten Aufnahmestation interessant, die deutlich machen, daß 29 (62 %) von 47 Fixierungen in den ersten vier Tagen des stationären Aufenthaltes durchgeführt wurden und daß 37 (79 %) bei geringer Personalbesetzung, v.a. zwischen 20.00 und 24.00 Uhr, erfolgten.

1991 veröffentlichten Fritz, Mack und Rave-Schwank aus dem für ca. 600 000 Menschen zuständigen PKH Riedstadt die erste umfassende Untersuchung über Fixierungen im deutschen Sprachraum. 159 (7,8 %) der in einem Jahr aufgenommenen 1907 Patienten, 107 Männer und 52 Frauen, wurden insgesamt 718mal fixiert, und zwar wegen fremdgefährdender (40,1 %) oder autoaggressiver Verhaltensweisen (17,6 %), wegen ausgeprägter, meist mit Selbstgefährdung einhergehender Bewegungsunruhe (20 %), zur Durchführung vital notwendiger medizinischer Behandlungsmaßnahmen (18,3 %) und auf Wunsch des Patienten (4 %). Die Dauer der Fixierung betrug in 16 % der Fälle bis zu vier Stunden, in 36 % von 4 bis zu 16 Stunden, in 20 % von 16 bis zu 24 Stunden und in 28 % mehr als 24 Stunden. Etwa jede fünfte Fixierung wurde montags durchgeführt, nur etwa jede zehnte bzw. jede siebzehnte an Samstagen bzw. Sonntagen. Leider finden sich keine Angaben bezüglich Diagnose, Zeitpunkt der Fixierung im stationären Verlauf sowie zusätzlich verabreichter Medikamente.

T. Steinert u.a. (1991) analysierten die in einem Jahr an vier psychiatrischen Landeskrankenhäusern gegenüber Mitarbeitern erfolgten 179 aggressiven Handlungen durch 162 Patienten, etwa 2 % aller Aufnahmen. In unserem Zusammenhang interessieren vor allem die »Reaktionen« der Institution, unter denen die Isolierung (52 %) die größte Rolle spielte. Die Fixierung (39 %) lag an zweiter Stelle vor der sofortigen Verabreichung eines Medikamentes (35 %), einem »aufarbeitenden Gespräch« (28 %) und einer Änderung der Medikation (18 %). Schon seltener waren disziplinarische Maßnahmen (15 %), Verlegung auf eine andere Station (6 %) oder in ein anderes Krankenhaus (2 %) sowie ein Eingehen auf die Wünsche des Patienten (5 %).

In einer an der gemeindepsychiatrischen Klinik in Herne durchgeführten Einjahresstudie fand M. Krisor (1993) heraus, daß von 33 (2,75 %) der 1200 aufgenommenen Patienten insgesamt 54mal »im weitesten Sinne Gewalt gegen Personen oder Sachen« ausgeübt worden war. Eine Fixierung wurde lediglich bei 17 Patienten (1,4 %) insgesamt 33mal durchgeführt und spielte damit eine vergleichsweise geringe Rolle. Mit 61 % stand das therapeutische Gespräch an erster Stelle der Reaktionen, und eine zusätzliche freiwillige Medikamenteneinnahme erfolgte in 26 %.

In einer weiteren Untersuchung berichteten T. Steinert und Mitarbeiter (1993) aus dem PKH Weissenau, daß in einem Zeitraum von 18 Wochen bei 33 Männern und 24 Frauen »137 Fixierungen und Isolierungen aus akuten Anlässen« und bei weiteren 29 Patienten Fixierungen bzw. Isolierungen intermittierend durchgeführt worden waren. Bei den akuten Anlässen überwogen Isolierungen (87,6 %) gegenüber Fixierungen (12,4 %), bei den Daueranordnungen war es umgekehrt (65,5 % Fixierungen, 34,5 % Isolierungen). Von akuten Maßnahmen waren 30 Patienten nur einmal, 5 Patienten mehr als fünfmal betroffen. Indikationen waren vor allem »manifeste« (38,6 %) und »drohende Fremdgefährdung« (25,7 %) vor »Eigengefährdung« (14,3 %) und »erheblich störendem Verhalten« (19,3 %), als »reine Schutzmaßnahme« wurden Zwangsmaßnahmen nur selten (2,1 %) durchgeführt. Die meist nicht länger als eine Stunde dauernden Zwangsmaßnahmen fanden mit 44,6 % besonders häufig zwischen 16.00 und 24.00 Uhr statt. 39,4 % erfolgten zwischen 8.00 und 16.00 Uhr, und 16,2 % zwischen 0.00 und 8.00 Uhr. Die von akuten Zwangsmaßnahmen betroffenen 57 Patienten waren jünger, die von Daueranordnungen betroffenen 29 Patienten älter und häufiger weiblichen Geschlechts als die Personen einer als Vergleichsgruppe herangezogenen Stichtagspopulation von 505 stationären Patienten. Im Hinblick auf die ICD-9-Diagnosen waren Schizophrenien, tendenziell auch Oligophrenien, überrepräsentiert, Suchterkrankungen und Neurosen unterrepräsentiert.

In einer an beiden psychiatrischen Abteilungen der Medizinischen

Hochschule Hannover durchgeführten retrospektiven Einjahresstudie (Bastiaan u. a.) stellte sich heraus, daß 52 (6,5 %) der aufgenommenen Patienten, 28 Männer und 24 Frauen, insgesamt 120mal fixiert worden waren. Gegenüber den nicht-fixierten Patienten war die Altersgruppe bis 25 Jahre überproportional vertreten (17 % vs. 7 %), unterrepräsentiert waren die 46 bis 65jährigen (19 % vs. 29 %). Knapp 70 % der Betroffenen wurden nur einmal, knapp 20 % zwei- bis viermal, allerdings auch 11,5 % fünf- bis 19mal fixiert. Am Aufnahmetag erfolgten ca. 40 % der erstmaligen Fixierungen, vom zweiten bis zum siebten Tag 23 % und vom achten bis zum dreißigsten Tag 25 %. Die Fixierungsdauer betrug maximal sechs Stunden in 45 %, höchsten einen Tag in ca. 90 % der Fälle. Die längste Fixierung dauerte 82 Stunden. Mehr als ein Drittel (35 %) der Fixierungen wurde zwischen 18.00 und 24.00 durchgeführt, ca. ein Viertel zwischen 12.00 und 18.00 und etwa ein Fünftel zwischen 6.00 und 12.00 Uhr. Bei fast drei Vierteln der Fixierungen wurden zusätzlich Medikamente, meist Diazepam (43 %), Haloperidol (25 %) oder Levomepromazin (12,5 %), verabreicht, deren Einnahme nur in etwa einem Viertel (26 %) freiwillig erfolgte, sonst unter Anwendung (34 %) bzw. nach Ankündigung von Zwang (12,5 %). Die Durchführung von Zwangsmedikationen unabhängig von einer Fixierung wurde nicht gesondert erfaßt.

Hinsichtlich der Diagnosen waren Schizophrenie (44 % vs 18 %), organische Psychose (23 % vs. 7 %) und Manie (12 % vs 2 %) über-, Abhängigkeit dagegen unterrepräsentiert (17 % vs. 33 %). Bei Mehrfachnennungen waren die häufigsten Anlässe von Fixierungen psychomotorische Unruhe- und Erregungszustände (42,5 %), Tätlichkeiten gegenüber Personal (21 %) und verbal-aggressives Verhalten (20 %). Es folgten Selbstverletzung (14 %), Drohungen (12 %), Desorientiertheit (11 %), Verweigerung der Einnahme von Medikamenten (10 %), Sachbeschädigung und ausgeprägter Wahn (je 9 %) sowie Gefahr der Entweichung (8 %) als Gründe von Fixierungen. Schließlich wurden hochgradige Suizidalität (4 %) sowie Zündeln und Aufstehen während einer Infusion (je 2,5 %) genannt. Aus den Dokumentationsbögen geht hervor, daß Fixierungen in der Regel am Ende eines langen Interaktionsprozesses standen, in dessen Verlauf zunächst eine Reihe anderer Maßnahmen – wie Gespräche, Spaziergänge, sportliche Aktivitäten oder eine Medikation – erfolgt waren.

Wegen der eingeschränkten Vergleichbarkeit der Institutionen, der teilweise unvollständigen Angaben über Patienten und Zeiträume sowie der Eingrenzung der untersuchten Zwangsmaßnahmen auf Reaktionen nach aggressiven Verhaltensweisen in drei Studien (Krisor 1993; Steinert u. a. 1993; Stierlin 1956) muß den folgenden Schlußfolgerungen mit großer Zurückhaltung begegnet werden. Fixierungen werden bei 1,4 % bis 7,8 % der stationären Patienten durchgeführt. Bei Anwendung mehrerer Zwangsmaßnahmen erfolgen sie gewöhnlich seltener als Zwangsmedikationen und Isolierungen. Während in den deutschen Kliniken in Riedstadt, Herne und Hannover keine Isolierungen erfolgen, werden in den schweizerischen Institutionen Fixierungen nicht oder nur ausnahmsweise durchgeführt. Die Häufigkeit von Zwangsmedikationen und Isolierungen beträgt dort zwischen 4,8 % und 19 % (Finzen u. a. 1993; Schmied/Ernst 1983) bzw. 5 % bis 9,5 % (Rosenthal u. a. 1994; Schmied/Ernst 1983), wobei beide Maßnahmen nicht selten kombiniert angewendet werden.

Anlässe von Fixierungen sind überwiegend erfolgte oder als bevorstehend eingeschätzte fremdaggressive oder selbstgefährdende Verhaltensweisen sowie schwere Erregungszustände. Isolierungen werden demgegenüber häufig als Reaktionen auf überwiegend fremdaggressive Verhaltensweisen oder als Reizschutz durchgeführt. Zwangsmedikationen werden besonders oft mit dem Leiden des Patienten an seiner Erkrankung begründet (Finzen u. a. 1993; Rosenthal u.a. 1994; Schmied/Ernst 1983).

Wie bei Zwangsmedikation und Isolierung sind von einer Fixierung überwiegend Menschen mit schizophrenen, manischen oder organischen Psychosen betroffen. Fixierungen werden – wiederum vergleichbar den beiden anderen Zwangsmaßnahmen – überwiegend in den ersten wenigen Tagen des Krankenhausaufenthaltes und in der Zeit von Nachmittag bis Mitternacht – bei geringerer Personalbesetzung – durchgeführt. Hinsichtlich Anzahl und Dauer der Fixierungen bei einem Patienten sowie zusätzlicher Gabe von Medikamenten finden sich keine oder divergierende Angaben.

Wie Patienten Zwangsmaßnahmen erleben, stand bisher nur selten im Interesse von Untersuchungen. Offenbar werden Injektionen stärker abgelehnt als Isolierungen (Schmied/Ernst 1983), und Zwangsmedikationen werden etwa doppelt so häufig negativ denn als nötig und hilfreich beurteilt (FINZEN U. A. 1993). In den durchgesehenen Studien zur Fixierung wurde die Sicht der Patienten völlig ausgespart. Aus Zeugnissen Betroffener geht freilich hervor, wie entwürdigend eine solche Situation erlebt werden kann. So schreibt eine Patientin: »Die Fixiergurte fesseln eisern. Die Qualen stehen mondbeschienen in sauberer Schrift über ihrem Bett aufgelistet: Gefangenschaft, Schlaflosigkeit, Angst, Einsamkeit, Bitternis, Schmerz, Stimmen, Zwang, Sinnlosigkeit, Haß, Gefangenschaft, Gefangenschaft.« (AGUIRRE 1994) In einem anderen Bericht heißt es: »Teilweise, zeitweise bin ich noch fixiert. Das macht die Angst nicht kleiner. Ganz im Gegenteil. Fixiert bin ich ja hilflos. Völlig hilflos. Die Fixierung soll mir helfen. Aber fixiert bin ich gefangen. Gefangen! Gefangen in Einzelhaft.« (MAAßEN 1994) Daß eine Fixierung nicht nur als körperliche Überwältigung erlebt werden kann, macht das folgende Zitat einer Patientin deutlich: »...die Fixierung, das ist schon schlimm genug, aber ich lasse allen Beteiligten keine andere Wahl. Das wäre aber alles nicht so entsetzlich, wenn mir bei der Fixierung die Beine nicht auseinandergerissen werden würden. Dann fühle ich mich... Furchtbar, das mag ich nicht aussprechen. Ich fühle mich mißbraucht.« (KNOP/JESSEN 1996)

Überdachte Gegen-Gewalt?

Diese ernüchternde Zusammenstellung von Studien der letzten 10 Jahre – nur die Arbeit Stierlins ist deutlich älter – zeigt, daß Fixierungen, v.a. an deutschen psychiatrischen Kliniken, sich keineswegs erübrigt haben oder weitgehend abgeschafft sind. Mich haben diese Befunde – gerade auch aus der eigenen Klinik – sehr nachdenklich gemacht. Tun wir wirklich alles, um unangemessene Gewalt in unseren Institutionen zu vermeiden? Tun wir wirklich alles, um die seit langem bekannten potentiell gewaltfördernden und -eskalierenden Umstände unserer Arbeit zu minimieren (DAVIS 1991; HINRICHS 1988; KATZ/KIRKLAND 1990; KNOLL 1990; LEUSCHNER 1985; REIMER/STARZ 1989; SCHÄDLE-DEININGER/VILLINGER 1996; STIERLIN 1956; VERRES 1982; ZEILER 1993)? Zu diesen Faktoren, die in den Untersuchungen nur vereinzelt berücksichtigt worden sind, gehören strukturelle (z.B. unzureichende ambulante Angebote, räumliche Enge, fehlende Rückzugsmöglichkeiten, starke Fluktuation der Mitarbeiter), situative

(z. B. Überbelegung, großer Anteil schwer gestörter Patienten, ungenügende Personalbesetzung) und interaktionelle Faktoren (beispielsweise »banale menschliche Unzulänglichkeiten, Nachlässigkeiten, Ungenauigkeiten und Versäumnisse«, SCHÄDLE-DEININGER/VILLINGER 1996) sowie besonders ungünstige Aspekte des therapeutischen Milieus (z. B. unübersichtliche und unvorhersehbare Abläufe, fehlende oder rigide Struktur, Mangel an Erfahrung, Kompetenz und Kontinuität der Mitarbeiter, distanziertes, uninteressiertes und unzuverlässiges Verhalten gegenüber dem Patienten, Tabuisierung von Kritik, therapeutische Unter- oder Überforderung, fehlende Supervision, »geschlossene Tür«). Es gibt zahlreiche Hinweise, daß Veränderungen dieser Faktoren den Weg zu einer gewaltarmen Psychiatrie ebnen können. So führen beispielsweise Ergänzungen des Therapieangebotes und der bewußtere Umgang mit Gegenübertragungsphänomenen der Mitarbeiter zu einem Rückgang aggressiver Verhaltensweisen bei den Patienten (GENZ U.A. 1988). Oder die Zahl von Fixierungen wird sowohl durch zusätzliche Nachtwachen (DITTMANN 1988) als auch - mit dem Anspruch, die vermeintlich am wenigsten einschränkende Maßnahme zu ergreifen - durch Isolation und frühzeitige medikamentöse Behandlung (HAY/CROMWELL 1980) deutlich vermindert. Auch tragen spezielle Trainingsprogramme oder Gesprächsrunden für Mitarbeiter zu einer Reduktion von Gewalt in psychiatrischen Institutionen bei (HUBSCHMID 1991; LEHMANN U. A. 1983; STIELS-GLENN 1996).

Eine gewaltfreie Psychiatrie halte ich allerdings mit G. WIENBERG (1993 und in diesem Band) für eine »Fiktion«. Psychische Krankheiten können z. T. mit erheblichen »Beeinträchtigungen von Freiheitsgraden im Erleben- und Sichverhaltenkönnen« (BLANKENBURG 1978) und dadurch mit Einbußen an Selbstverfügbarkeit und -verantwortlichkeit, an Einsichts- und Urteilsfähigkeit einhergehen (BOCHNIK U.A. 1989; BRON 1981; HELMCHEN 1986; LUNGERSHAUSEN 1987; PAYK 1996; WÄHNER 1996; WINKLER 1966). Diese beispielsweise durch starke Ängste, Wahrnehmungsverzerrungen, psychotisches und halluzinatorisches Erleben, kognitive Störungen oder alkohol- und drogeninduzierte Enthemmung bedingten Einschränkungen muten nicht nur Außenstehenden oft gewaltsam an, sie werden auch von vielen Betroffenen als gewaltsam erlebt oder nach ihrer Gesundung als gewaltsam erinnert. Ich meine hierbei nicht nur und auch nicht in erster Linie selbst- und fremdgefährdende Verhaltensweisen von Patienten, sondern vor allem die ihnen durch die psychische Störung zugefügte Gewalt in Form massiven krankheitsbedingten Leidens zusammen mit einem Verlust der Fähigkeit, Hilfe in Anspruch zu nehmen. Wenn man diese Einschätzung teilt, muß man mit A. Finzens (1988) pointierter Formulierung, das Recht psychisch Kranker auf eine Behandlung gegen ihren aktuellen Willen, befürworten, und diese Behandlung kann nach Ausschöpfung aller anderen Möglichkeiten auch in der Anwendung von Gewalt – bis hin zu Isolierung und Fixierung – bestehen.

Eine solche Position ist allerdings mit enormen Problemen im Alltag verbunden. Denn: »Nirgendwo sind die diagnostischen Kriterien subjektiver, die Ermessensspielräume weiter, die Grenzen zwischen gesund und krank fließender, nirgendwo ist ... die Spannung zwischen individueller und sozialer Verantwortung stärker ... als in der Psychiatrie«. (Wagner/Pöldinger 1991) Als »praktische Theoretiker der Verantwortlichkeit« (Fengler/Fengler 1994), als »implizite Diagnostiker der Autonomie-Heteronomie-Struktur« (Blankenburg 1985) müssen wir also unter schwierigen Umständen Angemessenheit und Verhältnismäßigkeit unseres Handelns bestimmen und »zwischen Selbstbestimmung und Unmündigkeit« (Rössler 1986) und damit dann auch »zwischen Freiheitsberaubung und unterlassener Hilfeleistung« (Finzen 1988) abwägen. Auf keinen Fall dürfen wir die Augen vor der Einsicht verschließen, daß Gewalt nicht nur vom Handeln, sondern auch vom unterlassenen Handeln ausgehen kann. Bei dieser »unmöglichen Aufgabe« (Knoll 1990) nehmen wir zum Teil ein »doppeltes Mandat« (Demand 1991) als Anwalt des Patienten und als Vertreter der Gesellschaft wahr. Ich stimme allerdings H. Schüler-Springorum (1989) zu, daß die zu beurteilende »Konkurrenz zwischen überwiegenden und unterliegenden Interessen ... weniger den Konflikt zwischen Individuum und Gemeinschaft ... als die ... Widersprüche zwischen staatlicher Fürsorge und individueller Selbstbestimmung« betrifft.

Mein – vorläufiges – Fazit in dieser schwierigen Frage möchte ich durch das Nebeneinander- und Gegenüberstellen zweier Zitate ziehen. Einerseits gilt: »Das Maß ... , in dem die Psychiatrie auf die Anwendung von Zwang und Gewalt verzichtet, ist ein entscheidendes Kriterium ihrer Güte.« (Bruns 1993) Für ebenso zutreffend halte ich andererseits eine Bemerkung K.-P. Kiskers, in der er »Erwartungen auf eine letzte ›Harmonisierung‹ und ›Liberalisierung‹ der Kooperationsfiguren der in der Psychiatrie Wirkenden« als »uneinlösbar« bezeichnete. »Solche Erwartungen brechen sich zuerst und zunächst an den nicht selten hartnäckigen und übermächtigen Störungen der Patienten, an ihrer Gewalt, sei sie nun eine stille wie in Rückzug und Apathie oder eine laute wie in Feindseligkeit und Erregtheit. Überdachte Gegen-Gewalt, welche aus keinem therapeutischen Alltag weggezaubert werden kann, lastet auf unserer Arbeit ... « (Kisker 1987)

Literatur

Aguirre, D. (1994): Schlaflosigkeit. In: *Brückenschlag*, H. 10, S. 24–25.

Aktion Psychisch Kranke (1996): Leitfaden zur Qualitätsbeurteilung in Psychiatrischen Kliniken. Projekt 1994–1996 im Auftrag des Bundesministeriums für Gesundheit. Bonn.

Bastiaan, P.; Haltenhof, H.; Debus, S. (in Vorb.): Gewalt in der Psychiatrie: Fixierung auf den psychiatrischen Stationen der Medizinischen Hochschule Hannover.

Blankenburg, W. (1978): Grundlagenprobleme der Psychopathologie. In: *Nervenarzt*, 49, S. 140–146.

Blankenburg, W. (1985): Autonomie- und Heteronomie-Konzepte in ihrer Bedeutung für die psychiatrische Praxis. In: Janzarik, W. (Hg.): Psychopathologie und Praxis. Stuttgart, S. 29–46.

Bochnik, H.J.; Ritschl, D.; Schreiber, H.-L.; Wolfslast, G. (1989): Psychiatrie. In: Eser, A. u. a. (Hg.): Lexikon Medizin, Ethik, Recht. Freiburg/Basel/Wien, S. 833–853.

Bron, B. (1981): Psychiatrie und Ethik. In: *Fortschr. Neurol. Psychiat.*, 49, S. 246–256.

Bruns, G. (1993): Ordnungsmacht Psychiatrie? Psychiatrische Zwangseinweisung als soziale Kontrolle. Opladen.

Davis, S. (1991): Violence by psychiatric inpatients: A review. In: *Hosp. Comm. Psychiatry*, 42, S. 585–590.

Demand, J. (1991): Zwangsmaßnahmen. Umgang mit Gefahr und Gewalt. In: Bock, T.; Weigand, H. (Hg.): Hand-werks-buch Psychiatrie. Bonn, S. 400–411.

DITTMANN, V. (1988): Zwangsunterbringung und Zwangsbehandlung in einer psychiatrischen Universitätsklinik. Erfahrungen und Ergebnisse von Fallanalysen. In: *Schleswig-Holst. Ärztebl.*, 41, S. 232–236.

ERNST, K. (1982): Zwangsmassnahmen in der psychiatrischen Klinik – statistisch registriert und vom Kranken beurteilt. In: *Schweiz. Ärztez.*, 63, S. 298–302.

ERNST, K. (1995): Praktische Klinikpsychiatrie. Stuttgart/Berlin/Köln.

FENGLER, C.; FENGLER, T. (1994): Alltag in der Anstalt. Wenn Sozialpsychiatrie praktisch wird. Eine ethnomethodologische Untersuchung. Bonn.

FINZEN, A. (1988): Zwischen Hilfe und Gewalt. Ein unausweichliches Dilemma der Psychiatrie. In: *Fundamenta Psychiatrica*, 2, S. 8–12.

FINZEN, A.; HAUG, H.-J.; BECK, A.; LÜTHY, D. (1993): Hilfe wider Willen. Zwangsmedikation im psychiatrischen Alltag. Bonn.

FRITZ, U.; MACK, B.; RAVE-SCHWENK, M. (1991): Gewalt in der Psychiatrie. Evaluation der Fixierungsdokumentation in einem psychiatrischen Krankenhaus. In: *Psychiatrische Praxis*, 18, S. 162–166.

GENZ, A.; KRÜGER, E.; DOST, B. (1988): Aggressives Verhalten in der psychiatrischen Klinik. In: *Psychiat. Neurol. med. Psychol.*, 40, S. 542–550.

GROßKOPF, V. (1994): Die Fixierung des Patienten. Freiheitsberaubung oder medizinische Notwendigkeit? In: *Pflegezeitschrift*, 9, S. 500–501.

HAY, D.; CROMWELL, R. (1980): Reducing the use of full-leather restraints on an acute adult inpatient ward. In: *Hosp. Comm. Psychiatry*, 31, S. 198–200.

HELMCHEN, H. (1986): Ethische Fragen in der Psychiatrie. In: KISKER K.P. U. A. (Hg.): Psychiatrie der Gegenwart. Berlin/Heidelberg, Bd. 2, S. 309–368.

HINRICHS, R. (1988): Indirekte Formen iatrogener Gewalt in der klinischen Psychiatrie. In: *Psychiat. Prax.*, 15, S. 165–170.

HUBSCHMID, T. (1991): Gewalt in der Ohnmacht. Vom Umgang mit gewalttätigen Psychiatriepatienten. In: *Gruppenpsychother. Gruppendynamik*, 27, S. 111–119.

Katz, P.; Kirkland, F.R. (1990): Violence and social structure on mental hospital wards. In: *Psychiatry*, 53, S. 262–277.

Kisker, K.-P. (1987): MHH-Psychiatrie: Ungelöstes, Uneinlösbares. In: *Sozialpsychiatrische Informationen*, 17, 2, S. 25–26.

Knoll, M. (1990): Aggressivität im psychiatrischen Alltag - Ihr Einfluß auf Stationsatmosphäre, Arzt-Patient-Beziehung und Selbstverständnis der Psychiatrie. In: *Fundamenta Psychiatrica*, 4, S. 124–131.

Knop, M.; Jessen, B. (1996): Sexualität in der Klinik: Eine Herausforderung für die psychiatrische Krankenpflege. In: Herzog, G.; Tergeist, G. (Hg.): Störfall Sexualität: Intimitäten in der Psychiatrie, Bonn, S. 38–46.

Krisor, M. (1993): Auf dem Weg zur gewaltfreien Psychiatrie. Das Herner Modell im Gespräch. Bonn.

Lehmann, L.S.; Padilla, M.; Clark, S.; Loucks, S. (1983): Training personnel in the prevention and management of violent behavior. In: *Hosp. Comm. Psychiatry*, 34, S. 40–43.

Leuschner, W. (1985): Psychiatrische Anstalten - ein institutionalisiertes Abwehrsystem. In: *Psychiat. Prax.*, 12, S. 111–115 und 149–153.

Lungershausen, E. (1987): Ethische Fragen und das Handeln in der Psychiatrie. In: *Fundamenta Psychiatrica*, 1, S. 79–84.

Maaßen, H.-G. (1994): Angst. In: *Brückenschlag*, H. 10, S. 19–21.

Payk, T.R. (1996): Freiheit und Zwang in der Psychiatrie. In: Payk, T.R. (Hg.): Perspektiven psychiatrischer Ethik. Stuttgart/New York, S. 10–16.

Reimer, F.; Starz, H. (1989): Gewalt und Sicherheit im Psychiatrischen Krankenhaus. In: *Spektrum der Psychiatrie und Nervenheilkunde*, 18, S. 195–198.

Rössler, D. (1986): Zwischen Selbstbestimmung und Unmündigkeit - ethische Fragen in der Psychiatrie. In: Heimann, H.; Gaertner, H.J. (Hg.): Das Verhältnis der Psychiatrie zu ihren Nachbardisziplinen. Berlin/Heidelberg, S. 107–111.

Rosenthal, B.; Haug, H.-J.; Hoffmann-Richter, U.; Finzen A. (1994): Zur Isolierungspraxis in einer psychiatrischen Klinik. In: *Psychiat. Prax.*, 21, S. 151–153.

SCHÄDLE-DEININGER, H.; VILLINGER, U. (1996): Praktische Psychiatrische Pflege. Arbeitshilfen für den Alltag. Bonn.

SCHMIED, K.; ERNST, K. (1983): Isolierung und Zwangsinjektion im Urteil der betroffenen Patienten und des Pflegepersonals. Eine begleitende Quartalsstichprobe. In: *Arch. Psychiatr. Nervenkr.*, 233, S. 211–222.

SCHREIBER, H.-L. (1986): Ethische und rechtliche Probleme der Zwangsbehandlung. In: POHLMEIER, H. U. A. (Hg.): Forensische Psychiatrie heute. Berlin/Heidelberg, S. 11–24.

SCHÜLER-SPRINGORUM, H. (1989): Zwangsbehandlung. In: ESER, A. U. A. (Hg.): Lexikon Medizin, Ethik, Recht. Freiburg/Basel/Wien, S. 1241–1250.

SEIDEL, R. (1989): Von psychischer Krankheit und Menschenwürde. In: BORSI, G.M. (Hg.): Die Würde des Menschen im psychiatrischen Alltag. Göttingen, S. 24–32.

SHELINE, Y.; NELSON, T. (1993): Patient choice: Deciding between psychotropic medication and physical restraints in an emergency. In: *Bull. Am. Acad. Psych. Law*, 21, S. 321–329.

STEINERT, T. (1990): Die Fixierung (Fesselung) und Isolierung von Patienten im Krankenhaus. Indikationen und Risiken aus ärztlicher Sicht. In: *Die Schwester/Der Pfleger*, 29, S. 868–871.

STEINERT, T. (1995): Aggression bei psychisch Kranken. Stuttgart.

STEINERT, T.; HACKENBRUCH, N.; FAUST, V. (1993): Anlässe von Zwangsmaßnahmen im psychiatrischen Krankenhaus. In: *Psychiat. Prax.*, 20, Sonderheft, S. 8–11.

STEINERT, T.; VOGEL, W.D.; BECK, M.; KEHLMANN, S. (1991): Aggression psychiatrischer Patienten in der Klinik. Eine 1-Jahres-Studie an vier psychiatrischen Landeskrankenhäusern. In: *Psychiat. Prax.*, 18, S. 155–161.

STIELS-GLENN, M. (1996): Über den Umgang mit Gewalt. Beobachtungen bei Fortbildungen für Pflegepersonal in der Psychiatrie. In: *Psy. Pflege*, 2, S. 192–195.

STIERLIN, H. (1956): Der gewalttätige Patient. Eine Untersuchung über die von Geisteskranken an Ärzten und Pflegepersonen verübten Angriffe. Basel/New York.

TARDIFF, K. (1988): Management of the violent patient in an emergency situation. In: *Psychiat. Clin. North Am.*, 11, S. 539–549.

VERRES, R. (1982): Therapeutischer Umgang mit Aggressionen. In: *Psychiat. Prax.*, 9, S. 131-137.

WÄHNER, A. (1996): Psychiatrisches Handeln zwischen sozialer Kontrolle und Therapie. In: PAYK, T.R. (Hg.): Perspektiven psychiatrischer Ethik. Stuttgart/New York, S. 24-30.

WAGNER, W.; PÖLDINGER, W. (1991): Psychiatrische Ethik: Quo vadis? In: PÖLDINGER, W.; WAGNER, W. (Hg.): Ethik in der Psychiatrie. Berlin/Heidelberg, S. V-VI.

WIENBERG, G. (1993): Gewaltfreie Psychiatrie ist eine Fiktion. 11 Thesen über den Zusammenhang von Macht und Gewalt in der sozialen Arbeit. In: *Blätter der Wohlfahrtspflege*, 10, S. 302-304.

WINKLER, W.T. (1966): Zwang und Freiheit in der Psychiatrie. In: *Nervenarzt*, 37, S. 304-310.

ZEILER, J. (1993): Der aggressive Patient - Anmerkungen zur Sozialpsychologie der Gewalt. In: *Psychiat. Prax.*, 20, S. 130-135.

HANS-JOACHIM HAUG

Zwangsmedikation in der Psychiatrie

Die Behandlung von Menschen gegen ihren ausdrücklichen Wunsch ist ein Thema, das in der Medizin diskutiert wird, wahrscheinlich seit es die Medizin überhaupt gibt. Das Thema ist facettenreich und reicht von rein medizinisch-handwerklichen Gesichtspunkten über soziale und politische Fragen bis hin zu philosophischen Aspekten.

Wie kann sich der Arzt im Bewußtsein eines ihm zur Verfügung stehenden Heilmittels einem Menschen gegenüber verhalten, der dieses Heilmittel ausdrücklich verweigert? An dieser Stelle kann nur ein kleiner Teil dieses vielschichtigen Problems behandelt werden. Wir beschäftigen uns nicht mit Zwangsbehandlungen, die aus anderen als therapeutischen Gründen durchgeführt wurden oder gelegentlich auch noch werden. Voraussetzung für unsere Überlegung soll also ein wohlmeinender Arzt sein, der tatsächlich ein taugliches Heil zur Verfügung hat. Wir werden uns auch nicht mit dem wissenschaftstheoretischen Problem beschäftigen, was denn ein taugliches Heilmittel ist und wie problematisch der Nachweis einer solchen Tauglichkeit im Einzelfall sein kann. Wir werden also davon ausgehen, daß das zur Verfügung stehende Medikament tatsächlich eine heilende Wirkung haben würde, wenn es denn nur vom Patienten eingenommen würde.

Für die auf diese Voraussetzungen eingeschränkten Problembereiche herrscht außerhalb der Psychiatrie weitgehender Konsens in der Medizin, daß eine Behandlung gegen den ausdrücklichen Willen eines Patienten nicht durchgeführt werden darf. Dies ist nicht so selbstverständlich. Wenn wir z. B. an den Patienten mit schwerer Hypertonie oder mit einem ausgeprägten Diabetes Mellitus denken, so wird die Nichtbehandlung dieses Patienten mit hoher Sicherheit durch diese Krankheit zum Tode führen. Sich nicht behandeln zu lassen, zumal heute für diese Krankheiten wirksame und gut verträgliche Medikamente zur Verfügung stehen, ist also unvernünftig. In der Güterabwägung zwischen der Selbstbestimmung eines Menschen auf der einen Seite und dem medizinischen Wissen auf der anderen Seite besteht hier weitgehender, auch juristischer Konsens, daß solche Unvernunft keine Zwangsmedikation rechtfertigt.

Diese in der somatischen Medizin relativ einfache Klärung berührt in der Psychiatrie aber ein großes Problemfeld. Pointiert ausgedrückt, könnte man dieses Problemfeld in der Frage zusammenfassen: Welches Recht auf Unvernunft hat ein psychisch kranker Patient? Anders ausgedrückt: Wie kann die oben beim somatisch Kranken beschriebene »Unvernunft« des psychisch Kranken von einer Entscheidung abgegrenzt werden, die durch die psychische Krankheit selbst beeinflußt ist? Ein schizophrener Patient also etwa, der aufgrund seines Wahns sicher ist, daß in der Tablette kein heilender Wirkstoff, sondern ein ihn schnell vernichtendes Gift enthalten sei – hier wird man sicher nicht von »Unvernunft« sprechen können, sondern eben von einer falschen Einschätzung der Wirklichkeit aufgrund des Wahnerlebens. Im klinischen Alltag haben wir es oft mit nicht so klaren Situationen zu tun, mit Zwischenbereichen, in denen die beschriebenen Kategorien von freier und vernünftiger Willensentscheidung über die auch freie, aber unvernünftige Entscheidung bis hin zu einer durch die psychische Krankheit selbst veränderten Entscheidung nicht so klar voneinander zu trennen sind.

Wer glaubt, daß die bisher angestellten Überlegungen dadurch irrelevant werden, daß für eine Zwangsmedikation ein klarer juristischer Rahmen festgelegt ist, der den Arzt jeder Überlegung enthebt, ob sein Handeln auch medizinisch und ethisch vertretbar sei, der irrt. Juristisch sind Rahmenbedingungen vorgegeben, gerade aber beim Thema der Anwendung von Zwang gegenüber psychisch Kranken bleibt in vielen Fällen ein individueller Entscheidungsspielraum offen, oder auch manches Detailproblem ungeklärt. Da wir Ärzte und insbesondere auch wir Psychiater es nicht mit immer wieder gleichen Mustersituationen zu tun haben, die ein für allemal juristisch in ihrem Ablauf festgelegt werden könnten, sondern vielmehr mit immer wieder neuen, individuellen Situationen, in denen die Zwangsmedikation nur ein Teil eines höchst komplexen Geschehens ist, werden wir auch gut daran tun, uns einen solchen fixen juristischen Rahmen gar nicht zu wünschen. Andererseits werden wir in jedem Einzelfall solch problematischen Handelns unser Tun transparent machen und eventuell auch vor externen Instanzen verantworten müssen.

Was wir brauchen, um in den beschriebenen Situationen verantwortungsvoll handeln zu können, ist ein Problembewußtsein für das Thema der Behandlung wider Willen, ist die genaue Kenntnis und Anwendung der juristischen Rahmenbedingungen und ist das Wissen um das, was in solchen Situationen der Zwangsbehandlung wirklich geschieht. Zum letzten Punkt ist doch sehr auffällig, wie wenig wissenschaftliche Untersuchungen es zu diesem Problemkreis gibt. Wie sollen wir uns aber eine vertretbare eigene Meinung bilden, eventuell sogar einen überindividuellen Konsens in manchen Fragen gewinnen, wenn wir noch nicht einmal genau wissen, was in solchen Situationen eigentlich überhaupt geschieht? Wir haben mit einer Untersuchung zur Zwangsmedikation in der Basler Psychiatrischen Universitätsklinik versucht, einen Teil dieser Lücke zu schließen (FINZEN U. A. 1993).

Was ist eine Zwangsbehandlung in der Psychiatrie?

Schon diese einfache Frage stürzt uns beim genaueren Hinsehen in Abgründe. Natürlich ist eine Situation, in der sich sieben Pfleger auf einen tobenden Patienten stürzen und ihm eine Spritze verabreichen, während er sich schlagend und beißend dagegen wehrt, eine Zwangsanwendung. Solche Bilder kommen vor allen Dingen einer der Psychiatrie mißtrauisch gegenüberstehenden Öffentlichkeit immer wieder in den Sinn, wenn über Zwangsbehandlung in unserem Fach gesprochen wird. Dabei vergessen wir, daß solche Situationen auch in Krankenhäusern mit regionaler Versorgungspflicht extrem selten sind.

Was aber ist mit anderen, subtileren Formen der Zwangsanwendung? Wie steht es z. B. mit der Ankündigung von Zwang bei Medikamentenverweigerung? Oder der Ankündigung von empfindlichen Nachteilen, wie etwa Sperrung des Ausgangs oder des Urlaubs bei Verweigerung der Medikamenteneinnahme? In unseren Dokumentationsprotokollen, die obligatorisch bei jeder Zwangsmedikation ausgefüllt werden müssen, sind auch diese beiden Kategorien vermerkt, werden also eindeutig unter Zwangsanwendung eingeordnet. Gleichwohl wird z. B. die Kategorie »Ankündigung von empfindlichen Nachteilen« selten angekreuzt, womöglich auch deshalb, weil in vielen Fällen eben doch eine solche subtilere Form von Zwang nicht wie eine Zwangsmedikation erkannt wird. Dennoch läßt sich bei den drei genannten Kategorien noch relativ leicht ein Konsens erzielen. Hierbei handelt es sich eindeutig um Zwangsanwendungen.

Wie aber steht es mit dem aufgrund seiner Krankheit ambivalenten Patienten? So richtig überzeugt ist er von der Medikation nicht, äußert immer wieder auch, daß er sie eigentlich nicht möchte, allerdings auch nicht strikt dagegen ist und sie letzten Endes geschehen läßt. Was ist von der Situation zu halten, in der die Patientin, die eigentlich grundsätzlich negativ gegenüber Medikamenten eingestellt ist, diese auch nicht nehmen möchte, sich aber vom sicher auftretenden Arzt dann doch dazu bringen läßt? Als ich vor langer Zeit einmal einen neu aufgenommenen Patienten in der Morgenkonferenz vorstellte und berichtete, ich hätte ihn zu einer Einnahme von Medikamenten überreden können, antwortete der Klinikchef mit einem feinen Gespür für solch subtile Reste von Zwangsanwendung: »Wir überreden unsere Patienten nicht, wir überzeugen sie.« Dennoch blieb mir das Gefühl, daß ich in diesem Fall mit meiner ärztlichen Autorität einen Patienten dazu gebracht habe, Medikamente zu nehmen, die sie eigentlich ursprünglich nicht wollte.

Wer diese Gedanken liest, wird vielleicht einwenden, daß hier ein Problem, das sowieso schon groß genug ist und in der Öffentlichkeit mit Mißtrauen beäugt wird, noch komplizierter gemacht wird. Kritiker mögen einwenden, wenn man die Aspekte des Zwangs so differenziert sehe (so pingelig), führe dies eventuell dazu, daß wir bald in solch schwierigen Situationen gar nichts mehr für unsere Patienten tun könnten, jedenfalls nicht mehr, wenn dazu Zwang nötig ist. Dies würde aber die Intentionen des Gesagten völlig mißverstehen. Gerade weil wir der festen Überzeugung sind, daß Zwangsanwendungen, insbesondere auch Zwangsmedikationen zum Wohl psychisch Kranker gelegentlich notwendig sind und wir uns in der Psychiatrie unbedingt den Spielraum erhalten sollten, solche Behandlungen auch weiterhin durchführen zu dürfen, müssen wir sehr differenziert über das Problem nachdenken, wissenschaftliche Untersuchungen anstellen und die Ergebnisse auch einer breiten Öffentlichkeit transparent machen. Erstaunlich genug ist, daß es aber wissenschaftliche Studien zu den oben genannten feineren Formen von Zwangsanwendung nicht gibt. Im übrigen sei angemerkt, daß dies kein Problem ausschließlich der Psychiatrie ist. Es wäre genauso interessant zu untersuchen, wie eigentlich in anderen medizinischen Disziplinen die Patienten dazu kommen, eine ursprünglich abgelehnte Therapie schließlich doch über sich ergehen zu lassen.

In unserer eigenen Untersuchung haben wir uns vorläufig mit den härteren Kriterien für die Zwangsmedikation, also der »Anwendung von körperlicher Gewalt«, der »Ankündigung von Zwang oder Isolierung bei Medikamentenverweigerung« und »der Ankündigung von empfindlichen Nachteilen bei Medikamentenverweigerung« zugewandt.

Zur Methodik der Untersuchung von Zwangsmedikationen

Wie oben ausgeführt, handelt es sich beim Problem der Anwendung von Zwang gegenüber einem psychisch kranken Patienten um ein komplexes interaktionelles Geschehen zwischen mindestens einem Therapeuten und einem Patienten, meist aber noch anderen Beteiligten (Pflegepersonal, Angehörige, Mitpatienten usw.). Ein solch komplexes interaktionelles Geschehen mit unzähligen intervenierenden Variablen und letztlich einem sehr individuell zu beurteilenden Ergebnis bedarf über die Erhebung von Häufigkeiten hinaus vor allem qualitativer Untersuchungsmethoden. Solche sind unseres Wissens aber zur Zwangsmedikation bisher nicht durchgeführt worden. Sehr schwierig sind solche Untersuchungen vor allen Dingen deshalb, weil schon durch die Untersuchung selbst ein Eingriff in das hochkomplexe System erfolgt, was wiederum zu Verhaltensänderungen führen kann, die wiederum das zu untersuchende Ereignis verändern. Ein ganz banales Beispiel eines solchen Eingriffs ist die Einführung von Dokumentationsbögen zur Zwangsmedikation. Immer wieder wird berichtet, daß allein durch die Einführung einer verbindlichen Dokumentation die Anzahl von Zwangsanwendungen zurückgeht. Auch wir hatten bei unserer Einführung der Zwangsmedikationsprotokolle diesen Eindruck. Verdienstvoll wäre sicher, durch Beobachter, die am sonstigen Behandlungsteam unbeteiligt sind, die Vorgänge untersuchen zu lassen, die während einer Zwangsanwendung welcher Facette auch immer stattfinden.

Wir haben uns in unserer eigenen Untersuchung zunächst auf quantitative Aspekte bei der Untersuchung von Zwangsmedikationen beschränkt. Hierbei haben wir vier verschiedene Methoden angewandt: Zunächst unternahmen wir eine Querschnittsuntersuchung mit einer Stichpunkterhebung von 199 stationär behandelten psychiatrischen Patienten innerhalb einer Zeitspanne von vier Wochen. In einem zweiten Untersuchungsschritt haben wir alle Patienten, die in einem Dreimonatsintervall entlassen wurden, retrospektiv zu ihren Erfahrungen mit Zwangsmedikationen während des jetzigen oder irgendwelcher früherer Aufenthalte in psychiatrischen Kliniken befragt. Prospektiv haben wir innerhalb eines Achtmonatszeitraums alle in der Klinik stattfindenden Zwangsmedikationen untersucht und schließlich Interviews bei 30 betroffenen Patienten sowie des bei der Zwangsmedikation anwesenden Arztes oder Pflegers durchgeführt (Finzen u.a. 1993). Die wichtigsten Ergebnisse aus dem prospektiven Teil der Untersuchungen sollen hier zusammengefaßt werden.

Ergebnisse der prospektiven Untersuchungen zur Zwangsmedikation

Zwischen dem 1. März 1991 und dem 31. Oktober 1991 wurden in der Psychiatrischen Universitätsklinik in Basel 1282 Patienten zur stationären Behandlung aufgenommen. Von diesen waren 200 Patienten zur kurzfristigen Krisenintervention aufgenommen worden. 62 von ihnen wurden im selben Zeitraum zwangsbehandelt, dies entspricht einem Prozentsatz von 5,7 %, unter Einschluß der Krisenpatienten 4,8 %. Frauen wurden genauso häufig zwangsbehandelt wie Männer (jeweils 31). Die zwangsbehandelten Patienten waren im Durchschnitt 39 Jahre alt und erreichten damit den gleichen Mittelwert wie die Gesamtheit aller im selben Jahr in die Klinik aufgenommen Patienten.

Diagnostisch ergibt sich bei den Absolutzahlen ein klares Bild. 49 Patientinnen und Patienten (79 %) aller Zwangsbehandelten hatten eine Diagnose aus dem schizophrenen Formenkreis. Nur 5 Patienten hatten affektive Psychosen, 4 die Diagnose einer Neurose oder Persönlichkeitsstörung, schließlich 2 die Diagnose einer Alkoholabhängigkeit und weitere 2 andere Diagnosen. Vergleicht man dies mit allen in der PUK behandelten Patienten in den einzelnen Diagnosengruppen, so wird deutlich, daß 16 % aller in die Klinik aufgenommenen Schizophrenen zwangsmediziert wurden. Noch höher liegt diese Prozentzahl allerdings bei Patienten mit affektiven Psychosen, wenn diese auch absolut gesehen selten stationär behandelt werden.

Bezüglich der Gesamthospitalisationsdauer gibt es einen Unterschied zwischen den zwangsmedizierten und den nicht-zwangsmedizierten Patienten. Die mittlere Hospitalisationsdauer (Median) der zwangsmedizierten Patienten betrug 29 Tage, die der nicht-zwangsmedizierten 20 Tage. Auch die Frage, an welchem Tag der stationären Behandlung üblicherweise Zwangsmedikationen stattfinden, wurde untersucht. Bei mehr als der Hälfte aller Patienten findet die Zwangsmedikation am ersten oder zweiten Tag ihres stationären Aufenthaltes statt. Auf die erwähnten 62 Patienten, die im Untersuchungszeitraum zwangsmediziert wurden, entfallen insgesamt 121 Zwangsmaßnahmen. Dabei wurden 48 Patientinnen nur einmal zwangsmediziert, 14 Patienten hingegen mehrfach.

Der Ort der Zwangsmedikation ist die geschlossene Akut- und/oder Aufnahmeabteilung. Zum Zeitpunkt der Untersuchung bestand in der Psychiatrischen Universitätsklinik noch eine akute zentrale Aufnahmestation, die dann im weiteren Verlauf zugunsten eines dezentralen Aufnahmesystems auf mehrere Stationen abgelöst wurde (HAUG U.A. 1997). 62 % aller Zwangsmedikationen fanden auf dieser zentralen Aufnahmestation statt, 29 weitere Prozent auf den beiden übrigen geschlossenen Akutstationen. Lediglich 4 Patienten wurden auf offenen Stationen zwangsmediziert.

Die Untersuchung der Tageszeit, in der eine Zwangsmedikation stattfindet, erbrachte das Ergebnis, daß es zwei Gipfel in der Zeit von 10.00–12.00 Uhr und von 18.00–20.00 Uhr gibt, dies liegt gegen Ende der jeweiligen Schichtzeiten.

Es ist davon auszugehen, daß zu einer Zwangsmedikation ein bestimmtes psychopathologisches Bild der Patientinnen und Patienten führt. Von den Ärzten und Ärztinnen, die die Indikation zur Zwangsmedikation gestellt haben, wurden an erster Stelle folgende psychopathologische Merkmale genannt: psychotisch, fremdgefährlich, aggressiv, tätlich und gespannt.

In unserer Klinik wurde zur Zwangsmedikation in den häufigsten Fällen Haloperidol verabreicht und dies in einer mittleren Dosierung pro Anwendung von 8,7 mg. Am zweithäufigsten kam es zur Verabreichung von Diazepam in einer mittleren Dosierung von 8 mg pro Anwendung. Dabei wurde die Zwangsmedikation bei einem Drittel aller Patientinnen und Patienten oral und bei zwei Dritteln intramusculär verabreicht.

Bei einer Zwangsmedikation waren außer dem Patienten immer mindestens zwei Personen anwesend. In vielen Fällen waren aber mehr als zwei mit einem Maximum von vier bis elf Personen anwesend.

Ergebnisse aus den Interviews mit den Patienten

Aus verschiedenen Gründen war es nur bei 30 der 62 zwangsmedizierten Patientinnen und Patienten möglich, eine Nachbefragung durchzuführen. In halbstrukturierter Form fragten wir sie zu folgenden Sachverhalten:

1. Weshalb kam es zur Gabe von Medikamenten gegen Ihren Willen?
2. Wie ist die Zwangsmedikation erfolgt?
3. Was halten Sie von der Zwangsmedikation?
4. Warum verweigerten Sie die Medikamenteneinnahme vor der Zwangsmedikation?
5. Wie wäre die Zwangsmedikation vermeidbar gewesen?

Zusätzlich wurden die Therapeutinnen und Therapeuten nach den folgenden Sachverhalten befragt:

1. Die Zwangsmedikation war aus folgenden Gründen notwendig:
2. Die Zwangsmedikation spielte sich wie folgt ab:
3. Wie fühlte sich der Arzt/die Bezugsperson während der Zwangsbehandlung?
4. Die Zwangsmedikation war durch folgende Maßnahmen vermeidbar: Zusammenfassend haben sich die betroffenen Patientinnen und Patienten recht unterschiedlich geäußert. Etwa die Hälfte hielt die Zwangsmedikation für sinnlos oder demütigend, die andere Hälfte hat in der Rückschau die Notwendigkeit der Zwangsmedikation bestätigt. Die häufigsten Gründe für die Medikamentenverweigerung, die schließlich dann zur Zwangsmedikation führte, war aus Sicht der Patienten die Angst vor den Nebenwirkungen der einzunehmenden Medikamente, ähnlich häufig wurde die Auffassung vertreten, daß sie nicht krank gewesen seien. Etwa zwei Drittel aller Betroffenen meinte in der Rückschau, daß die Zwangsmedikation durch mehr Zuwendung ver-

meidbar gewesen wäre und dadurch, daß man ihnen mehr Zeit hätte lassen müssen.

Die Mitarbeiter hielten mit wenigen Ausnahmen eine Zwangsmedikation für unvermeidbar, fühlten sich dabei jedoch schlecht. Trotzdem antworteten etwa die Hälfte der Verantwortlichen, daß ihnen die Entscheidung zur Durchführung der Zwangsmedikation leicht gefallen sei, da eine klare Notwendigkeit vorgelegen habe.

Diskussion zu den Ergebnissen

Immer wieder muß betont werden, daß es sich bei der Zwangsmedikation von psychisch Kranken um einen eher seltenen Ausnahmefall handelt. Dennoch zeigen unsere Daten, daß diese allgemeine Sichtweise bei einer Diagnoseaufschlüsselung schon ganz anders aussieht, so wird z. B. ein beträchtlicher Anteil aller schizophrenen Patienten zwangsmediziert. Insbesondere manische Patienten werden sehr häufig zwangsmediziert, was darauf hinweist, daß möglicherweise Maniker eine in dieser Hinsicht unterschätzte Problemgruppe in der Psychiatrie darstellen. Zu der Diagnoseaufschlüsselung ist kritisch zu bemerken, daß die Komorbidität nicht beachtet wurde, da noch nach ICD-9 diagnostiziert wurde. Es wäre interessant zu untersuchen, inwieweit komorbide Patienten das Zwangsmedikationsverhalten in der Psychiatrie beeinflussen. Gegen ein weit verbreitetes Vorurteil gab es keine Geschlechtsunterschiede in der Häufigkeit von Zwangsmedikationen. Frauen werden also genauso häufig wie Männer zwangsmediziert, allerdings deutet die deutlich höhere Anzahl von Personen, die während der Durchführung einer Zwangsmedikation anwesend sind, wenn diese an einem Mann stattfindet, auf ein akuteres Geschehen bei Männern hin. Aber auch dieser Punkt müßte sicher noch einmal detaillierter untersucht werden. Der Befund, daß Zwangsmedikationen häufig in der Aufnahmesituation (also am ersten und zweiten Tag der stationären Aufnahme der Patientinnen und Patienten) und dann auf einer zentralen Aufnahmestation bzw. auf den geschlossenen anderen Aufnahmestationen stattfindet, zeigt deutlich die Wichtigkeit der Aufnahmesituation. Auch hierüber gibt es noch viel zuwenig Untersuchungen, inwieweit etwa das Aufnahmesystem das Aggressionsverhalten des Patienten oder auch das Therapieverhalten der Therapeuten beeinflußt.

Daß Zwangsmedikationen tageszeitlich eher gegen Ende der jeweiligen Schichtzeiten stattfinden, hat uns zunächst verwundert. Wir nehmen an, daß daraus zu schließen ist, daß zunächst während des Dienstes einer Schicht entstehende Probleme auf andere Weise versucht werden zu lösen, dann aber bei Ende der Schicht keine andere Problemlösung mehr gesehen wird als die Anwendung von Zwang. Eine zweite Erklärung könnte dieser Sachverhalt darin finden, daß gegen Ende der Schicht und zu Beginn der neuen Schicht in überlappenden Zeiten am meisten Personal auf der Station vorhanden ist.

Die Auswahl der bei einer Zwangsmedikation beteiligten Medikamente unterliegt sicher den Therapiegewohnheiten innerhalb der einzelnen Kliniken. Hier wären unseres Erachtens Qualitätszirkel sehr wichtig, um zu erfahren, wie andere Kliniken vorgehen. Zur Zeit fehlen solche Guidelines, mit deren Hilfe es möglich wäre, das eigene Verhalten zu beurteilen und eventuell zu verändern. Bis solche Daten vorliegen, kann nur gesagt werden, daß immerhin die zwei am besten bekannten Medikamente (Haloperidol und Diazepam) in dieser Notsituation ausgewählt wurden, in einer Dosierung, die nicht wesentlich von dem in anderen Therapiesituationen üblichen Dosierungsverhalten abweicht.

Auch die mündliche Befragung der einzelnen Patienten ergibt ein relativ geschlossenes Bild der Situation: Zwangsmediziert wird in Aufnahmesituationen, man kennt sich noch nicht gut, gegenseitig herrscht Mißtrauen, Patienten haben das Gefühl, sie hätten nicht genug Zeit gehabt, es sei zu schnell nach der Problemlösung Zwangsmedikation gegriffen worden. Andererseits gibt es auch immer wieder vereinzelt die Haltung, man habe zu lange gewartet mit einer Zwangsmedikation, und die Aggressivität, mit der dann schließlich die Zwangsmedikation durchgeführt werden mußte, sei vermeidbar oder zumindest einzuschränken gewesen, wenn sie frühzeitig angeordnet worden wäre.

Wie soll es weitergehen?

Bei der wissenschaftlichen Auseinandersetzung mit dem Thema Zwangsmedikation und überhaupt Zwangsanwendungen in der Psychiatrie stößt man immer wieder auf einen überraschenden Mangel an wissenschaftlichen Daten. Hier wäre ein erster Ansatz zu leisten. Wir müssen mit verschiedenen Methoden unbedingt mehr erfahren über die Mechanismen und die Dynamik einer Zwangsmedikation bei psychisch Kranken.

Bei einem Thema, das auf der einen Seite so tabuisiert wird und auf der anderen Seite von einem der Psychiatrie mißtrauisch gegenüberstehenden Teil der Öffentlichkeit als charakteristische Situation in der Psychiatrie angesehen wird, ist es unbedingt erforderlich, mehr Transparenz in das Vorgehen zu bringen. Diese Transparenz beinhaltet die Offenlegung der stattfindenden Mechanismen gegenüber den Beteiligten selbst, aber auch die Kontrolle durch übergeordnete fachliche Gremien und die sachliche Rechtfertigung gegenüber einer kritischen Öffentlichkeit.

Im Sinne der Qualitätssicherung zum Wohle der Patienten bedarf es unbedingt Qualitätszirkel, d. h. des Zusammenschlusses von Psychiaterinnen und Psychiatern aus verschiedenen Kliniken, die sich mit dem Thema beschäftigen und versuchen, zu einem Konsens zu kommen. Übergeordnet ist die Ausarbeitung von Leitlinien anzustreben. Bezüglich Qualitätszirkel gibt es einige Initiativen von Krankenhäusern. Deren vorbildliches Vorgehen sollte Schule machen. Die Entwicklung von Guidelines ist von den jeweiligen Fachgesellschaften zu initiieren. So hat z. B. die Deutsche Gesellschaft für Psychiatrie, Psychotherapie und Nervenheilkunde (DGPPN) die Entwicklung solcher Leitlinien zur Zwangsanwendung bei psychisch Kranken in Auftrag gegeben.

In unserem Buch (1993) haben wir aus unserer eigenen ärztlichen Überzeugung und klinischen Erfahrung den Standpunkt vertreten, daß Zwangsmedikationen zur Behandlung psychischer Krankheiten gelegentlich notwendig sind, ja sogar, daß unsere Patienten gelegentlich ein Anrecht darauf haben, gegen ihren Willen, der von der Krankheit selbst beeinflußt ist, behandelt zu werden. Andererseits haben wir geschrieben, daß jede Zwangsmedikation eine zuviel ist. Daß wir wegen beider Haltungen von verschiedensten Seiten heftig kritisiert worden sind, bestätigt uns in unserem Ziel, einen in dieser heiklen Frage ausgewogenen Standpunkt zu vertreten, der dem Wohl unserer Patienten dient. Alles zusammengenommen, kann dies doch nur heißen, daß Zwangsmedikationen auf ein absolut notwendiges Minimum reduziert werden sollten. Viele Anstrengungen sind noch nötig, um uns ein gefestigtes

Bild davon zu verschaffen, was dieses »absolut notwendige Minimum« bedeutet und wie wir es erreichen können.

Literatur

Finzen, A.; Haug, H.-J.; Beck, A.; Lüthy, D. (1993): Hilfe wider Willen - Zwangsmedikation im psychiatrischen Alltag. Bonn.

Haug, H.-J.; Bozinovski, L.; Eich, P.; Jawhari, K.; Müller-Spahn, F. (1997): Von der zentralen zur dezentralen Aufnahme in das Psychiatrische Krankenhaus - Auswirkungen veränderter Aufnahmeumstände auf die Struktur- und Prozeßqualität. In: *Nervenarzt*, 68, S. 245–250.

ULRICH KOBBÉ

ImPulse von Angst und Aggression: Psychos, Patienten und beider Gewalt

Eine Realsatire?

Zeit der Handlung: Dezember 1967
Ort der Handlung: Brüssel, im Sprechzimmer des Psychoanalytikers
Personen der Handlung: Dr. Van Nypelseer, Psychoanalytiker
Abrahams, der Mann mit dem Tonband
Das Tonband, Analytiker des Geschehens

Abrahams: Ich will, daß endlich etwas geklärt wird. Bis jetzt habe ich Ihre Regeln befolgt, nun sollten Sie einmal versuchen …
Dr. Van Nypelseer: Wenn Sie jetzt bitte … wir sind uns ganz einig; gut, wir können ja aufhören, aber das wäre sehr schade für Sie.
Abrahams: Haben Sie etwa Angst vor diesem Tonband?
Dr. Van Nypelseer: Ich wünsche das nicht. Ich mache da nicht mit.
Abrahams: Aber warum denn? Erklären Sie mir das wenigstens. Haben Sie Angst vor diesem Tonbandgerät?
Dr. Van Nypelseer: Lassen Sie mich jetzt raus, die Situation ist sehr gefährlich.

Anfangsszene und Dialog sind keineswegs einem Theaterstück entnommen: Die realsatirisch anmutende Auseinandersetzung hat sich 1967 tatsächlich genau so abgespielt (vgl. ABRAHAMS 1969). In ihr sind viele Aspekte der hier zu untersuchenden Gewalttätigkeit bereits angelegt, nämlich:
- Fragen nach dem zugrunde gelegten Gewalt- und Gefährlichkeitsbegriff,
- Aspekte der gewalttätigen Interaktion zwischen Täter und Opfer,
- Mechanismen einer Macht-Ohnmacht- bzw. Dominanz-Unterlegenheits-Dialektik,
- Perspektiven unterschiedlicher Arten subjektiver »Wahrheit«,

- Situationen mit wechselndem Realitätsgehalt,
- Kipp-Phänomene von Gut und Böse, Dr. Jeckyll und Mr. Hide.

Hier soll ausschließlich auf die klinikinternen Probleme im Umgang mit latenter bzw. manifester Gewalt psychisch kranker bzw. gestörter Rechtsbrecher im besonderen Setting der forensisch-psychiatrischen Unterbringung im Maßregelvollzugskrankenhaus eingegangen werden. Die zur Unterbringung führenden, vor dieser intramuralen Gegenwart liegenden Anlaßtaten können daher nur benannt und gestreift werden; ebensowenig sollen die dem Verhalten bzw. Handeln zugrundeliegenden Psycho(patho)logien herausgearbeitet werden, wie sie im wesentlichen als emotional instabile Störung, impulsiver Typus respektive Borderline Typus (ICD) oder als intermittierende explosible Störung (DSM) kategorisierbar sind.

Besondere Gewaltverhältnisse

Abrahams: Gefährlich?

Dr. Van Nypelseer: Ja, sie ist gefährlich.

Abrahams: Aber nein, überhaupt nicht. Dauernd wollen Sie mir weismachen, ich sei gefährlich, aber ich bin überhaupt nicht gefährlich!

Dr. Van Nypelseer: Sie sind gefährlich, weil Sie die Realität verkennen.

Abrahams: Ich bin lammfromm! Ich war immer lammfromm!

Dr. Van Nypelseer: Sie verkennen die Realität!

Abrahams: Was ist das, die »Realität«?

Dr. Van Nypelseer: Sie haben dieses Tonband.

Abrahams: Na und? Es ist doch kein Revolver.

Dr. Van Nypelseer: Ich bin physische Gewalt nicht gewöhnt.

Abrahams: Wieso »physische Gewalt«?

Dr. Van Nypelseer: Es ist Gewalt, dieses Tonbandgerät plötzlich hervorzuholen.

Abrahams: Physische Gewalt? (Großes Erstaunen.)

Der Gewalt-Begriff ist zunächst hinsichtlich seines mehrdeutigen Inhalts zu untersuchen: Neben der implizierten, sich unmittelbar aufdrängenden Bedeutung gewalttätig-gefährlichen Handelns bezieht er

– etwa im terminus technicus der »elterlichen Gewalt« – die waltenden Verhältnisse mit ein, die – nunmehr »elterliche Personensorge« genannt – diese als Sorgepflicht für das Kind wie als Sorgerecht um das Kind definieren (Kobbé 1995b, S. 36). Diese Thematik führt zu einer historischen – und fraglich strukturell weiterhin aktuellen – Besonderheit forensisch-psychiatrischen Umgangs mit Maßregelvollzugspatienten über, zum »besonderen Gewaltverhältnis«.

Seit Ende des 19. Jahrhunderts fielen die in der Unterbringung »gefährlicher Geisteskranker« über den bloßen Freiheitsentzug hinausgehenden Rechtsbeschränkungen, aber auch die Betreuungsansprüche unter das »besondere Gewaltverhältnis«, dem die Zwangseingewiesenen in den Heil- und Pflegeanstalten unterworfen waren (vgl. Kobbé 1996b, S. 98–103). Damit »bestand nach damaliger Auffassung zwischen dem Anstaltsbenutzer und dem Staat kein Rechtsverhältnis. Es griffen daher weder besonders Grundrechte noch ein Gesetzesvorbehalt oder richterliche Kontrollen. Einer besonderen Regelung der Unterbringungsverhältnisse bedurfte es nach diesem Verständnis daher nicht.« (Baur 1988, S. 18) Auch nach Verabschiedung des »Gesetzes gegen gefährliche Gewohnheitsverbrecher und über Maßregeln der Sicherung und Besserung« 1933 war die Regelung des »besonderen Gewaltverhältnisses« mit u.U. weit über den Freiheitsentzug hinausgehenden Einschränkungen weiterhin in Kraft, so daß Beschränkungen von Außenkontakten sowie Hausstrafen bis hin »zu verschärftem Arrest unter Entzug des Bettlagers und Kostschmälerung« möglich waren (Baur 1988, S. 28).

Nicht nur in der Zeit vom Kriegsende 1945 bis zum Inkrafttreten des Grundgesetzes der BRD 1949, sondern auch weit darüber hinaus blieben die o.g. Verordnungen und die durch sie legitimierte Anstaltsgewalt in Form von Anstalts- und Hausordnungen wesentliche Grundlagen des Maßregelvollzugs. Erst 1972 mußte durch Beschluß des Bundesverfassungsgerichts die Lehre vom »besonderen Gewaltverhältnis« aufgegeben werden, deren Zwang bis dahin zur Durchsetzung des »Anstaltszwecks« sowie wegen der »Natur der Sache« für zulässig gehalten wurde. Damit endete juristisch die Rolle des Untergebrachten als – willkürlich – zu behandelndem Objekt staatlicher Gewaltausübung und wurde ihm der Status eines Rechtssubjekts zugesprochen, das grundsätzlich alle vom Grundgesetz garantierten Rechte – Rechtsansprüche wie Rechtsschutz – gegenüber dem Staat hat. Weitere entscheidende Verbesserungen folgten mit der 2. Strafrechtsreform 1975 und dem Strafvollzugsgesetz 1976.

Gefährlichkeit

> Dr. Van Nypelseer: Physische Gewalt!
> Abrahams: Ich möchte, daß Sie sich setzen.
> Dr. Van Nypelseer: Physische Gewalt! Physische Gewalt!
> Abrahams: Na, setzen Sie sich doch.
> Dr. Van Nypelseer: Physische Gewalt!
> Abrahams: Aber nein (in väterlichem, beruhigendem Ton).
> Dr. Van Nypelseer: Ich muß mir von Ihnen physische Gewalt gefallen lassen.
> Abrahams: Keineswegs, ich tue Ihnen keine physische Gewalt an.

Die Ausführungen zum »besonderen Gewaltverhältnis« machen deutlich, daß die waltenden institutionellen Verhältnisse strukturell Gewaltcharakter haben können und wesentlich dazu beitragen, ob und welche Gewalt zwischen Behandlern und Patienten agiert wird, ob sie »verhältnismäßig« ist. Zugleich weisen die Begriffe des »gefährlichen Geisteskranken« und des »gefährlichen Gewohnheitsverbrechers« auf ein zweites semantisches Feld des Gefährlichkeitsbegriffes hin: Der heutige § 63 StGB, der die Unterbringung im psychiatrischen Krankenhaus als »Maßregel der Besserung und Sicherung« regelt, enthält zwar den Begriff der Gefährlichkeit nicht mehr, doch ist »nach dem Gelingen der ›Entwertung‹ des ›Gefährlichkeits‹-Konzeptes zu fragen« (Hinz 1987, S. 22). Immerhin werden in § 64 Abs. 1 und § 66 StGB »Gefährlichkeitstäter« weiterhin – so – genannt, und E. Horn kommentiert (1977, Rn 10), aus der Erwartung erheblicher rechtswidriger Taten sei abzuleiten, daß der Täter »deshalb für die Allgemeinheit gefährlich« ist.

»In deutlichem Gegensatz zu früher soll allein die in der Tat zutage getretene ›Gefährlichkeit‹ des Täters ausschlaggebend sein. Ob die Präsenz des Gefährlichkeitsbegriffes jedoch nur Relikt historischer Entwicklung ist oder aber die weiterhin gültige Ideologie von ehemals repräsentiert, die – einer kosmetischen Operation unterzogen – schnell wieder zum Vorschein kommt, wenn man den vorhergehenden Satz anders betont, hängt von der Tragfähigkeit des Prognosebegriffes ab.« (HINZ 1987, S. 23)

Als gefährlich gelten ...

Dr. Van Nypelseer: Sie sind gefährlich, weil Sie Angst haben.
Abrahams: Gefährlich? Was soll das heißen?
Dr. Van Nypelseer: Sie üben physischen Druck aus, indem Sie hier bleiben.
Abrahams: Und das ist gefährlich?
Dr. Van Nypelseer: So ist es. Sie agieren auf der physischen Ebene. Hilfe! ... Hilfe! Mörder! Hilfe! Hilfe! Hiiiiilfe! Sehen Sie, Sie sind gefährlich ...

Folgerichtig bleibt »Gefährlichkeit« als eine Eigenschaft des psychisch kranken/gestörten Rechtsbrechers erhalten, die jedoch ein Individuum per se nicht »hat« (vgl. KOBBÉ 1996b, S. 207–233): CHARDIN U. A. (1980) stellen dezidiert fest, daß der Begriff der »Gefährlichkeit« ausschließlich im Rahmen der Beziehungen zu anderen existiere, daß es kein gefährliches Individuum gebe, sondern nur derart unaushaltbare Situationen, daß mehr oder weniger unausweichlich der Wechsel vom Verhalten zur Handlung erfolge. Den anderen als »gefährlich« zu vermuten bzw. zu etikettieren, sei als Apriori-Befürchtung insofern willkürlich, als sie das ausgrenzende Stereotyp verstärke, gerade hierdurch eine Gefahr bedinge, der sie zuvorzukommen beabsichtige.

Wie problematisch diese Alltagsprozesse der subjektiven Wahrnehmung und Beurteilung von Personen auf eine eventuelle Gefahr/Gefährlichkeit/Gefährdung sein können, wird anhand des konvergierenden Zusammenspiels von Gefahrenabwehr, Fürsorge und/oder Kontrolle deutlich: G. BRUNS (1990; 1993) führt aus, die reale Gefährlichkeit psychisch Kranker liege – mit geringen Schwankungen zwischen den Diagnosegruppen – nicht höher als die Gefährlichkeit der strafmündigen Bevölkerungsgesamtheit. Kliniker hingegen neigen zu einer Überschätzung der Gefährlichkeit von psychisch Kranken, und eben auch psychisch kranken/gestörten Rechtsbrechern (vgl. RASCH 1983,

S. 20–21; 1984, S. 2; 1985, S. 311). So spiegelt sich in den PsychKGs die Dualität von Selbst- und Fremdgefährlichkeit wider: Bei den Bremer Zwangseinweisungen der Jahre 1984/85 etwa lag lediglich in 16,4 % eine tatsächliche Fremdgefährdung vor und erfolgte in nur 15,7 % eine Einweisung wegen Suizidversuchs.

»Ein Tatbestand der Fremd- und Selbstgefährdung läßt sich also lediglich bei einem knappen Drittel der zwangseingewiesenen Patienten nachweisen; die Frage nach der Erheblichkeit der Gefahr bleibt dabei außer acht, ihre Berücksichtigung würde diese Gruppe der real gefährlichen Patienten weiter eingrenzen.« (Bruns 1990, S. 34)

Allerdings mutiert die Gefährlichkeit in den klinischen Diskursen bisweilen zur Selbst»gefährdung« bis hin zur »Entweichungsgefährdung«: Der Bedeutungsakzent wird so verschoben, daß die angenommene und als unerträglich empfundene Gefahr nicht der Allgemeinheit oder der Institution, sondern – defensiv uminterpretiert – dem Individuum selbst droht (Kobbé 1996b, S. 207–211). Der – potentiell gewalttätige – Patient erscheint nicht mehr »gefährlich«, sondern chronisch – durch Entweichung, Suizid, Suchtmittelabusus – selbst »gefährdet«. Diese Wortwahl erinnert fatal an frühere Annahmen einer anlagebedingten kriminellen Entwicklung des »gemeingefährlichen Geisteskranken« hin zu einem chronisch-unheilbaren Zustand (von Liszt 1904/05a und b). Andererseits wird hier das institutionelle Schutzinteresse in der Maske der Fürsorge durchgesetzt, ohne daß dies auf den ersten Blick vorwerfbar wäre. Dennoch ist in dieser institutionellen Dynamik nicht nur ein Abwehrvorgang, sondern auch eine gelungene neutralisierende Sublimierung – reaktiver – aggressiver Impulse der Behandler zu sehen.

Der Landschaftsverband Westfalen-Lippe (1990, S. 3) unterstreicht, daß psychisch Kranke keine erhöhte Gefahr für die Bevölkerung darstellen: Zwar bedeute insbesondere die Entlassungsphase »eine ausgesprochene Risikoperiode für die Gewalttätigkeit«, doch gelte »diese Aussage ... natürlich nicht für alle, sondern nur für die äußerst kleine Gruppe der zur Gewalttätigkeit disponierten Geistesgestörten«. So sind psychisch Kranke nach einer Untersuchung von Lindqvist und Allebeck (1990) »dann besonders gefährdet, wenn sie infolge mangelhafter Betreuung oder sozialer Einbindung sich selbst überlassen sind« (vgl. auch Schumann 1988; Hulsman/de Celis 1982). In einer Untersuchung zu forensischen Prognosekriterien bzw. -praxen (Kobbé 1996b, S. 301ff.) mußte allerdings dennoch deren Verkürzung um diese psychosozialen, situativen Bedingungen konstatiert und die automatische Schuldzuschreibung, die inhärente Kulpabilisierung des Maßregelvollzugspatienten abgeleitet werden.

Gewaltverhalten

Abrahams: Nicht doch, ich bin nicht gefährlich.
Dr. Van Nypelseer: Hiiilfe!
Abrahams: Ich fände es toll, wenn Sie noch weiter gingen.
Dr. Van Nypelseer: Sie riskieren es, eingesperrt zu werden, aber das ist dann nicht meine Schuld.
Abrahams: Setzen wir uns also, und warten wir auf die Polizei ... Sie sind ja schrecklich nervös, Dr. Jeckyll ... Mr. Hide ist nie weit, hm? Und dabei wollte ich nur Ihr Bestes ... (Pause) Ich bin nicht gefährlich, ich bin ganz friedlich.
Dr. Van Nypelseer: Ja, natürlich, glauben Sie's nur.

In ihrer Arbeit zum Zusammenhang von Selbst- und Fremdaggressionen verwenden A. Apter u. a. (1989) ein zweistufiges Vektorenmodell von suizidalem und gewalttätigem Verhalten (Plutchik u. a. 1985), das einen aggressiven Trieb oder Impuls als psychosozial-psychologisch-biologisch bedingte Variable annimmt, die ihrerseits durch weitere Variablen eine Innen- bzw. Außenwendung erhält und so erklärt, warum außengerichtete Aggression und Suizidalität wechselseitig psychodynamisch und sozial bedingt sind. Anhand der Untersuchung von Bewältigungs- und Abwehrmechanismen ließ sich zeigen, daß der Einsatz von

- Regression suizidale von nicht-suizidalen Patienten unterscheidet,
- Verschiebung gewalttätige von nicht-gewalttätigen Patienten differenziert,
- Verdrängung eher zur Innenwendung von Aggressionen führt,
- Projektion und Verleugnung eher eine Außenwendung der Aggressionen bedingt.

Die folgenden Fallvignetten werden illustrieren, wie diese Abwehr- und Bewältigungsmechanismen eingesetzt werden und worum es bei diesen – sehr unterschiedlichen – gewalttätigen Handlungs- und Verhaltensweisen funktional geht.

Herr Hansgen

Herr Hansgen ist knapp 30 Jahre alt und stammt aus einem sog. Schlichtwohnungsmilieu, d.h. aus Verhältnissen materieller Armut, permanenter Kränkung durch soziale Benachteiligung und subjektiver Chancen- und Hilflosigkeit. Die Familienatmosphäre war insbesondere dadurch geprägt, daß der häufig angetrunkene Vater zu aggressiven, vom Kind als brutal erlebten Handlungen gegenüber der Mutter neigte, diese demütigte, bedrohte, verletzte und mißhandelte, die Mutter ihrerseits vom Jungen als weich, gefühlvoll, passiv und hilflos erlebt wurde. Geprägt ist der Patient durch eine Identifikation mit den ambivalent erlebten, starken männlichen Anteilen des Vaters, dessen virile Gewalttätigkeit als Größe und Stärke ebenso idealisiert wie als bedrohlich und brutal gefürchtet wurde, mithin zu einer Identifikation mit dem Aggressor führte. Zugleich gibt es eine ebenso ambivalente Identifikation mit den mütterlichen Eigenschaften der als einerseits weich und warmherzig, andererseits als schwach und willenlos erlebten Empathie.

Auf der Behandlungs- und Unterbringungsstation ist Herr Hansgen wegen versuchter Geiselnahme, Nötigung und Körperverletzung gem. § 63 StGB untergebracht und wurde mit »Borderline-Persönlichkeitsstörung, mittleres Strukturniveau« diagnostiziert. Da er als verletzlich und explosibel beurteilt wird, angesichts seiner Körpergröße und ungeschlachten Kraft sowohl potentiell bedrohlich wirkt als auch gefürchtet wird, bewohnt Herr Hansgen ein sogenanntes Einbettzimmer, d.h. einen gesicherten möblierten Raum mit eigener Naßzelle. Der Patient kann sich tagsüber »in der Gemeinschaft« der Station aufhalten. Eines Abends befindet er sich gemeinsam mit sechs weiteren Patienten und drei Krankenpflegern im Fernsehraum. Es läuft ein *Derrick* – ein Krimi also, der allgemein nicht als besonders provokant oder gewaltverherrlichend betrachtet wird. Bereits während des Vorspanns springt Herr Hansgen hocherregt auf: Ohne etwas zu sagen, wirft er Fernsehapparat, Tisch, Stuhl und anderes Mobiliar um, zerstört einen Stuhl und steht mit hoch erhobenem Stuhlbein im Raum. Die Versuche der Mitpatienten und der Krankenpfleger, Herrn Hansgen während dieser Handlungen zu beruhigen, zeigen keinerlei Wirkung: Er ist nicht ansprechbar, so daß die Krankenpfleger versuchen, den Patienten zum Schutz anderer zu überwältigen. Hernach wird Herr Hansgen medikamentös zwangsbehandelt und abgesondert.

Im Therapiegespräch am nächsten Tag ist der Patient einerseits wegen der Zwangsmedikation wütend, enttäuscht und fühlt sich ungerecht behandelt; andererseits werden Hilflosigkeit, Scham und Schuld hinsichtlich der eigenen Gewalttätigkeit, Zerstörung und Sprachlosigkeit spürbar sowie allmählich ansprechbar und besprechbar. Bereits die Andeutung von Gewalthandlungen durch Männer gegenüber Frauen induziert bei Herrn Hansgen heftigste Wut- und Haßaffekte, so daß es zu affektiven Durchbrüchen und gewalttätigen Impulshandlungen kommt.

Als ersten, aber wesentlichen Behandlungsfortschritt (Kobbé 1995a, S. 10) mußte die Tatsache angesehen werden, daß der Patient in derartigen Momenten nicht mehr andere Personen angriff oder schädigte, sondern mittlerweile in der Lage war, die zunächst noch unkontrollierbare Wut an Einrichtungsgegenständen abzureagieren. Direkt nach solcher Zerstörung war der Handlungsimpuls kathartisch abreagiert und »verschwunden«, doch blieb eine aggressive Verstimmung und Gereiztheit noch einige Stunden erhalten. Für den Anlaß am Vortag läßt sich herausarbeiten, daß die Momentaufnahme einer angedeuteten Vergewaltigungsszene das unbeherrschte Verhalten auslöste: Herr Hansgen geriet spontan in die Identifikation mit dem männlichen Täter, wurde innerlich erregt und aggressiv aufgeladen und erlebte ein Hereinbrechen hochdestruktiver Gewalt- und Sexualphantasien. Doch kippte dies schlagartig in die projektive Identifikation mit dem weiblichen Opfer um, was angstvoll-wütende Erregung, Hilflosigkeit und vehemente Gegenaggressionen zur Folge hatte und in das zerstörerische Ausagieren dieser widersprüchlich-unaushaltbaren Gefühle und Impulse mündete.

Es wird deutlich, daß Herr Hansgen der unterstrukturierten Situation mit neun anwesenden, angesichts des Fernsehens nicht mehr miteinander kommunizierenden Personen in einem Raum noch nicht gewachsen war. Dies macht auf die von J. Zeiler (1993, S. 131) skizzierten Charakteristika »gewalttätiger Stationen« aufmerksam:

»›Überstimulation‹, Unruhe, Unübersichtlichkeit (der Räumlichkeiten, der Rollen, der Funktionen), Anonymität, ständiger Wechsel der nächsten Bezugspersonen, Diskontinuität, Unberechenbarkeit, Entwertung, Gleichgültigkeit, Kälte ... begünstigen offenkundig auch aggressive Entäußerungen.«

Herr Miskel

Herr Miskel ist ein 24jähriger Mann, der wegen wiederholter versuchter und vollendeter sexueller Nötigung männlicher Jugendlicher untergebracht worden war (vgl. Kobbé 1996b). Er wurde im Alter von wenigen Wochen von seiner psychotisch erkrankten Mutter getrennt und wuchs anschließend im Säuglingsheim, im Kinder-, dann Jugend-, später Lehrlingsheim auf. Zu den prägenden Heimerfahrungen gehören häufig wechselnde Bezugspersonen, Mißbrauch und Vergewaltigung, was homosexuelle Praktiken bei psychosexueller Reifungsverzögerung mitbedingt und fixiert haben dürfte. Dies führte darüber hinaus bei dem diagnostisch »schwer narzißtisch gestörten« Patienten zu der Verhaltenserwartung/dem Verhaltensmuster, Bedürfnisse nach Nähe, Zuwendung und »Liebe« nur auto- oder fremdaggressiv – durch eigene Prostitution oder Erniedrigung anderer – befriedigen zu können. Das heißt, Herr Miskel befindet sich in einer ambivalenten Dominanz-Unterwerfungs-Dialektik, die von Verlustängsten und einer Scham-Schuld-Dynamik unterlegt ist.

Zwischen der 90. und 95. Psychotherapiestunde wirkt Herr Miskel etwas verstört, dabei sowohl distanziert als auch appellierend, ohne daß es dem Therapeuten möglich gewesen wäre, dies rechtzeitig anzusprechen, geschweige denn zu klären. Gerade als diese Störung vom Psychotherapeuten wahrgenommen wird, drückt der Patient zu dessen Überraschung – eher Verwunderung/Irritation – die auf dem Tisch liegende Klingel. Als die alarmierten Krankenpfleger den Raum wieder verlassen haben und der Therapeut sich dem Patienten zuwendet, um über den Zwischenfall zu sprechen, starrt Herr Miskel ihn plötzlich an, zieht mit einem Ruck das Kabel der Klingel aus der Wand und springt den Therapeuten mit den Beinen voran an. Mit einer Beinschere macht er ihn, die Hüfte umklammernd, zwar nicht handlungs-, aber quasi bewegungsunfähig. Erst durch unmittelbare Gewaltanwendung kann der Therapeut befreit und der Patient aus seiner tonischen Starre, seinem krampfhaften Klammern gelöst werden.

Im Nachgespräch beschreibt Herr Miskel, er habe – so die Rekonstruktion (Kobbé 1995a, S. 8–9) – das Gefühl gehabt, der Therapeut entferne sich von ihm, ginge ihm auf irgendeine Weise verloren. Dann sei plötzlich der Impuls dagewesen, das Gegenüber auf das oben beschriebene Weise anzuspringen und festzuhalten, zu klammern. Nicht wirklich klärbar ist, wodurch dieser Eindruck der Distanzierung, des Abrückens oder Abwendens entstanden ist (Kobbé 1995c, S. 44–45). Wesentlich erscheint, daß auf der Folie lebensgeschichtlich als ängstigend, ja, bedrohlich erlebter Trennungs- und Verlusterlebnisse die anflutende Verlustangst und die mit ihr – sozusagen kontraphobisch – aktivierten aggressiven bzw. sexualaggressiven Handlungsimpulse nicht mehr hinreichend gehemmt, kontrolliert oder sublimierend auf ein anderes (Trieb-)Ziel gelenkt werden konnten. Zu überlegen wäre allerdings auch, ob der Psychotherapeut dem Patienten in dessen Erleben nicht zu »nah« gekommen ist, ob nicht hierdurch eine unbewußt-latente, ängstigende homosexuelle Dynamik des aggressiven Begehrens und der gleichzeitigen Angst vor symbiotisch-verschlingender Omnipotenz des Gegenübers reaktiviert wurde. Zu diskutieren bliebe also, ob die Impulshandlung folglich diesem Pol der Nähe-Distanz-Problematik entspringt und ob der Patient Impuls und Aktion dem ihm zugänglicheren Verstehenszusammenhang der ängstigenden Distanzierung nur deshalb zuordnet, weil die homoerotische Dynamik als mit Scham und Schuld besetzt abgewehrt werden muß.

Herr Schrainer

Herr Schrainer ist ein 35jähriger, vielfach vorbestrafter, hafterfahrener Mann, der sich erstmals in einer forensisch-psychiatrischen Unterbringung befindet. Anläßlich einer Vergewaltigung, schwerer räuberischer Erpressung in Tateinheit mit gefährlicher Körperverletzung und Verstoß gegen das Waffengesetz wurde er psychiatrisch begutachtet und mit der Diagnose »ausgeprägte Psychopathie und Soziopathie« mit »gewalttätigem Verhalten und explosiven Reaktionen« untergebracht.

Nach der Aufnahme entwickelt sich zwischen ihm und den Behandlern bereits am zweiten Tag eine aggressiv unterlegte Interaktionsdynamik: Der Patient lehnt alle Behandler als inkompetent ab, fühlt sich von ihnen gleichermaßen bedroht wie »nicht ernstgenommen« und droht seinerseits mit »Konsequenzen«. Das Team beschließt, einen stationsexternen Psychotherapeuten hinzuzuziehen. Wenngleich es diesem gelingt, ein fragiles - allerdings nur durch hohe Aufmerksamkeit und »vorauseilende« Empathie aufrecht erhaltenes - rudimentäres Arbeitsbündnis herzustellen, wird dieses von seiten des Patienten hinsichtlich des unabdingbaren interpersonalen Konsenses, den anderen nicht anzugreifen, immer wieder in Frage gestellt bzw. »getestet«.

Bereits wenige Wochen nach der Aufnahme droht Herr Schrainer dem Stations- und dem Oberarzt sowie dem Oberpfleger, den »Verantwortlichen« also, konkret mit Gewalt, wenn diese demnächst seine »Zelle« wieder betreten sollten. Tatsächlich faßt er Tage später ruckartig nach vorn, greift den Oberpfleger am Kragen, hebt ihn etwas hoch, brüllt ihn hoch erregt an ... und läßt ihn los. Nach dieser dramatischen Inszenierung betreten Mitarbeiter das Einbettzimmer nur noch höchst selten, kommunizieren mit ihm durch das Gitter der Tür. Lediglich der Therapeut kann den Raum betreten und sich dort - subjektiv relativ ungefährdet - aufhalten, doch ist die Gesamtsituation bedrohlich, aussichtslos, verfahren.

Es kommt zu einem zweiten Zwischenfall: Zwischen zwei Gesprächsterminen schreibt Herr Schrainer einen Brief: »Bei mir ist nun der Punkt erreicht, daß ich nur noch auf den Funken zum Knall warte. Mir ist egal, ob es ein Ober-Arzt oder Pfleger ist. Die Behandlung hat mich auf den Zerstörungstripp gebracht, die Möchtegern-Götter hier haben meinen Haß so entfacht, daß ich blind geworden bin. Wenn mir etwas passieren sollte - meine Schuld ist es nicht! War angenehm, Sie kennenzulernen.« Bevor dieses Schreiben den Therapeuten erreicht, wird sein sofortiges Kommen erbeten. Auf der Station trifft er Herrn Schrainer nackt auf einem Bodenbett liegend an: Der Patient ist mit Blut, Erbrochenem und Exkrementen beschmiert, bislang nur notdürftig gesäubert worden. Er ist bei Bewußtsein, jedoch etwas eingetrübt und äußert verwaschen: »Da sehen sie, wie dreckig es mir geht, was man mit mir macht«, sagt er.

Bezieht man zunächst die Unterbringungsbedingungen als mit ausschlaggebenden Faktor in die Situationsanalyse ein, so erweist sich die indizierte langfristige Unterbringung im Einbettzimmer bei Intensivbetreuung als einerseits überstrukturiert, angesichts der Isolationsphasen des Alleinseins als andererseits unterstrukturiert. Herr Schrainer reagiert mit wechselndem fremd- und selbstaggressiven Agieren, dem eine progrediente Regression von der Geste über das Verhalten zur Handlung innewohnt (KOBBÉ 1995e, S. 4–7). Zugleich lassen die Prozesse der autoplastischen Inversion und alloplastischen Extraversion die dialektischen Beziehungen von Macht und Ohnmacht, Dominanz und Unterwerfung wiedererkennen, deren unerträglich-chronischer Konflikt gerade in Beziehungstaten eine Rolle spielt und häufig in tödlichen Lösungsversuchen agiert wird (KOBBÉ 1995d, S. 125–131). Mit dem Selbsttötungsversuch geht zugleich ein grandios-illusionärer Selbstbehauptungsakt der Wiedergewinnung von Autonomie, Selbstbestimmung, (Handlungs-)Freiheit einher, der zwangsläufig ins Scheitern umschlägt.

Schluß

Faßt man die skizzierten (Zwischen-)Fälle zusammen, so erweisen sich im Ergebnis einerseits der konkrete Patient als real fremdgefährlich bzw. selbstgefährdend, hierfür aber andererseits jeweils die Unaushaltbarkeit bestimmter intersubjektiver Situationen bzw. intrapsychischer Befindlichkeiten als mit ausschlaggebend. Zwar wird »Gefährlichkeit« als ein ebenso affektiv besetztes wie affektbindendes Konstrukt in der institutionsinternen Diskussion auch auf die Selbstgefährdung des Patienten ausgedehnt, dennoch erfolgt in den forensisch-psychiatrischen Diskursen eine Zentrierung auf das Subjekt und eine Ausblendung institutioneller Ordnung, so daß eventuelle situative Auslöser dieser scheinbar nur subjektspezifischen Gefahr unberücksichtigt bleiben (KOBBÉ 1996b, S. 154–157). Dies muß um so bedenklicher stimmen, als SCHUMANN (1988, S. 32) die Aufgabe des »kultivierten Verbrecherbildes« vom gefährlichen Menschen fordert: Er verweist auf die These, daß es »nur gefährliche Lebenssituationen« gebe und daß analog zu CHARDIN U. A. (1980) im wesentlichen die Situationen – nicht die konkreten Individuen – gefährlich seien.

Allen drei Kasuistiken ist gemeinsam, daß auf das gewaltsame Handeln bzw. (auto-)aggressive Verhalten sowohl unmittelbare Sicherungsmaßnahmen (Absonderung) als auch psychotherapeutische Gespräche folgten. In einer Untersuchung stellen Steinert u. a. (1991, S. 16) für die Allgemeinpsychiatrie fest: »In der Reaktion auf das Ereignis dominierten erwartungsgemäß Sicherungsmaßnahmen, an erster Stelle die Isolierung (51,9 %); es folgten Fixierung (38,9 %) und sofortige Medikamentenverabreichung (35,2 %). Überraschend selten (28,4 %) hatte das Ereignis ein aufarbeitendes Gespräch zur Folge, was dafür sprechen könnte, daß auch auf therapeutischer Seite eine Neigung besteht, Aggressionen auszublenden und nicht zu bearbeiten.«

Daß diese Negierung der Gewalt in der forensischen Praxis nicht gleichermaßen konsequent stattfindet, dürfte einerseits in der dort bewußteren Konfrontation mit den aggressiven Anteilen des anderen und seiner Gewaltbereitschaft begründet sein, andererseits aber auch an einem selbstkritischeren Umgang mit den eigenen Gegenaggressionen und gewalttätig-gewaltabwehrenden Handlungsbereitschaften liegen. Denn: Im Nichtansprechen des tragischen Zwischen-Falls wird dieser nicht nur als interaktiver Un-Fall nachträglich ignoriert, sondern darüber hinaus zum ausblendbaren Nicht-Fall, zum zu vernachlässigenden Ab-Fall des Sozialen (vgl. Kobbé 1996a, S. 129–130). Dabei illustriert bereits der burleske Eingangsdialog die Tragödie der unmöglichen Wechselbeziehungen:

»Hier liegt Gewalt vor, sagt Dr. X, und das steht außer Zweifel. Aber ist es nicht eher Gegengewalt? ... ›Ich bin physische Gewalt nicht gewöhnt‹ – was für ein seltsamer Satz. Warum sagt er nicht einfach: Gewalt? Moralische Gewalt ist er also gewöhnt? Und wie ist es möglich, daß für ihn das Aufstellen des Tonbandgerätes Gewalt bedeutet?« (Sartre 1969, S. 249).

Literatur

Abrahams, J.-J. (1969): Der Mann mit dem Tonband. Stück in einem Akt und zwei Szenen. In: Abrahams, J.-J. (1977): Jetzt werden Sie analysiert, Herr Doktor! München, S. 13–49.

Apter, A.; Plutchik, R.; Sevy, S.; Korn, M.; Brown, S.; Praag, H. van (1989): Defense mechanisms in risk of suicide and risk of violence. In: *Am. J. Psychiatry*, 146, Nr. 8, S. 1027–1031.

Baur, F.R. (1988): Der Vollzug der Maßregeln der Besserung und Sicherung nach den §§ 63 und 64 StGB in einem psychiatrischen

Krankenhaus und in einer Entziehungsanstalt. Unveröff. Diss., Univ. Münster.

Böker, W.; Häfner, H. (1973): Gewalttaten Geistesgestörter. Eine psychiatrisch-epidemiologische Untersuchung in der Bundesrepublik Deutschland. Berlin/Heidelberg/New York.

Bruns, G. (1990): Gefahrenabwehr? Fürsorge? Kontrolle? Empirisch-kritische Bemerkungen zu den Rechtsgrundlagen der Unterbringung psychisch Kranker. In: *MschrKrim*, 73, H. 1, S. 25–39.

Bruns, G. (1993): Ordnungsmacht Psychiatrie? Psychiatrische Zwangseinweisung als soziale Kontrolle. Opladen.

Chardin, D.; Chaumon, F.; Jousset, M.-L.; Vacher, N. (1980): Des pratiques alternatives de l'expertise? In: *Pratiques de la folie – Pratiques et folies*, 1, 1, S. 79–83.

Hinz, S. (1987): Gefährlichkeitsprognosen bei Straftätern: Was zählt? Eine experimentelle Untersuchung zum Gebrauch der Eingangsinformation bei der Vorhersage eines sozial definierten Kriteriums durch klinische Urteiler. Frankfurt a. M.

Horn, E. (1977): Maßregeln der Besserung und Sicherung. In: Rudolphi, H.-J.; Horn, E.; Samson, E.; Schreiber, L. (Hg.): Systematischer Kommentar zum Strafgesetzbuch. Bd. I. Frankfurt a. M.

Hulsman, L.; de Celis, V. (1982): Peines perdues. Zitiert nach Schumann, K.F. (1988): a. a. O., S. 34.

Kobbé, U. (1995a): Im Pulse der Angst und Aggression: Wenn die Impulskontrolle versagt ... Unveröff. Vortrag. Westf. Klinik für Psychiatrie und Neurologie Lengerich, 02. 02. 95.

Kobbé, U. (1995b): Psycholegierungen. Kind und Familie in deutsch-französischen Fachdiskursen. In: *Dokumente. Zeitschrift für den deutsch-franz. Dialog*, 51, 1, S. 35–39.

Kobbé, U. (1995c): Délit, phantasme, pulsion: l'expert dans l'espace paranoiaque. In: *Nervure. Journal de psychiatrie*, VIII, 7, S. 41–48.

Kobbé, U. (1995d): Die vertikale Richtung der narzißtischen Apokalypse. In: *WsFPP*, 2, 1, S. 117–148.

Kobbé, U. (1995e): Le toxico pervers comme cobaye de l'institution. Unveröff. Vortrag. XIVèmes Journées de Reims, 02.–03. 12. 95.

Kobbé, U. (1996a): Psychiatrie als Stundenhotel oder das forensische Subjekt als Zeitwaise. Autodafé zur Fragmentierung,

Stigmatisierung, Serialisierung im Maßregelvollzug. In: *WsFPP*, 3, 1, S. 117–142.

Kobbé, U. (1996b): Zwischen gefährlichem Irresein und gefahrvollem Irrtum. Lengerich/Riga/Scottsdale/Wien.

Lanschaftsverband Westfalen-Lippe (1990): Stellungnahme der Verwaltung des Landschaftsverbandes Westfalen-Lippe zur Frage der Gefährdung der Allgemeinheit durch psychisch Kranke. Drucksache 9/558. Münster, 05. 11. 1990.

Lindqvist, P.; Allebeck, P. (1990): Schizophrenia an assaultive behaviour: The role of alcohol and drug abuse. In: *Acta Psychiatrica Scandinavica*, 82, 3, S. 191–195.

Liszt, F. von (1904/05a): Schutz der Gesellschaft gegen gemeingefährlicher Geisteskranke und vermindert Zurechnungsfähige. In: *MschrKrim*, 1, S. 8–15.

Liszt, F. von 1904/05b: Die Verwahrung gemeingefährlicher Geisteskranke und vermindert Zurechnungsfähiger. In: *MschrKrim*, 1, S. 242–244.

Plutchik, R.; Praag, H. van; Conte, H.R. (1985): Suicide and violence risk in psychiatric patients. In: Shagass, C. (Hg.): Biological Psychiatry. New York.

Rasch, W. (1983): Gutachten zur Situation und zu Entwicklungsmöglichkeiten in der Durchführung des Maßregelvollzugs nach den §§ 63 und 64 StGB im forensischen Bereich des Westfälischen Landeskrankenhauses Eickelborn. In: Landschaftsverband Westfalen-Lippe (Hg.): Krank und/oder kriminell? Maßregelvollzug in Westfalen-Lippe. Münster, S. 7–74.

Rasch, W. (1984): Gefährlichkeitsbeurteilung im Maßregelvollzug. Unveröff. Vortrag. 1. Expertengespräch zu Fragen der Durchführung des Maßregelvollzuges in Westfalen-Lippe. Bad Waldliesborn, 10. 12. 1984.

Rasch, W. (1985): Die Prognose im Maßregelvollzug als kalkuliertes Risiko. In: Schwind, H.-D.; Berz, U.; Geilen, G.; Herzberg, R.D.; Warda, G. (Hg.): Festschrift für Günter Blau. Berlin/New York, S. 310–325.

Sartre, J.-P. (1969): Warum hat mich dieser Dialog fasziniert? In: Abrahams, J.-J. (1977): a. a. O., S. 248–250.

Schumann, K.F. (1988): Eine Gesellschaft ohne Gefängnisse. In: Schumann, K.F.; Steinert, H.; Voß, M. (Hg.): Vom Ende des Strafvollzugs. Ein Leitfaden für Abolitionisten. Bielefeld, S. 16–34.

Steinert, T.; Vogel, D.; Beck, M.; Kehlmann, S. (1991): Aggressionen psychiatrischer Patienten in der Klinik. In: *Psychiatrische Praxis*, 18, S. 155–161.

Zeiler, J. (1993): Der aggressive Patient. Anmerkungen zur Sozialpsychologie der Gewalt. In: *Psychiatrische Praxis*, 20, S. 130–135.

ILSE EICHENBRENNER

Hand angelegt – Gewalttätige Splitter vom Rand

Zu Boden gegangen

Zorro

Mein kleines Büro ist von der dunklen Gestalt ganz ausgefüllt: schwarzer Schlapphut, schwarzer Mantel, schwarze Cowboy-Stiefel – Zorro, denke ich. Eine kleine verhärmte Frau schlüpft mit ihm in mein Zimmer.

Das Sozialamt hat Herrn Reiter zu mir geschickt. Er ist heute aus der Sucht-Abteilung der Klinik geflogen, disziplinarisch entlassen, wegen Körperverletzung eines anderen Patienten. Der Sozialpsychiatrische Dienst soll beraten und entscheiden, wo Herr Reiter nun unterkommen kann. Seine Freundin hat er gleich mitgebracht; sie lebte bisher in einer Frauenunterkunft. Die beiden wollen ein gemeinsames Pensionszimmer, heute noch, und die Zeit ist knapp, denn im Sozialamt ist bald Feierabend.

Ich bin unruhig, nervös. Wegen eines wichtigen Gremientermins war ich schon auf dem Sprung, als Zorro mit seiner Gefährtin mich aufhielt.

Ich stelle ein paar Fragen, Sozialarbeiter-Einmaleins, Zorro wirkt ein bißchen »neben der Kappe«, aber ich rieche kaum Alkohol, ich tippe eher auf ein paar Pillen.

Ein gemeinsames Pensionszimmer, für ein unverheiratetes Paar, das dürfte schwierig werden. Ich bin unwillig, gereizt. Ich setze mich hinter meinen Schreibtisch, nehme den Telefonhörer in die Hand, fange an zu wählen – und höre dann mürrisch wieder auf. »Sie werden«, blaffe ich Zorro an, »wohl heute erst mal in die Franklinstraße gehen müssen«. Zorro wird wütend, denn diese Notübernachtungseinrichtung kennt er bereits. Männer und Frauen werden dort getrennt untergebracht, und er will mit seiner Freundin zusammen sein. »Es wird Ihnen nichts anderes übrigbleiben«, meckere ich noch kurz, und ein dunkler, schwerer Schlag wischt mich von meinem Drehstuhl, ich liege eingeklemmt zwischen den Rollen des Stuhls und der Wand. »Endlich«, blitzt es durch meinen Kopf, »endlich ist es geschehen, und ich brauche keine Angst mehr davor zu haben«. Fäuste donnern gegen meine Schläfen, auf mein Gesicht, quetschen mich weiter gegen die Wand. Zorros Freundin wird mich retten, denke ich noch, aber sie öffnet nur die Tür, geht auf den Flur, will das Unheil wohl öffentlich machen, ohne ihren Mann zu verraten.

Ich beschließe zu schreien: »Hilfe, Hilfe, Hilfe!«, etwas Besseres fällt mir nicht ein. Ich atme regelmäßig, versuche einen Rhythmus zu finden, der mit den Schlägen und den Fußtritten korrespondiert. Ein Tritt gegen die Rippen, Luft holen, Hilfe rufen. Ein Tritt gegen die Schläfe, Luft holen, Hilfe rufen. Ich spüre keinen Schmerz, und das Wort »körpereigene Endorphine« überschwemmt mich. Minuten vergehen. Täter und Opfer bleiben im Takt – ich weiß genau, ich muß im Takt bleiben. Puppen oder Teddybären rufen Mama, wenn man ihnen den Brustkorb quetscht.

Plötzlich kommt eine unserer Ärztinnen ins Zimmer, fragt völlig irritiert, was denn los sei, später erzählt sie, sie habe meine Schreie für die Hilferufe einer psychotischen Patientin gehalten. Zorro läßt ab von mir und verläßt wortlos das Amt. Immer mehr Kollegen kommen aus ihren Zimmern, stehen um mich herum. Ich schluchze.

Die Krankenwagenfahrer kenne ich von vielen Einweisungen, aus einer anderen Perspektive. Sie legen mich auf eine Trage. Im Krankenhaus werde ich untersucht und nach Hause geschickt. Auf dem Erste-Hilfe-Zettel lese ich später: »Ist angeblich von einem Klienten verprügelt worden.«

Wie ein geprügelter Hund fahre ich nach Hause, gehe zu meinem Hausarzt, betäube die stechenden Schmerzen mit Analgetika.

Es geht mir schlecht. Die geprellten Rippen schreien bei jedem Atemholen, beim Gang zum Klo kollabiere ich, weitere Untersuchungen ergeben ein postcommotionelles Syndrom. Ein schönes Wort für meine unendliche Scham. Die wohnungslosen Klienten, für die ich mich vor allen anderen stark machen wollte, sind zu meinen Feinden geworden. Ich bin nicht stark genug für sie.

Ich liege viele Wochen, stehe allmählich auf. Im Dienst versagen die Gummiknie immer wieder den Gehorsam, Panik und Angst nisten sich ein. Und die Scham sitzt an meiner Seite.

Meine glühende Mißgunst trifft die ruhigen, kräftigen Männer-Kollegen, die ohne Angst den Psychotikern gegenübersitzen, die auf Alkoholgeruch mit vorwurfsloser Härte antworten.

Ich bin unfähig. Ich muß mir einen anderen Job suchen.

Ein Jahr später bin ich als Zeugin zum Prozeß geladen, auch unsere Ärztin, die mir vielleicht das Leben gerettet hat. Es sind einige Delikte zusammengezogen worden, aber ich bekomme nur diesen Ausschnitt der Tragödie mit. Ich erkenne Zorro nicht wieder, auch sein Bericht vom Tathergang hat nichts mit meinem Tag X zu tun. Er sei plötzlich über den Schreibtisch geflogen, ja, er habe merkwürdigerweise fliegen können, meint er, und dann habe er mich wohl ins Gesicht geschlagen, aber mehr auch nicht. Immer wieder fordert er mich auf, doch zurückzunehmen, daß er mich getreten habe. Nie und nimmer könne er eine Frau treten. Ein medizinischer Sachverständiger wird hinzugezogen, die Stiefeltritte sind offensichtlich, und daß ich am Boden lag, macht die Tat besonders verwerflich. Eine Schöffin fragt mich empört, warum ich denn dem Angeklagten zugemutet habe, in eine Notübernachtungseinrichtung zu gehen. Warum ich ihm denn nicht seinen Wunsch erfüllt hätte. Ich stammle einige Erklärungen. Die Richterin fragt, ob denn der Tag X irgendwelche anhaltenden Folgen für mich gehabt hätte? Ich könne, meine ich knapp, nicht mehr mit dem Personenkreis arbeiten, auf den ich mich spezialisiert hatte. Verständnisvolles Nicken entläßt mich aus dem Saal.

Zorro hat eine Gesamtstrafe von 5 Jahren erhalten: 3 Jahre Knast, 2 Jahre Maßregelvollzug nach § 64 StGB.

Youssuf I

Nun ist seine ganze Familie verschwunden. Gemeinsam hatten sie die Heimat verlassen: Vater, Mutter, die Brüder. Sie haben zusammengehalten im kalten Berlin. Dann hat der allgegenwärtige Streit sie auseinander gesprengt, in den Knast, in die Anstalt, zurück zu den Verwandten. Er alleine ist übrig geblieben: Youssouf, aber auch alleine ist er ein gepflegter junger Mann geblieben, elegant gekleidet, schön und schlau. Er treibt durch die Stadt und lächelt oder droht, er steht am Bahnhof und in den vielen Spielsalons. Nur ein einziges Geräusch läßt das Blut in seinen Adern rauschen. Er wirft immer wieder Münzen in den Schlitz, nur um am Ende dieses Prasseln zu hören. Ganz kurz verstummt dann das Weibergelächter, das ihn jetzt immer häufiger verhöhnt. Wenn ihm das Geld ausgeht, wird er wütend. Erregt streunt er herum, lächelt und droht, bis ein bißchen Stoff ihn ablenkt, bis das pralle Rauschen ihn beruhigt.

Er bekommt jetzt täglich das Geld bei seinem Vormund, seinem Betreuer, aber es reicht nie länger als eine Stunde.

Kein Psychose-Seminar

Wir sehen den thailändischen Studenten sofort. Als wir näherkommen, erschrecken wir über den bestialischen Gestank. Wir gehen kurz in das Sekretariat der mathematischen Fakultät und befragen die Sekretärin. Hyun stehe nun schon den dritten Tag vor der Tür. Er komme morgens und werde abends vom Wachschutz vor die Tür getragen. Er esse und trinke nicht, spreche nicht, »mache« unter sich. Kollegen kommentieren die Sekretärin, suchen gemeinsam nach Gründen. Hyun könne es wohl nicht verwinden, daß er exmatrikuliert sei. Aber es gebe nun einmal Fakten, und normal sei sein Verhalten wohl nicht. Man könne sich doch nicht zwingen lassen, bei allem Mitgefühl.

Die Ärztin spricht Hyun an, er reagiert nicht. Sie schreibt einen PsychKG-Antrag. Die Ärztin muß weiter, läßt mich allein, ich bestelle einen Krankenwagen.

Hyun ist nicht zu fassen. Der kleine schmächtige Student windet sich mit unglaublichen Kräften. Ich rufe die Polizei. Auf dem schmalen Flur drängen sich immer mehr Menschen. Studenten werden aufmerksam, Lehrbeauftragte bleiben stehen. Polizisten kommen, streifen sich Einweg-Handschuhe über. Sie packen Hyun und versuchen, ihn auf einer Trage festzuzurren. Hyun schreit im Falsett »help me, help me«, wimmert schrill. Entsetzt und verzweifelt rede ich auf ihn ein. Ein immer größeres Handgemenge entsteht, es wird gezerrt, geschrien und geflucht. Ich gehe ein paar Schritte zurück, dann wieder vor. Ich bin verantwortlich für die Durchführung der Maßnahme, und keiner hört auf mich. Ich könnte im Boden versinken, flüchten, weglaufen. Pflichtbewußt trete ich näher, greife zu, zeige den Männern, daß ich mir nicht zu fein bin. Kommilitonen sind entsetzt, werden vom Wachschutz weggeschickt. Nun zerren wir schon über 30 Minuten an dem jungen Thailänder herum, an dessen vollgekotete Hose keiner so recht greifen will. Die Krankenwagenfahrer sind wütend, daß das Gesundheitsamt in einer derartigen Situation keine Beruhigungsspritze gibt. Ein Polizist wird von Hyun gebissen, betrachtet die blutende Wunde und rastet aus, er trampelt auf Hyun ein. Erhitzte, erregte und wütende Männer fletschen die Zähne. Eine Sekretärin sucht einen Ausweg aus der Unerträglichkeit dieser Situation und kommt mit einer großen Rolle Isolierband zur Trage. Hyun wird mit dem Klebeband umwickelt, die Beine zusammen, die Arme an den Körper, und ich kann die Polizisten gerade noch daran hindern, auch seinen Mund und die schrillen Schreie und die weit aufgerissenen Augen zuzukleben.

Ich bleibe mit den letzten Studenten auf dem Schlachtfeld zurück. Immer wieder kommen ausländische junge Männer und fragen, ob das eine Abschiebung war. Sie nehmen mich in die Zange, ihre Blicke werden scharf. Ich versuche zu erklären, was eine Psychose ist, und ernte Abscheu und Haß. Dies ist kein Psychose-Seminar.

Einige Monate später erzählen mir Mitarbeiter der Klinik, daß sie einen tollen Kurzurlaub in Thailand ergattert hatten. Rückführung von Hyun, und Aufenthalt in einem Drei-Sterne-Hotel auf Kosten der reichen Familie. Da packt die Kollegen der Neid.

Eine Hand wäscht die andere – ambulante Gewaltenteilungen

Daß Gewalt beides bedeutet – schlagen und geschlagen werden, Hand an sich und andere legen –, habe ich nun wirklich geschluckt. Für ein anderes Buch habe ich einmal geschrieben: »Ohne Gewalt wäre unsere Psychiatrie undenkbar. Denn nur weil psychisch gestörte Menschen manchmal gegen sich selbst oder andere gewalttätig werden, gibt es einen Bereich in der Gesellschaft, der damit beauftragt ist, diese Gewalt zu beseitigen, oder wenigstens zu isolieren.«

Nur weil ich bereit bin, Gewalt anzuordnen, kann ich im Sozialpsychiatrischen Dienst arbeiten. Nur weil ich bereit bin, Gewalt anzufordern, kann ich im Betreuten Wohnen arbeiten. Nur weil Menschen Gewalt gegen sich und andere ausüben, bekommen andere Menschen das Recht, sie festzuhalten. Und verdienen damit ihren Lebensunterhalt.

Wer den Arbeitsplatz Klinik verläßt, denkt, da draußen wäre alles ganz einfach. Doch jetzt wird es erst richtig kompliziert. Soll die Frau mit ihren Tüten am Ku-Damm erfrieren dürfen? Darf sich der Rollstuhlfahrer abfackeln lassen? Müssen wir zuschauen dürfen? Wieviel

Krach, Angst, Unruhe ist der Wohngemeinschaft, ist den Nachbarn zuzumuten?

Wenn ich jetzt nicht aufpasse, verliere ich mich auf unzähligen Nebengleisen (Autonomie, Fremdbestimmung, Rosa Luxemburg, Yin und Yang ...), so wie es mir im Berufsalltag ständig passiert, aber ich bin hier nicht auf der Arbeit, sondern kann mich *konzentrieren*!

Gewalt ist Festhalten und Wegstoßen, Eltern wissen das, Fürsorger auch. Wenn beides sich vereinigt, kommt eine neue Behandlungsmethode heraus: Festhalte-Therapie. Dieses Bild – ein Kind windet sich in der liebevoll-eisernen Umarmung seiner Mutter – ist meine neueste ambulante Obsession. Die Obhut und Eingrenzung der Klinikmauern durch Menschen, Hände, fürsorgliche Umarmungen ersetzen. Oder auch nicht.

Welche Gewalt wiegt schwerer: die Zwangsspritze oder die Zwangsräumung des Appartements im Übergangswohnheim? Gnade uns Gott, wenn wir darauf eine Antwort finden.

Youssuf II

Youssuf wird zum Amtsarzt geschickt. Er hat jetzt in allen Pensionen der Innenstadt Hausverbot, auch im Obdach, auch in der Notübernachtung. Manchmal, wenn er gut drauf ist und lächelt, nimmt ihn ein Freier mit nach Hause. Aber die schlechten Tage häufen sich, die Stimmen werden wieder lauter. Er dreht täglich seine Runde, durch die Kontaktstellen, die Wärmestuben, die Spielhallen und Clubs. Die Menschen weichen vor ihm zurück, verlassen den Tisch, suchen das Weite. Manchmal ist ihm, als könne er durch Wasser gehen, als teile sich das Rote Meer, damit er trockenen Fußes ans andere Ufer kommt. Wenn er brüllt, zucken alle zusammen. Wenn er mit der Flamme eines Feuerzeugs seine Finger streichelt, werden die Sozialarbeiter nervös. Er fordert Zigaretten und Kaffee und Geld, und er lächelt kurz und heftig und rennt wieder los. Wenn er Tage später erneut kommt, erklären sie ihm ängstlich, aber streng, er habe jetzt Hausverbot, aber wenn er brüllt, treten sie rasch zur Seite. Hastig schließen sie die Tür hinter ihm ab, wenn er endlich weg ist. Manchmal zieht es ihn in die Klinik, und er überzeugt den Aufnahmearzt, und wenn er Glück hat, kennt er ein paar Patienten auf der Station. Hier kann er auch näherkommen, das Wasser teilt sich nicht, aber er hält es nicht lange aus, und die Weiber kichern und gröhlen in seinem Hirn.

Die neue Pension ist im Ostteil der Stadt, am »Arsch der Welt«, und die lange Fahrt in der S-Bahn erschreckt ihn. Die neue Pension kennt ihn noch nicht, er ist ein unbeschriebenes Blatt und hat ein Zimmer für sich allein. Unbeachtet sitzt er auf seinem Bett, nervös, fickerig. Er streicht mit dem Feuerzeug über die alten Brandnarben an seinem Unterarm, über den wackligen Holzstuhl. Als kleine Flammen züngeln, schlägt er sie tot mit seinem Schuh.

Am nächsten Abend stehen in seinem Zimmer nur noch ein Stuhl, ein Regal, ein Bettrost aus Metall.

Das letzte Band

Wir sind ein bißchen früher da als geplant. Die Schwiegertochter wischt sich aufgeregt die Spülhände an der Schürze ab. Die alte Dame, die wir wegen einer Gebrechlichkeitspflegschaft begutachten sollen, sitzt noch im Garten. Einen kleinen Moment sollen wir warten, aber wir sind neugierig, Gärten interessieren uns, und die Juni-Sonne lacht durchs Fenster.

Wir folgen Frau Littich über die kleine Treppe, sie rennt vor uns her, aber wir rennen mit, und so sehen wir gerade noch das hübsche weiße Band, mit dem die alte Dame an ihrem Stuhl gehalten wird. Frau Littich errötet und erklärt sich, und wir ärgern uns, daß wir so gerannt sind. Die Ärztin exploriert fahrig und ermahnt zum Abschluß halbherzig.

Erst im Auto erschrecken wir. Freiheitsberaubung. Die alte Dame sah so glücklich aus, unter dem duftenden Flieder. Wie oft wird sie an dem Stuhl ruckeln, wann wird sie mit dem Stuhl umkippen, wo wird man sie dann mitsamt ihrem Stuhl festbinden?

In welchem Pflegeheim würden wir einen Platz für sie finden? Bettgitter. Dauerkatheter.

Wir rufen die Vormundschaftsrichterin an, schütten unser Herz aus, ohne einen Namen zu nennen.

Wir geben zu Bedenken. Wir wägen ab. Wir wiegen den Stuhl und das Band und den Flieder und das Lächeln. Wir kippen das Ruckeln dazu und die Rente und die Knüffe in die Seite, wenn das Anziehen zu lange dauert. Wir schütten hinein, daß Frau Littich schon zweimal weggelaufen ist und beinahe überfahren worden wäre, und wir zucken zusammen. Daneben plumpsen die langen Flure, die fremden Gesichter, das Dipiperon in die Waagschale.

Wir wiegen und wägen, und zum Schluß wird uns ganz leicht ums Herz.

Youssuf III

Seine Infektion muß behandelt werden, am besten in der Klinik. Youssuf zieht sich zurück aus den verstörten Ambulanzen, Kontaktstellen und Ämtern. Er läßt ihnen eine Atempause. Er richtet sich für ein paar Tage ein.

Als der alte dumme Mann ihn auf der Toilette nicht sofort versteht, packt er ihn an seinem teuren Bademantel. Er greift in die Taschen, kein Geld, keine Zigaretten. Der alte Mann lächelt ihn an, murmelt unverständliche Freundlichkeiten. Youssuf ekelt sich, er schleudert den klapprigen Körper gegen die gekachelte Wand – er ist so leicht –, und noch einmal, und noch einmal. Er schlendert in den Tagesraum zurück, schnorrt eine Zigarette von den Männern, die auch hier vor ihm zurückweichen. Aufgeregtes Rennen auf der Station, Pfleger packen ihn, bringen ihn in einen leeren Raum. Fragen prasseln auf ihn ein. Vielleicht wird der alte dumme Mann sterben, warum hat er das getan? Er weiß es nicht, bittet um Kaffee, möchte wieder gehen. Ein vornehmer Herr tritt ein, den kennt er vom Sehen, es ist der höchste Doktor, der Herr Direktor. Er kennt jetzt die Fragen schon und erzählt vom Geld, das er braucht, und daß der alte Mann ihm nichts geben wollte. Der Direktor macht ihm Angst vor dem Gefängnis und verbietet ihm, in der Klinik zu bleiben.

Youssuf muß das Zimmer verlassen, er wird aus der Klinik gescheucht und hetzt an alle Orte, an denen er erkannt wird. Er steckt ein paar Münzen in die Automaten und hofft auf das Klimpern und Rauschen, auf seinen Lebensstrom. Er schläft auf dem Flur der Kältehilfe, oder auf einer Parkbank. Nach sechs Tagen ist seine elegante Bundfaltenhose fleckig. Er verbringt Nächte in Spielsalons, bis die Polizei gerufen wird. Er setzt sich an die ovalen Holztische in den Cafés, zu den Psychologen, zu den Pennern in den Wärmestuben. Er spürt den nervösen Zusammenhalt, den er auslöst. Praktikantinnen verschwinden im Büro, setzen sich ans Telefon, blicken durch den Türspalt in seine

Richtung, den Hörer ans Ohr gepreßt. Er spürt, wie sich das Viertel um ihn zusammenzieht, zurückweicht, wie sie über ihn wispern und urteilen. Um ihn herum ist ein eisiger Ring, den er stolz trägt wie eine Dornenkrone.

Fallkonferenz, AG-Aufnahme

Bezirkliches Gremium der ambulanten und komplementären Pflichtversorgung. Vertreten sind alle abgebenden und aufnehmenden Institutionen einer Region, z. B. Kliniken, Träger des Betreuten Wohnens, der Sozialpsychiatrische Dienst. Die Leitung wird vom Psychiatrie-Koordinator des Bezirks übernommen. Im Protokoll ist später zu lesen:

»Herr Böhm, Leiter des Sozialtherapeutischen Wohnheims bringt unter Punkt ›Verschiedenes‹ ein Anliegen ein.

Gemäß Beschluß der AG-Aufnahme vom November 1995 habe man Herrn Dumont, einen sehr schwierigen wohnungslosen Patienten aus der Klinik übernommen. Es sei bereits zu mehreren schwerwiegenden Zwischenfällen im Hause gekommen (Drohungen, Nötigungen, Körperverletzung), so daß Herr Dumont vor 14 Tagen über den Notdienst zwangseingewiesen wurde. Man fühle sich nicht in der Lage, Herrn Dumont wieder aufzunehmen, obwohl dies nicht im Sinne der angestrebten Pflichtversorgung sei. Man habe heute eigentlich die Genehmigung des Gremiums einholen wollen, Herrn Dumont in Hinblick auf die Arbeit des Hauses und der anderen Patienten kündigen zu dürfen. Nun wolle man aber erst noch einen Versuch starten. Der gesetzliche Betreuer sei damit einverstanden, ambulante Zwangsbehandlung durchzuführen. Erstmals sei eine Ärztin der Ambulanz der Uni-Klinik bereit, für eine derartige Maßnahme zur Verfügung zu stehen.«

Folgendes Verfahren sei vorgesehen:

Herr Dumont wird erfahrungsgemäß aggressiv, wenn er sein Depot-Neuroleptikum nicht sehr regelmäßig erhält. Er verweigert aber immer schon wenige Wochen nach der Entlassung die Medikation. Zukünftig soll er an seinen Spritzen-Termin vom Sozialarbeiter erinnert werden. Sucht er die Ambulanz nicht auf, so wird er am nächsten Tag noch einmal aufgefordert. Läßt er auch diesen Termin verstreichen, wird der gesetzliche Betreuer von seinem Wirkungskreis »Gesundheitsfürsorge und Heilbehandlung« Gebrauch machen, und Herrn Dumont – notfalls mit Unterstützung der Polizei – der ambulanten Behandlung zuführen.

Die Teilnehmer der AG-Aufnahme diskutieren dieses Procedere. Die Mitarbeiter der Klinik sind erleichtert, daß das Thema »Gewalt« nicht nur ihnen, sondern auch den Mitarbeitern nicht-stationärer Dienste und Einrichtungen aufgedrängt wird. Sie halten es für eine logische Konsequenz der Enthospitalisierung: Auch das Thema Gewalt wird von der Klinik nach draußen verlagert.

Andere Teilnehmer sind entsetzt und empört über die soeben vorgeschlagene Zwangsbehandlung. Unter ethischen Gesichtspunkten sei allein schon der Gedanke unfaßbar. Herr Böhm solle kündigen, und von der Klinik aus müsse dann eben eine andere Einrichtung gefunden werden. Sollte Herr Dumont sich nicht ambulant behandeln lassen, müsse man abwarten, bis die Gefährdungstatbestände für einen Unterbringungsbeschluß ausreichten.

Leider sieht sich keiner der anwesenden Träger des Betreuten Wohnens in der Lage, Herrn Dumont in Kenntnis seiner problematischen Vorgeschichte (er war bereits wegen eines Gewaltdelikts in Haft) aufzunehmen. Vielleicht müsse es für Systemsprenger wie ihn auch ein »Heimatrecht« in der Klinik geben. Oder vielleicht könne er in einem anderen Bezirk, als unbeschriebenes Blatt, unvorbelastet ganz von vorne anfangen. Zur Not könne man für Herrn Dumont ja wieder ein Pensionszimmer suchen.

Die AG-Aufnahme empfiehlt schließlich mehrheitlich, den Versuch einer ambulanten Zwangsbehandlung zu wagen.

Youssuf IV

Youssuf hat sein letztes Geld verspielt. Das tröstende Rauschen ist ausgeblieben, schon lange hat er kein Glück mehr. Eine arabische Frauenstimme hämmert in beiden Ohren, er macht sich ganz groß und breit und schimpft und lacht, um den Krach in seinem Innern zu übertönen.

Er steht in der U-Bahn und hämmert gegen die Tür. Im Kontaktzentrum trinkt er Kaffee, raucht, fühlt sich merkwürdig zu Hause. Je lauter die anderen Besucher sind, desto leiser wird es in seinem Schädel. Ein paar vertraute Gesichter weichen zurück, lassen ihn plötzlich allein am Tisch. Er wird von innen heraus verflucht, aus seinem Herzen, seiner

Lunge, seinen Gedärmen, er schlägt mit dem Aschenbecher auf den Tisch, er zerspringt in Stücke. Youssuf soll gehen, aber er will nicht; er soll auf die Straße, aber er bleibt stehen, tritt gegen die Wand. Er will alle umbringen: diese lächelnden Sozialarbeiter, die lehrerhafte Praktikantin. Er brüllt es ihnen ins Gesicht, und er brüllt es gegen die lachenden Weiberstimmen innen drin. Jetzt ist er der letzte Besucher, und sie halten die Tür auf und drängen ihn zum Ausgang. Youssuf schreit und flucht und steht vor den Fenstern mit den Plakaten und Schildern. Unter den Bäumen am Straßenrand steht ein großer Container mit Ästen. Er greift sich einen Prügel, biegt ihn zurecht und rast auf die Scheiben los. Er sieht die verängstigten Gesichter hinter den Fenstern des Notdienstes und drischt auf sie ein. Er wird sie alle kaputtschlagen, die draußen und die drinnen. Er ist unendlich stark in seiner Wut. Er rennt hin und her, auf der Suche nach den Gesichtern, er zerschlägt die nächste Scheibe, verletzt sich, sieht sein Blut, und eine neue, noch wildere Wut droht ihn umzuwerfen.

Zwei Männer kommen von hinten, drehen ihm die Arme auf den Rücken, lassen Handschellen einschnappen. Er wird über die Straße geführt, Blut tröpfelt hinter ihm her zu einer Spur, und bei der Polizeiwache an der Straßenecke schließt sich hinter ihm die Zellentür. Nun kann er endlich haltlos schreien, heulen und mit dem Kopf gegen die Wand hämmern. Er ruft nach seiner Mutter, den Brüdern, dem Gott, der ihn an die Weiberstimmen verraten hat.

Abgefackelt

Udo der Rollstuhlfahrer ist wieder da: »Ich war ein paar Wochen im St. Elisabeth. Astreines Krankenhaus, die Schwestern eine Wucht. Ich hab dort die Puppen tanzen lassen, warum habt ihr mich nicht besucht? Ich hätte euch ja angerufen, aber ihr Penner habt ja nicht mal Telefon. Die Sozialtante von dort hat mir ein Zimmer besorgt, Rankestraße, feine Gegend, behindertengerecht mit allen Schikanen. Aber da scheiß ich drauf. Ich wußte doch, ihr wartet auf mich, die ganze Bagage: Atze und Oswald und die reiche Olle, die mir immer das Essen bringt. So eine dumme Kuh hamse mir geschickt, sollte ein Gutachten machen, hat auf mich eingeredet, daß ich nicht mehr selbst entscheiden kann, aber zwingen kann man mich auch nicht. Der hab ich vielleicht den Marsch geblasen! Dann kam noch so ein anderer Schnösel, soll ein

Richter gewesen sein, der quatschte genauso dämlich. Immer hamse von dem Feuer geredet, ihr wißt schon, 93, als ob ich was dafür könnte, daß diese Schweine mich angesteckt haben.

Dann kam so ein Typ mit Aktentasche, schrieb eine Menge Zettel und wollte mir Vorschriften machen. Er wär jetzt mein Amtsbetreuer. Mit dem hab ich Klartext geredet, da war der ganz klein mit Hut: daß ich schon immer gemacht hab, was ich will, mich noch keiner nie einsperren konnte und ich zurück zu meinen Kumpels will zur Unterführung. Am S-Bahnhof quatschte der wieder von dem Feuer. Von sauberen Betten und warmen Mahlzeiten. Der weiß genau, daß ich saufen will, auch wenn ich mich totsauf, und daß mein Platz hier am S-Bahnhof ist. Ich find immer einen zum Schieben, und wenn es zu kalt ist, verkriech ich mich im Klo. Logo, genau in dem Klo, in dem die Glatzköppe mich damals verprügelt und abgefackelt haben. Wenn die immer sagen, das ist zu riskant, dann sag ich denen: Wie riskant, das weiß nur ich allein. Denn ich hab schließlich gebrannt. Der Amtsbetreuer brüllte rum, und ich brüllte zurück. Der bestellte dann doch einen Krankenwagen. Stellt euch vor, mit dem Krankenwagen hier abgesetzt, so wie ich es verlangt habe!

Hier geht's mir gut, das ist mein Platz. Hab ich nicht immer zu euch gehalten? Die letzte Kippe, die letzte Pulle teilen wir uns. Die sollen sich bloß noch mal blicken lassen, die Glatzköppe, die machen wir alle. Tausendmal haben die Bullen mich damals verhört, aber keinen von denen gekriegt. Damals wollten die mich schon ins Heim stecken, aber ich hau aus jedem Krankenhaus ab. Aus jedem! Ihr seht ja alle so trocken aus! Atze, geh mal zur Bude rüber, den Fuffi hier hab ich auch von dem Amtsarsch.«

Aufgestanden

Als ich verprügelt worden war, stand ich nicht so schnell auf, wie die Privatdetektive in den amerikanischen Krimis. Ich wollte danach eine Arbeit ohne Angst, eine Arbeit, die meine Unfähigkeit nicht zutage treten lassen würde. Ich bekam Einfluß, ich bekam ein bißchen Macht. Ich plante, organisierte, saß in unzähligen Gremien. Ich baute einen Notdienst auf. Ich beteiligte mich an der Enthospitalisierung. Und die Gewalt floß aus der Klinik in die Helferkonferenzen, floß durch meine

Hände, verband mich mit den Ärzten neben mir, verband mich mit Polizisten und Krankenwagenfahrern, mit Betreuern und Nachbarn und Eltern und Kindern. Sie fließt. Dann erstarrt sie, und wir formen einen Ball aus ihr. Wir werfen sie hin und her, unermüdlich. Ambulantes Arbeiten ist Ballspielen: auffangen, zurückwerfen. Wir schließen die Tür ab, und sie wird eingetreten, wir erteilen Hausverbot, wir schreien und werden angeschrien.

Daß jedes Ding zwei Seiten hat, ja, ja, auch die Gewalt, habe ich mittlerweile geschluckt. Es gibt keinen Winkel, in den ich mich verstecken kann. Wenn ich handle, handle ich. Wenn ich nichts tue, handle ich. Wenn ich reagiere, riskiere ich Reaktionen. Ich kann und will kein Inmich am Schreibtisch sein.

Youssuf V

Youssuf ist seit über einem Jahr in der Klinik. Der Gutachter hat lange mit ihm gesprochen, und er ist dann doch nicht in die Forensik gekommen. Die Ärzte wollen, daß er entlassen wird. Sie wissen nicht, wohin mit ihm. Das Gesundheitsamt will, daß er bleibt. Sie wissen nicht, wohin mit ihm. Manchmal entscheidet der Richter, aber meistens entscheidet Youssuf selbst. Er will zu seinen Brüdern, oder doch nicht. Er will Münzen, viele Münzen, die er in die Automaten stecken kann. Er will kleine Pillen und Dröhnungen, aber nicht dieses Klinik-Gift. Sie wollen ihn nicht in der Klinik, aber sie haben auch draußen keinen Platz für ihn. Sie fürchten und hassen ihn überall. Er bekommt Ausgang, wann immer er will. Er fährt mit der S-Bahn und klappert die alten Stellen ab. Eine kleine Drohung genügt, und er bekommt, was er braucht. Er braucht nicht viel: Geld, Kaffee, Zigaretten, eine neue Lederjacke. Manchmal bleibt er über Nacht weg. Er findet immer einen Sozialarbeiter, der ihm für die richtige Geschichte ein Bett für eine Nacht besorgt. Am nächsten Morgen fährt er wieder zurück. Oder sie rufen die Polizei. Kleine dünne Stimmen kichern noch ab und zu, sonst wäre er ganz allein.

Youssuf verteilt sich auf die ganze Stadt, denn keiner hält ihn fest. Keiner hält ihn gerne fest.

Unsichtbare Gewalt

MICHAEL EINK

Rehabilitation: Der Zwang, ein anderer werden zu müssen

Die Rolle des Patienten auf der Station ließe sich in Anlehnung an den Leitsatz der Verkaufsbranche umreißen mit: »Der Patient ist König«. Etwas idealisierend ist das vergleichende Bild der stationären Therapeuten als Geschäftsführer eines Delikatessengeschäftes (realistischerweise müßten wir wohl eher von einem Supermarkt ausgehen) und des Patienten als Kunden, der ein relativ reichhaltiges Angebot vorfindet, aber nach fachlicher Beratung selbst entscheidet, was er kauft, oder ob er das Geschäft ohne Einkauf wieder verläßt. Nicht jeder Kunde bemerkt dabei den Wohlgeschmack von Delikatessen ...
(Süße, Die fürsorgliche Diktatur)

Nicht jeder Systemiker bemerkt bei diesem Zitat den verschmorten Geruch gedanklicher Kurzschlüsse. Wie sonst ließe sich aus einer differenzierten Beschreibung subtiler Zwänge auf einer psychiatrischen Station die Vorstellung ableiten, man könne Therapie und soziale Kontrolle per künstlichem Beschluß voneinander trennen, den psychiatrischen Patienten zum »König Kunde« ausrufen und so die therapeutische, »fürsorgliche Diktatur« abschaffen?

Anstatt blauäugig die eigene Rolle zu verleugnen und so psychiatrische Machtverhältnisse zu verschleiern, sollen hier subtile Formen von Zwang und Gewalt beschrieben werden, die noch seltener in Fachdiskussionen thematisiert werden als etwa Zwangsunterbringung und Fixierung.

Der rehabilitative Bereich der Psychiatrie erscheint zunächst als friedliche Idylle gegenüber den Gewaltpotentialen der Aufnahme- und Suchtstationen, gar der forensischen Abteilungen. Gemessen an den sinnfälligsten Gewaltformen von »Einsperren, Zudröhnen, Anschnallen« wirken klinische Rehabilitationsstationen, Übergangswohnheime und ähnliche Settings wie »Gewaltfreie Zonen«. In der konzeptuellen Selbstdarstellung wird gern betont, daß auf der Basis von Freiwilligkeit die Aktivierung und Verselbständigung der Patienten/Klienten angestrebt wird (Eink 1989).

Der Begriff der »Freiwilligkeit« entpuppt sich bei realistischer Betrachtung und aus der Perspektive vieler Patienten als großes Wort für die Wahl eines kleineren Übels. Wer von uns möchte gern freiwillig Patient einer Reha-Station sein? Zu einer Aufnahmestation mögen Patienten im juristischen Sinne »freiwillig« kommen, weil sie einen krankheitsbedingten Leidensdruck empfinden, ihre Angehörigen oder ambulanten Betreuer sie drängen oder sie bei der Aufnahme schlicht vor die Alternative gestellt werden, »freiwillig« zu bleiben oder aber sich einem richterlichen Unterbringungsbeschluß zu unterwerfen. Zur Reha-Station mögen sie kommen, weil sie zuvor auf der Aufnahmestation unter der geschlossenen Tür und der Unruhe litten, ihre Angehörigen oder Therapeuten der Aufnahmestation sie drängten oder sie dort schlicht vor die Alternative gestellt wurden, zur Reha-Station verlegt oder kurzfristig nach Hause, ins Wohnheim oder in die Obdachlosigkeit entlassen zu werden.

Die Pseudofreiwilligkeit der Patienten (Wähner 1996) wird nicht zuletzt durch diese Selektionsmöglichkeit der Reha-Therapeuten beeinflußt. Sie können Bewerber ablehnen, weil diese nicht stabil oder motiviert genug erscheinen, sie nicht ins »Konzept« passen. Die Abhängigkeit der Patienten von den Therapeuten konstituiert sich so vom ersten Tag an unter anderen Vorzeichen als in der »Notgemeinschaft« Aufnahmestation. Allein durch die Möglichkeit, einen Aufnahmeantrag abzulehnen, entsteht ein Verhältnis von Macht versus Abhängigkeit, auf dessen Grundlage Patienten genötigt werden, dem Stationskonzept oder der Hausordnung entsprechend Regeln zu befolgen, bestimmte Dinge zu tun, andere zu lassen. Über allgemein psychiatrisch geltende Normen hinaus (nicht verrückt, manisch oder depressiv sein, Medikamente nehmen) wird im Reha-Bereich ein Druck entfaltet, dessen zentrale Kategorie »Aktivität« lautet.

Als gelte es, täglich neue Siege über die Verwahrtradition der alten Anstaltspsychiatrie zu erringen, bestimmt die Beteiligungsquote an den therapeutischen Gruppen das Stimmungsbarometer der Stationsmitarbeiter. Im Kampf gegen Passivität und Rückzug wird jede List für legitim erklärt: »Die illusorische Freiheit der Wahl zwischen ungeliebten Möglichkeiten (›Möchten Sie lieber Mittwoch oder Donnerstag den

Spüldienst übernehmen?‹) mag als paradoxe Kommunikation angesehen werden. Angesichts der Wirksamkeit wird jedoch der positiven Einschätzung Ciompis dazu (1982, S. 378f.) gefolgt und an der Methode festgehalten.« (Eink 1990, S. 39)

Was geschieht, wenn ein Patient weder mittwochs noch donnerstags spülen will, die Teilnahme an der täglichen Gruppenaktivität verweigert, vielleicht nicht in Einzel- und Gruppengesprächen sein Innenleben preisgeben will? Wie bei elterlichen Erziehungsmethoden sind der Phantasie kaum Grenzen gesetzt, ein differenziertes Sanktionsrepertoire zur Anwendung zu bringen. Das Spektrum reicht von Einladungen und freundlich vorgetragenen Wünschen gegenüber den Patienten über wiederholte Ermahnungen und Thematisierung von Konflikten im »therapeutischen Gespräch« bis hin zu Handlungsstrategien entnervter Mitarbeiter, die manchen Patienten sadistisch motiviert erscheinen mögen. So ist es verbreitete Praxis, den therapeutisch unerwünschten Rückzug ins Bett oder Zimmer zu begrenzen, indem Patientenzimmer abgeschlossen und damit tagsüber unzugänglich werden. Oder: Zur gemeinsamen Außenaktivität wird die sonst offene Stationstür abgeschlossen, damit Patienten, die aus welchen Gründen auch immer nicht mit der Gruppe zu Museums- oder Zoobesuchen wollen, für die Zeit von der Station ausgesperrt bleiben. Im Erleben der betroffenen Patienten wird sich dabei die »Offene Station« trotz Zimmerschlüssel und freiem Ausgang täglich neu entmystifizieren.

Den Reha-Therapeuten mag ihr Handeln notwendig erscheinen, auch wenn sie wahrnehmen, wie häufig es in Widerspruch zu den Bedürfnissen der Patienten gerät. Hatte nicht der Übervater psychiatrischer Rehabilitation Animation zur Aktivität um jeden Preis gefordert? (Wing 1972, S. 21: »If allowed to do nothing, however, such patients will become inactive and socially withdrawn.«) Die Umfrageergebnisse, nach denen in der Bedürfnisskala von Reha-Klienten nicht Psychotherapie oder rehabilitative Hilfen an erster Stelle stehen, sondern der Wunsch, »in Ruhe gelassen« zu werden (Nouvertné 1996), müssen wohl zur Stabilisierung der professionellen Identität ignoriert oder als Ausdruck einer defizitären Krankheitsdynamik verarbeitet werden. Wie bedrohlich für das Selbstverständnis rehabilitativen Engagements könnte es werden, wenn sozialer Rückzug nicht mehr als Ausdruck schizophrener Minussymptomatik rehabilitativ »bekämpft«, sondern (wie auch die »produktiven Symptome«) als Selbstschutz, als konstruktiver Bewältigungsversuch und Selbsthilfestrategie (Böker/Brenner 1983) verstanden würde?

Mit einem (selbst-)kritischen Blick auf die therapeutische Praxis wird man davon im Alltag bisher nicht viel erkennen, die Defizitorientierung in der Psychiatrie erscheint vielmehr ungebrochen. Die Struktur der Beziehungen zwischen Mitarbeitern und Patienten auf einer Station lassen sich, selbst aus der Perspektive der Gütersloher Reformklinik, in der Tradition der »Totalen Institution« beschreiben:

»Jeder Mitarbeiter kann jeden Klienten sanktionieren, disziplinieren. (Im bürgerlichen Leben gibt es vielleicht einen Vorgesetzten.) Das Verhalten ist unfrei, weil es dauernd interpretiert wird. Die Autonomie des Handelns wird verletzt, weil die Aktivitäten von den Mitarbeitern vorgegeben und reguliert werden (z. B. kann man nicht das Essen um 10 Minuten verschieben, um eine Arbeit fertigzumachen ...).« (Sauter 1996, S. 71)

Die vielfältigen Formen der Abhängigkeit, die Verweigerung einer Intimsphäre (Eink 1996), die Zwänge und Einschränkungen alltäglicher Wahlmöglichkeiten, der Druck zur Selbstoffenbarung u. v. m. werden im rehabilitativen Bereich in anderer Weise entwickelt als im psychiatrischen Akut-Bereich. Die Formen der Gewalt in der Rehabilitation sind subtiler und verdeckter, sie verschleiern eher die psychiatrischen Kontrollfunktionen.

Repräsentiert der modische Begriff der »Compliance« im rehabilitativen Alltag mehr als die erreichte Anpassung der Patienten/Klienten an das, was die Mitarbeiter für wünschenswert halten? Wechselseitige Lernprozesse sowie komplizierte Kompromißbildungen zwischen verschiedenen Standpunkten und Bedürfnissen sind für das Verhältnis der Mitarbeiter zu ihren Vorgesetzten alltägliche Merkmale der Zusammenarbeit. Zwischen Mitarbeitern und Patienten scheint demgegenüber ein Naturgesetz wirksam, nach dem einseitig aus Therapeuten-Perspektive definiert wird, ob die Zusammenarbeit mit einem Patienten gelingt – Fragen nach Bereitschaft und Befähigung zum Bündnis zielen ausschließlich auf ihn ab. Wie bei den »therapeutischen Absprachen«, die bei genauer Betrachtung in der Regel einseitige Verhaltensanforderungen der Mitarbeiter gegenüber den Patienten darstellen, wird »Compliance« selten das Ergebnis eines *wechselseitigen* Prozesses der Verständigung, des Aushandelns und gleichmäßiger Annäherung sein. Wer könnte den euphemistischen Umgang mit dem Compliance-Begriff (ungewollt) besser entlarven als die Pharmaindustrie? In dem 1995 von der Firma Janssen hergestellten Film *Schizophrenie – Leben mit einer Krankheit* heißt es: »Die Qualität der Zusammenarbeit zwischen Arzt und Patient wird bestimmt durch das richtige Medikament, die Dosis, Wirksamkeit und Verträglichkeit. Diese Faktoren ergeben eine gute oder schlechte Compliance.« Welche antipsychiatrische Polemik könnte den faktischen Objektstatus des Patienten treffender kennzeichnen?

Angesichts der zentralen Bedeutung der therapeutischen Beziehung für die psychiatrische Arbeit haben Etikettenschwindel und Verschleierung realer Machtverhältnisse eine katastrophale Wirkung. Wenn wir von Compliance, Begegnung und Partnerschaft säuseln, ohne den Januskopf von Hilfe und Kontrolle kritisch zu reflektieren, betrügen wir die Klienten und uns selbst (Eink 1995). Psychiatrische Rehabilitation droht der gleichen Verlockung zu erliegen wie die »Therapeutische Gemeinschaft«, auf die sie sich konzeptuell gern bezieht: Nach dem Motto »Als das Wünschen noch geholfen hat« werden hehre Ziele, wie Demokratisierung und Bedürfnisorientierung, beschworen, faktische Statusunterschiede und Machtstrukturen mystifiziert (Kruse 1982). Auf diesem Boden gedeihen die double bind-Botschaften vortrefflich (Norman 1972), etwa im Reha-Alltag: Wir schreiben dir die Teilnahme an zahllosen Therapiegruppen vor, aber lerne dabei Autonomie! Oder: Werde aktiv und selbstbewußt, aber unterwerfe dich unserem Programm!

Wer bestimmt dabei die Spielregeln? Wohl am wenigsten die Patienten, die gemäß der Reha-Ideologie in der Persönlichkeitsentwicklung »nachreifen« und lernen sollen (dürfen?), ihre Bedürfnisse (wieder-)zuentdecken sowie in ihrer Verselbständigung gefördert (gefordert?) werden. Faktisch müssen sie sich komplexeren Normen und Verhaltensanforderungen unterwerfen als im Akutbereich. Trotz eines häufig übersehenen Repertoires an eigenen Gestaltungsmöglichkeiten und Widerstandsstrategien, die gern als Ausdruck residualer Minussymptomatik eingeordnet werden, bleiben die Beziehungen zu Mitarbeitern letztlich asymmetrisch, die Macht ungleich verteilt.

Jenseits dieser Interaktion gewinnen allerdings strukturelle Rahmenbedingungen zunehmend Einfluß auf den therapeutischen Alltag: Die Auswirkungen der sogenannten Gesundheitsreform zerstören die »Entdeckung der Langsamkeit« in der psychiatrischen Rehabilitation. Regelbehandlungszeiten und immer kurzfrequentiger von den Kostenträgern geforderte Behandlungsberichte setzen die Therapeuten unter einen permanenten Legitimations- und Erfolgsdruck, der Effizienzdenken und Ungeduld im Umgang mit Patienten bahnt. Diskussionen über längere Behandlungszeiten werden nicht mehr ausschließlich unter ethisch-therapeutischen Fragestellungen geführt, sondern nicht selten mit Schätzungen der Behandlungskosten vermischt.

Psychiatrische Rehabilitation als Klärung, Vorbereitung und Einübung von Lebensperspektiven im Bereich Wohnen, Arbeit, Freizeit- und Beziehungsgestaltung wird in einem solchen Klima zunehmend schwierig. Obwohl noch keine empirischen Untersuchungen vorliegen, ist aus der klinischen Praxis zu vermuten, daß sich die Behandlungsdauer in diesem Bereich vermindert, der Anteil von Verlegungen, disziplinarischen Entlassungen und Behandlungsabbrüchen steigt. Gerade das Instrument »Verlegung« wird zunehmend mißbraucht, um den wachsenden äußeren Druck abzuwehren; den Beziehungsabbruch empfinden Patienten oft als Strafe. »Sogenannte Verhaltensgestörte, Borderline-Patienten, geistig Behinderte, psychotisch Kranke, die gleichzeitig ein Alkohol- oder Tablettenproblem haben, Patienten, die sich nicht ändern wollen, Widerstand zeigen, die nicht in die Stationsroutine passen« (Heißler 1990, S. 2) werden auf andere Stationen oder in Heime verlegt, in großer Zahl auf die Straße entlassen (Nouvertné 1996).

Psychiatrische Rehabilitation läuft Gefahr, mit ihrer pädagogischen Ausrichtung und der diffusen Breite ihrer Behandlungsziele, unreflektiert und nach außen verschleiert, ein unerschöpfliches Arsenal subtiler Formen von Zwang und Gewalt anzuwenden. Der Schritt vom Akut- zum Reha-Bereich birgt das Risiko einer Umkehr des historischen Paradigmenwechsels, wenn die eher medizinisch-kurative Ausrichtung (»Heilen«) abgelöst wird von einer zeitgenössischen Variante des »moral treatment« (an Vernunft appellieren, drängen, belohnen/bestrafen), das Menschenbild sich von »mad« zu »bad« zu verschieben droht.

Eine Position polemischer Überspitzung, gewiß, aber wohl mit besserer Sicht auf vernebelte Formen der Gewalt als von den Logen custodialer Ignoranz oder systemisch verkleisterter Ideologie, die sich auf den »freien Willen« psychiatrischer Patienten (im »Delikatessengeschäft«) bezieht. Wie gern möchte ich selbst einige Provokationen relativieren in Hinblick auf das kluge und engagierte Team, mit dem ich zehn Jahre gearbeitet habe. Nur: Hören wir endlich auf, so zu tun, als sei Rehabilitation die Insel der Freundlichkeit und Humanität im Haifischbecken der ansonsten bösen und gewalttätigen Psychiatrie! Soziale Hilfe, die Ausübung von Kontrolle und die Anwendung von Gewalt sind Kennzeichen des psychiatrischen Handelns, seine unveränderte Ordnungsfunktion wird allenfalls in verschiedenen Erscheinungsbildern ausgeübt (Armbruster/Obert 1990).

In der Rehabilitation zeigen sich subtile Formen von Macht und fürsorglicher Belagerung, fließende Übergänge zu Zwang und Nötigung immer wieder überschreitend. Im Zentrum mag man das therapeutische Credo erkennen, nach dem die Mitarbeiter wissen, was gut für die Patienten ist. In dieser Haltung gründet der Zwang, ein anderer werden zu müssen.

Als 10jähriger Junge hatte ich einen Lieblingscomic: Micky Mouse führt seinen Freund Goofy zum Arbeitsamt, damit der schrullige Taugenichts seinen faulen Lebensstil aufgibt und einer ordentlichen Arbeit nachgeht. Der Direktor des Arbeitsamtes persönlich lädt Goofy zum Beratungsgespräch in sein Büro, während Micky draußen wartet. Zwei Stunden vergehen, vier Stunden. Nach sechs Stunden erscheint der Direktor, Arm in Arm mit Goofy, und erklärt: »Goofy hat mich überzeugt, ich kündige!«

Literatur

Armbruster, J.; Obert, K. (1990): Hilfe-Kontrolle und Gewalt in der sozialpsychiatrischen Versorgung. In: *Sozialpsychiatrische Informationen*, 4, S. 26–29.

Böker, W.; Brenner, H.D. (1983): Selbstheilungsversuche Schizophrener. In: *Nervenarzt*, 54, S. 578–589.

Ciompi, L. (1982): Affektlogik. Stuttgart.

Eink, M. (1989): Wege aus dem Klinik-Alltag auf einer Übergangsstation. In: *Sozialpsychiatrische Informationen*, 2, S. 47–50.

Eink, M. (1990): Evaluation sozialpsychiatrischer

Enthospitalisierungskonzepte, Diss. an der Medizinischen Hochschule, Hannover.

Eink, M. (1995): Ich schau Dir in die Akten, Kleines - Zur »Beziehungsarbeit« in der Psychiatrie. In: *Psychosozial*, 2, 60, S. 125–131.

Eink, M. (1996): Kein Bett im Kornfeld - zur Sexualität psychisch Kranker in therapeutischen Institutionen. In: Herzog, G.; Tergeist, G. (Hg.) (1996): Störfall Sexualität. Bonn, S. 24–37.

Heißler, M. (1990): Verlegung: eine Ursünde des Psychiaters. In: *Sozialpsychiatrische Informationen*, 1, S. 2–4.

Kruse, G. (1982): Therapeutische Gemeinschaft - ein unhaltbares Versprechen? In: *Sozialpsychiatrische Informationen*, 68/69, S. 32–39.

Norman, A. (1972): Double Messages in a Therapeutic Community. In: *Psychotherapy and Psychosomatics*, 20, S. 143–147.

Nouvertné, K. (1996): Wer sind die psychisch kranken Obdachlosen? In: Institut für Kommunale Psychiatrie (Hg.): Auf die Straße entlassen. Bonn, S. 30–37.

Sauter, D. (1996): Merkmale der »Totalen Institution« auf der Krankenhausstation. In: Dörner, K.; Böker, K.: Das Krankenhaus lernt laufen. Gütersloh, S. 67–78.

Süße, T. (1991): Die fürsorgliche Diktatur. In: *Sozialpsychiatrische Informationen*, 4, S. 20–23.

Wähner, A. (1996): Psychiatrisches Handeln zwischen sozialer Kontrolle und Therapie. In: Payk, T.R. (Hg.): Perspektiven psychiatrischer Ethik. Stuttgart, S. 24–30.

Wing, J.K. (1972): Principles of Evaluation. In: Wing, J.K.; Hailey: Evaluating a Community Psychiatric Service. London.

STEPHAN DEBUS

Emotionale Gräben

Neben der Hauptfähigkeit zur Distanzierung von der »alten Natur« ist das Hauptdefizit des Menschen seine evolutionär bedingte Unfähigkeit, zum Organisieren großer Populationen ein direktes emotionales, das heißt unmittelbar motivierendes Verhältnis zu finden. Offenbar ist der Mensch zur Organisation größerer gesellschaftlicher Formationen nur imstande, indem er komplizierte Konstruktionen – wie »Institutionen« – erfindet, durch die die fehlende direkte, emotional getragene Motivation ... indirekt erbracht werden soll.
(Dieter Claessens, Das Konkrete und das Abstrakte)

Emotionen und ihre Strukturen werden gemeinhin in das Reich des Innerpsychischen verlegt. Jedoch stößt man durch die »Soziologie der Emotionen« (Gerhards 1988) auf Emotionsstrukturen in den Beziehungen von Menschen, die unabhängig und eigendynamisch von diesem Innenraum existieren und das Verhalten der Menschen prägen. Der Versuch, einige emotionale Strukturen von Gewalt zu verstehen, führt daher auf die Suche nach sinnhaften Gegensätzen und Konflikten im sozialen Raum und weniger nach psychopathologischen oder naturhaften Dispositionen.

Bei den zu beschreibenden Konflikten geht es mir um das Aufeinandertreffen zweier unverträglicher emotionaler Bezugssysteme innerhalb einer psychiatrischen Institution, in der ihre Mitglieder, Therapeuten und Patienten oder auch Leitung und Personal, zu Gegnern werden, und deren Gegnerschaft häufig auf Interessengegensätze oder Rollenkonflikte reduziert wird. Es geht um das emotionale Binnenklima einer Institution, das einerseits auf konkrete Emotionen wie Vertrauen, Empathie, Solidarität, Identifikation, Mitgefühl usw. angewiesen ist, andererseits durch die Existenz von abstrakten und unartikulierten Gefühlsregeln extrem belastet werden kann. Die Belastung besteht in der höchst aufgeladenen, anstrengenden, aber verdeckten Emotionsarbeit, als Mittel, das eigene konkrete Empfinden an die abstrakten Emotionsregeln der Institution anzupassen. Es geht also um Emotionsstrukturen, die das Klima einer Institution beherrschen und zur Gewaltbereitschaft der Mitglieder beitragen können. Daher steht nicht das mehr oder weniger erfolgreiche persönliche Bemühen des therapeutischen Personals im Mittelpunkt der Beschreibung, sondern Aspekte der emotionalen Organisation einer psychiatrischen Institution.

Das Verhältnis von konkreten und abstrakten Bezugs- und Beziehungssystemen gliedert sich in verschiedene Dimensionen, etwa privat/öffentlich, vertraut/befremdlich, nahestehend/fernstehend. Wenn z. B. in die vermeintlich privaten Handlungen der Mitglieder einer Institution die Öffentlichkeit einbricht oder wenn Handlungsaufträge der Institution privatistisch ausgeführt werden oder fernstehende Menschen fälschlich für Nahestehende gehalten werden oder Strukturprobleme personalisiert oder persönliche Probleme strukturalisiert werden, immer dann mischt sich für die Beteiligten etwas »klimatisch« Unfaßbares, Ungreifbares, Namenloses in die vermeintlich konkreten Beziehungen.

Die folgenden Gedankensplitter aus meinem Tagebuch sollen zunächst die Ein- oder Vermischungen auf einem beinahe alltäglichen Frustrationsniveau benennen. Sie sollen veranschaulichen, wie diese Vermischung zu emotionalem Mißverstehen, zu höheren Kommunikationsbarrieren, zur Unsensibilität gegenüber inneren Empfindungen, zu Sprachlosigkeit und Verweigerungshaltungen, zum Rückzug in die Nischen und zu einer Art sozialem Vakuum führen. Solche und ähnliche Prozesse können eine Institution – und nicht nur die Psychiatrie – bis zu einem emotionalen »Endklima« führen, in dem früher oder später »nichts mehr geht« oder in dem Gefühle fortwährend eskalieren und zur »Aufrechterhaltung der Ordnung« bestimmte Zwangsmaßnahmen durchgeführt werden.

Tagebucheintragungen

Lehrvideo

Die Szene (*impact*-Lehrfilm, Pfeiffer/Wartmann 1995): Ein scheinbar verwirrter junger Mann wird im Sitzen interviewt. Er kommt mir schüchtern vor, kaum fähig, Aggressionen zu äußern. Der Interviewer, ein breitbeinig dasitzender, omnipotent und jovial wirkender Psychiater; neben ihm seine mißtrauisch dreinschauende und schüchtern wirkende Assistentin. Psychiater und Assistentin sitzen an einem Tisch, der zwischen ihnen und dem Patienten steht. Im Video sollen Symptome der Schizophrenie demonstriert werden. Der Psychiater stellt nervige Fragen. Mich – als Zuschauer – ärgert seine überhebliche Selbstsicherheit. Jeder weiß oder ahnt zumindest, welche Aufregung und Verunsicherung die bloße Anwesenheit einer Filmkamera auslöst, wenn Privates an die Öffentlichkeit, zumal an die Institutions- und Fachöffentlichkeit, gelangt. Was aber hat der Patient mit dem Berufsstreß des Psychiaters zu tun? Er ist nicht deswegen hier. Der Patient ist nicht geneigt, das unangenehme Spiel des Fragens vor laufender Kamera mitzuspielen. Es ist ihm offenbar zu aufgesetzt. Er macht Versuche, aus dem Raum zu gehen.

Der Psychiater hält ihn verbal zurück. »Bleiben Sie noch mal da. Eine Frage hätte ich gern: Können Sie mir mal ein Sprichwort erklären, ein einfaches Sprichwort? Wer anderen eine Grube gräbt, fällt selbst hinein. Was bedeutet das?«

»Sie haben die Grube gegraben, und Sie werden auch selbst in die eigene Grube hineinfallen«, antwortet der Patient und geht.

Währenddessen lautet die »objektive« Einblendung im Bild: ZERFAHRENES DENKEN.

Die genauere Analyse des Gesprächs zeigt jedoch, daß der Psychiater an mehreren Stellen nicht adäquat kommuniziert und den Patienten lediglich für öffentliche Demonstrationszwecke mißbraucht. Hat der Patient den Sinn des Sprichwortes wirklich nicht verstanden oder zerfahren gedacht? Hat er nicht exzellent, seinem Gefühl entsprechend, auf die merkwürdige Situation reagiert und eine adäquate Antwort gefunden? Wer ist in dieser Situation zu was nicht fähig? Das mit Definitionsmacht ausgestattete öffentliche Ich des Psychiaters trifft auf das abwehrende private Ich des Patienten. Zwischen ihnen gibt es offenbar kein Verstehen, zwischen den Motiven gibt es keine Schnittmenge.

Studentenkurs

Im Studentenkurs unter Leitung eines Arztes haben wir heute Herrn Meyer als Patienten zu Besuch. In seiner Krankenakte wird er als psychotische Persönlichkeit geführt. Er zeigt ein hohes Maß an Schuldgefühlen und an Versagensängsten. Erschreckend ist seine neutrale

Stimme und die sachlich-dokumentatorische Art, in der er die furchtbarsten persönlichen Erlebnisse schildert. Warum geht er so weit? Niemand zwingt ihn - oder doch, vielleicht die Erwartungen der Studenten, der Rahmen des Curriculums, sein inneres Verlangen nach Krankheitsaufklärung? Wir klären diese Fragen nicht.

Das Schild der Neutralität hilft ihm, seine Affekte unter Kontrolle zu halten. Nun weigert er sich, über seine Eltern zu sprechen. Die große Abwehr ermöglicht es ihm zu überstehen, nicht zu versinken. Die Studenten sind betroffen, wollen aber mehr wissen, drängen ihn, konfrontieren ihn. Der leitende Arzt kann das Zudringen abfedern. Aber es kommt ein Punkt, an dem ich fürchte, der Patient könne dekompensieren, wie man so »schön« sagt. Ich kann und will nichts fragen. Jede Frage erscheint mir zu eindringend. Die Studenten merken zwar irgend etwas, aber ich vermute, ihre studienbedingte wissenschaftliche Neugier macht sie unsensibel. Ich kenne diese Neugier gut und auch, was man damit anrichten kann (Debus 1996).

Es ist noch mal gut gegangen. Aber was muten wir den Patienten zu? Niemand der Anwesenden hatte zum Patienten jenes Vertrauensverhältnis, das zur Stabilisierung notwendig gewesen wäre. Ich denke, das konkrete vertrauensvolle Interesse an einem Menschen und die abstrakte wissenschaftliche Neugier gehören nicht zueinander, sie sind inkompatibel, sie bewirken das Gegenteil, jedenfalls in der Psychiatrie.

Iatrogene Erkrankungen

Ein Kollege fragt in die Mittagsrunde: »Was soll denn nun mit Frau Schulze geschehen?« Sie leidet an einer medikamentös induzierten Halluzinose infolge einer Intoxikation von Phenydan. Der Blutspiegel wurde vom überweisenden Arzt nicht überprüft.

»Das ist doch eine iatrogene Erkrankung, oder?« fragt einer.

Die Antworten im Team sind verschieden. Der Arzt meint: »Das ist kein Fehler, sondern eher eine Nachlässigkeit, weil so lange therapiert wird, bis Intoxikation eintritt.«

»Auch bei einem neuen Medikament?«

»Ja, schwierig zu beantworten. Das sind Fehler, die immer mal vorkommen.« Er sagt aber auch: »Blutspiegeluntersuchungen bringen finanziell nichts.«

»Keine Krähe hackt der anderen ein Auge aus«, wendet der Krankenpfleger ein.

Im nachhinein lese ich, daß Phenydan Zahnfleischwucherungen verursachen kann. Die Patientin halluziniere, daß aus ihrem Zahn Fliegen herauskommen. Hat ihre Halluzinose einen richtigen Kern, der aber nicht herausgearbeitet wird? Der Arzt sagt, sie sei auf Zahnfleischwucherungen hin untersucht worden, es sei aber kein positiver Befund ergangen. Dann ist es natürlich schwierig, einen solchen rationalen Kern zu finden. Man hat ihn aber auch nicht gesucht.

Viele Handlungen bewegen sich auf der Grenze zwischen fahrlässig und nachlässig. Jedem kann ein Fehler unterlaufen, gerade hier. Jeder hat davor Angst. Wem nützt und wem schadet die Preisgabe? Für viele ist es ein Konflikt des Gewissens, für andere ein Konflikt der Legitimation. Meistens besteht der Konflikt aus beidem.

Selbstmord

Die Äußerung eines Patienten, Selbstmordgedanken zu hegen, zwingt das therapeutische Personal zu bestimmten Handlungen zum Schutz des Patienten, z. B. zum Einsatz von Sonderwachen. Das ist unter Patienten bekannt. Ein Patient, der es darauf anlegt, kann sich über diesen Weg Aufmerksamkeit erzwingen. Dieses Verhalten wird als Erpressung empfunden, ihm ist aber nur schwer entgegenzutreten, denn die wahren Motive sind nicht wirklich sichtbar, Fehldeutungen höchstwahrscheinlich, der Eventualfall ist schlimm, man wird nachfragen. Das subtile oder auch unverhohlene Drohen mit dem Selbstmord ist aber in der Psychiatrie höchst rational. Die Selbstmorddrohung ist ihre Achillesferse. Die Institution hat im Realisierungsfalle nichts in der Hinterhand, sie wird bloßgestellt, sie gerät unter Legitimationsdruck, und die Mitarbeiter sind schockiert. In der Reaktion auf den Selbstmord verschmilzt die direkte Betroffenheit mit der fernliegenden Legitimation. Hier versagt die Psychiatrie auf ganzer Linie: in ihrem doppelten Auftrag, zu heilen und zu kontrollieren.

Paranoia

Von einem Patienten wird vermutet, er simuliere und habe sich à la Wallraff in die Psychiatrie eingeschleust, um die therapeutischen Mitarbeiter zu beobachten. Sie vermuten, er würde mit Patienten über das therapeutische Team reden, ohne seine Gedanken dem Team zu offenbaren, und die Atmosphäre »vergiften«. Jetzt haben die Mitarbeiter auch eine Art Paranoia. Aber sie tun genau das, was sie dem Patienten unterstellen: In der Mittagsrunde reden sie über ihn. Der emotionale Graben ist in erster Linie Beziehungs- und Sprachlosigkeit, danach kommen die gewalttätigen Kraftakte.

Baden

Die Patienten werden zur Außenaktivität gedrängt. Keiner hat Lust. Heute ist es heiß, Badeanstaltwetter, und es soll - laut Plan - das Rathaus besichtigt werden. Im Nachgespräch wird deutlich, daß auch die Krankenpfleger keine Lust hatten. Natürlich wird auch spontan entschieden, aber der Stationsplan hat eine Eigenmächtigkeit, der man sich nur sehr schwer entziehen kann. Der Plan - das ist die konzeptionelle Vernünftigkeit. Die Lust ist immer verdächtig, sie schmeckt nach Abwehr gegen die vernünftigen Therapieziele.

Arbeitslosigkeit

Patientenmorgenrunde. Gespräch über Arbeitslosigkeit und die soziale Situation einer Patientin. Gegen Ende der Runde kommt das »Schlußlicht«. Eine ältere Frau kommt zu Wort. Sie könne das Thema nicht ertragen, sie weint, sie sagt, sie habe keine Perspektive. Sie faßt sich an die Hände und meint, sie könne nicht einmal einen Fotokopierer richtig bedienen. Ihr Weinen nimmt zu.

»Ich kann Sie nicht verstehen, Sie halten immer Ihre Hand vor den Mund, können Sie uns nicht noch mal lauter sagen, wo der Schuh drückt?« sagt die Ärztin. Die Patientin winkt ab.

Mir kommt es so vor, als ob sie den ganzen Scherbenhaufen ihrer Perspektivlosigkeit fühlt. Sie weint stärker.

»Haben Sie aus der Gesprächsrunde nichts mitnehmen können, z. B., daß es anderen auch so geht wie Ihnen. Gibt Ihnen das nicht auch ein wenig Trost?« meint die Ärztin.

Die Patientin winkt erneut ab: »Das habe ich vorher auch schon gewußt.« Sie weint, ihr Gefühl versucht sich Bahn zu brechen.

Die Ärztin nimmt sie etwas zurück: »Wir haben leider nicht soviel Zeit, bitte der nächste, was hat Ihnen die Gesprächsrunde gegeben?«

Schweigen.

Ich bekomme das Gefühl, die Situation ist geprägt von völligem Unverständnis, nicht einfach als Unvermögen der Ärztin der Patientin gegenüber, sondern von Unverständnis als einem Strukturmoment der Gesprächsrunde und des emotionalen Klimas, in dem die Therapeuten als Team den Patienten gegenübertreten. Die Ärztin handelt sicher korrekt, schließlich muß sie auf die Zeit achten, muß den anderen Patienten Raum gewähren. Doch beständig bleibt irgend etwas unausgesprochen. Es ist nicht nur ein zeitliches Problem, sondern auch ein strukturelles. Den Therapeuten wird eine permanente Gratwanderung zwischen Solidarität mit dem Patienten und Verwaltungs- und Kontrollakten im Klinikauftrag zugemutet. Das Thema »Arbeitslosigkeit« wäre dazu geeignet gewesen, auch etwas über die sozialen Ursachen des Leidens zu erfahren. Die Ärztin hat das Thema sehr individualistisch aufgegriffen, als ob der Zustand nur im Verantwortungsbereich der Patientin läge.

Eine zweite Patientin reagiert anders. Sie redet von gleich zu gleich: Arbeit sei nicht alles, sie versuche ihren Platz nach ihren Möglichkeiten zu finden. Diese seien zwar nicht sonderlich groß, aber sie habe gelernt, Anerkennung auch in den Beziehungen zu Freunden zu bekommen.

Genau! Das ist ein Versuch, eine solidarische Antwort auf das Eingangsproblem zu finden. Die beiden Patientinnen können sich nicht nur deshalb verstehen und helfen, weil sie ein ähnliches Schicksal teilen, sondern weil sie konkret und nicht durch therapeutisch vorgeprägtes Rollenverhalten aufeinander zugehen. Das Patient-Therapeut-Verhältnis kann in diesem Punkt häufig nicht mithalten.

Träumen

Patientenmorgenrunde. Annette ist sehr aufgeregt. Sie erzählt einen Traum von vielen Menschen in einem Hochhaus, in dem alle orientierungslos umherlaufen. Eine andere Patientin sagt spontan: »Das erinnert mich an unsere Station.« Sie erhält zustimmendes Gemurmel, auch von Annette. Ihre Gefühle werden stärker, sie schwitzt, die Therapeutin bremst, geht auf den Inhalt des Traumes nicht weiter ein. Sie hat Angst, daß die Patientin rausläuft und draußen irgend etwas anstellt. Eine andere Therapeutin meint in der Teamnachbesprechung, dann

dann müsse wieder Gewalt angewendet werden, und das sei für eine Mißbrauchs-Patientin nicht das Richtige.

Nachher frage ich, ob es irgendwelche Absprachen mit den Patienten gäbe, z. B., ob sie im Raum bleiben sollten, wenn es ihnen nicht gut erginge oder wenn die Gefühle zu stark würden. Ob sie verabredet hätten, wie weit sie eine Patientin in ihrem Gefühl gehen ließen, z. B. welchen Grad an Erregung sie selbst ertragen oder als Team tragen könnten. Nein, eine derartige Verabredung gebe es nicht. Sie würden sich durch Zunicken verständigen - es dann aber auf den Einzelfall ankommen lassen.

Konkrete und abstrakte Emotionen - Skizze eines Interpretationsrahmens

Wenn über Gewalt zwischen Patienten und therapeutischen Mitarbeitern nachgedacht wird, dann erscheinen die Zwangsmaßnahmen in den praktischen Einstellungen häufig - durchaus nicht immer - als ein institutionell notwendiger Reflex auf das gewalttätige Verhalten von Patienten. Ich will hier einen Rahmen abstecken, der das Problem in eine andere Richtung gewichtet und sich auf folgende Begriffe stützt: konkrete und abstrakte Beziehungen, »emotionaler Graben«, Emotionsregeln und Emotionsarbeit.

Unter dem Begriff des *Konkreten* sollen alle Dinge und Beziehungen verstanden werden, zu denen der Mensch ein direktes Verhältnis eingehen kann. Die Beschreibung des Konkreten beginnt mit dem Fühlen, Schmecken, Riechen, Hören, Sehen und mit den gegenseitigen Bestätigungen, mit denen wir uns erfahren. Man konkretisiert Dinge, indem man sich zu ihnen verhält. Das Naheliegende ist das den Bedürfnissen des Individuums dicht anliegende. Die Haut ist das sinnliche Organ, über das sich der Mensch seines Daseins vergewissert. Direkt ist die Auseinandersetzung mit der Natur, die dem Menschen einen Widerstand entgegenbringt. Konkrete Beziehungen zu Dingen und Menschen sind vertraut, direkt, privat, naheliegend, sinnlich erfahrbar, überschaubar, unmittelbar, anfaßbar, erlebbar.

Das *Abstrakte* in Beziehungen ist indirekt, es ist umwegig oder verdeckt. Abstrakte Beziehungen zu Dingen und Menschen sind distanziert, befremdlich, unbekannt, indirekt, öffentlich, fernliegend, nur denkend ableitbar, unüberschaubar, unsichtbar oder unfaßbar. Der Abstraktionsgrad menschlicher Beziehungen läßt sich an der Länge der synchronisierten Handlungsketten (Elias 1988) ablesen, mit denen bestimmte Ziele erreicht werden: Der synchronisierte Busfahrplan einer Stadt ist schon ein relativ abstraktes Gebilde, das die weit auseinanderliegenden Handlungen der Menschen aufeinander abstimmt. Weit abstrakter noch sind die unfaßbar langen Handlungsketten, die benötigt werden, damit ein Astronaut in seiner Raumkapsel träumen kann (Claessens 1993). Extreme Beispiele für abstrakte Emotionen sind: die Staatstrauer, die wissenschaftliche Neugier, die Freundschaft zwischen zwei Staaten, staatliche Vergeltungs- und Strafmaßnahmen, Treueschwüre auf die Verfassung oder auch der nicht explizit formulierbare »Geist von Verträgen«.

Konkrete und abstrakte Emotionen verhalten sich zueinander komplementär, gehen kontinuierlich ineinander über, gehören aber zu qualitativ verschiedenen Bezugssystemen: Das Reich des Konkreten wird umgrenzt durch das emotionale Fassungsvermögen der Menschen (Anders 1956). Jenseits dieser Grenze beginnt das Abstrakte: Man kann z. B. nicht viele beste Freunde zugleich haben, das emotionale Fassungsvermögen reicht dazu nicht aus. Jenseits des Fassungsvermögens ist Vertrautes plötzlich fremd. Es fehlt die Fähigkeit zur Empathie, zur Identifikation: Ein Mensch kann mit einem anderen Menschen mitleiden, betrauert einen Toten, aber er neigt dazu, sich beim Tode sehr vieler abzuwenden. Der Mensch hat kein Organ zur Wahrnehmung abstrakter Verhältnisse, er kann sehr große (globale Zerstörung), winzig kleine (Mikrowelt), fernliegende (Internet) oder öffentliche (Europapolitik) Phänomene emotional nicht erfassen. Er kann zu ihnen nur ein indirektes Verhältnis eingehen.

Konkrete und abstrakte Bezugssysteme stehen nicht im Verhältnis von Gut und Böse zueinander. Sie haben nur ihre jeweils eigene Realität, ihre eigene Logik und ihre eigenen Zwänge. Konkrete Gefühle zeigen sich häufig als direkte Reaktionen, abstrakte Gefühle manifestieren sich in Gefühlsregeln einer Institution. Beim Fehlen einer Vermittlung zwischen beiden entstehen eskalierende Gegensätze, die letztlich mit den Mitteln der institutionellen Macht ausgetragen werden.

Gesellschaftliche Institutionen organisieren die Beziehung ihrer Mitglieder abstrakt. In Ermangelung konkreter Identifikationsmechanismen erwarten abstrakte Institutionen von ihren Mitgliedern ein hohes Maß an Emotionsarbeit. Mit dem Begriff der Emotionsarbeit ist nach A. Hochschild (1979) jener psychische Aufwand gemeint, der aufzubringen ist, um das konkrete innere subjektive Erleben in Einklang zu bringen mit den Gefühlsregeln der Institution. Gefühlsregeln legen normativ fest, in welchen Situationen welches Gefühl und welcher Gefühlsausdruck mit welcher Intensität und mit welcher Dauer erwartet wird. So erwartet die psychiatrische Institution von den Therapeuten konkretes emotives Verhalten wie: Empathie, Solidarität mit den Patienten, Offenheit, Abgrenzung, Vertrautheit, Energie, Spontaneität, unkompliziertes Konfliktlösungsverhalten. An abstraktem Verhalten fordert sie z. B.: Identifikation mit den Klinikzielen, verdeckte Weitergabe von Informationen, Überredung von Patienten im Sinne der Klinikziele.

Von den Patienten fordert die Institution konkret weit weniger. Da Patienten krank sind, können sie scheinbar aufgrund ihrer Krankheit bestimmte konkrete Gefühlsregeln des täglichen Umgangs nicht erfüllen. Insbesondere Akut-Patienten werden zeitweise geschont. Die Nichterfüllbarkeit von Gefühlsregeln ist so quasi konstitutiv für die Krankheitsdiagnose – zunehmende Compliance wird als Gesundungsprozeß interpretiert. Die Institution erwartet von ihren Patienten jedoch mehr abstrakte Emotionen mit einem höheren Grad an Selbstdistanz, etwa sich und die Krankheit nicht nur privat, sondern auch öffentlich zu präsentieren (Studentenkurs, Arztvisite), Distanz zur eigenen Krankheit zu entwickeln, Therapiebündnisse einzugehen. Vor allem aber fordert die Institution »Bereitschaft« (zum Gespräch, zur Medikamenteneinnahme, zur Pünktlichkeit, zum Gewaltverzicht, zur Krankheitseinsicht, d. h. zur Aufgabe der »inneren Rebellion«).

Compliance ist Emotionsarbeit und eine zentrale Kategorie innerhalb psychiatrischer Institutionen. Ihre Bedeutung besteht auch darin, die emotionalen Widersprüche der Institution unkenntlich zu machen. Denn: Patienten suchen konkrete Begegnung über Anteilnahme, Vertrauen und Solidarität. Die Institution Psychiatrie kann in der Regel jedoch nur abstrakte Beziehungsstrukturen anbieten. Um diesen Widerspruch windet sich ein unentwirrbares Dickicht aus Sprach- und Hilflosigkeit, aus falschen Versprechungen und Erwartungen, Schamgefühlen und Schuldzuweisungen. Über die Compliance-Regel versucht die Institution den »emotionalen Graben« zwischen Bedürfnis und Angebot zu überbrücken. Die Überbrückung kann jedoch innerhalb eines Bezugssystems nur gelingen, wenn entweder die Institution konkret bleibt (ein innerer Widerspruch, besonders in großen Einrichtungen mit steiler Hierarchie) oder wenn den Patienten über die Compliance-Emotionsarbeit abstrakte Distanzierungstechniken abverlangt werden (ein Verlangen, das häufig im Widerspruch zur psychischen Stabilität der Patienten steht). Non-Compliance interpretiert die Institution als Teil der psychiatrischen Erkrankung. Ob zu recht oder unrecht ist unerheblich - der Patient jedenfalls will so nicht gesehen werden, fühlt ganz konkret, etwa Frustration, Wut, Ablehnung. Der entstehende »emotionale Graben« birgt ein latentes Gewaltpotential, das immer dann offen zutage tritt, wenn die Überbrückung zwischen beiden Bezugssystemen mißlingt. Die Akteure agieren nach dem Mißlingen manifest: die Patienten mit konkreter Gewalt in Gestalt von Fremd- und Selbstgefährdung, die therapeutischen Mitarbeiter der Institution mit Hilfe abstrakter Gewalt in Form von Zwangsmaßnahmen.

Tagebuchnachgedanken

Lehrvideo

Der Psychiater im Lehrvideo lügt nicht einfach. Sein privates Ich ist maskiert. Er zwingt den Patienten nicht einfach. Er ist nicht einfach unseriös. Es ist die Situation, die unseriös ist. Sie intendiert einen Grad von Öffentlichkeit, dem sich der Psychiater verpflichtet hat. Der Patient verweigert sich. Der Psychiater reagiert mit Definitionsmacht. Diese hält den Patienten im Netz der Interpretationen »gefangen«. Wie der Patient die Situation deutet, interessiert den Psychiater im Film nicht. Die öffentliche Kamera verlangt etwas anderes, verlangt Überlegenheit im Umgang mit kranken Menschen, auch wenn sie gespielt werden muß. Sie verlangt Emotionsarbeit, und sie verlangt Definitionsmacht als Teil der Emotionsarbeit. Der Patient entzieht sich, aber er entzieht sich nicht vollständig. Seine Emotionsarbeit besteht in der Mahnung an den Psychiater, die Sache nicht zu weit zu treiben. Vielleicht wäre ein wütendes Aufstampfen angemessener für ihn und vielleicht sogar effektiver für die Umgestaltung der Situation. Der Patient kompensiert den Graben durch Rückzug. Vielleicht hat er die allgemeine Emotionsregel »Du sollst keine Gewalt anwenden« verinnerlicht und versucht sich durch den Rückzug zu beruhigen, oder er ahnt, was ihm bei allzu großem Widerstand droht. Ich jedenfalls kann kein »zerfahrenes Denken« erkennen. Die Ebene der Interaktion zwischen zwei Menschen ist hier zerstört. Innerhalb der zwei unverträglichen Bezugssysteme muß, unverständlich für den jeweils anderen, verschiedene Emotionsarbeit geleistet werden. Die subtile Gewalt im Video ist nicht Ausdruck von persönlichen Interaktionskonflikten, sondern eine Folge der lichtjahreweit auseinanderliegenden Welten, die beide Akteure repräsentieren.

Studentenkurs

Es macht einen Teil unserer Realität aus, daß Menschen unter einer psychischen Last dekompensieren können. Gewöhnlich geschieht dies nicht in Studentenkursen. Wenn aber doch, so ließe dies aufmerken. Wer geht aus eigenem Antrieb in eine Patientenvorstellung? Sanfter Druck, Überredung oder Verführung mögen die Geleiter sein. Am Ende sitzt der Patient vor uns. Er ist da, weil er es scheinbar selbst auch so gewollt hat. Niemand denkt an Gewalt. Wir alle glauben an die Authentizität seiner Entscheidung, wir nehmen ihn ernst. Die Fragen der Studenten scheinen ebenso authentisch, niemand zweifelt an der Berechtigung, Fragen zu stellen. Fragen sind manchmal scharf wie Messer, sie schneiden, tun weh. Scheinbar sind alle Teilnehmer am Diskurs gleich, doch es gibt keine Waffengleichheit. Die verletzlichen Stellen der Studenten sind für den Patienten unsichtbar. Sie sind geheim.

Iatrogene Erkrankungen

Wenn ein so weltbekannter Chemiker wie August Kekulé (vgl. RUDOLPH 1971) von einer Schlange träumt, die in ihren eigenen Schwanz beißt, und wenn derselbe Chemiker dann die Ringstruktur des Benzols entdeckt, dann merken Generationen von Chemikern, Wissenschaftshistorikern, Kreativitätstrainern, Traumdeutern, Psychologen (darunter keine geringeren als C.G. Jung und A. Mitscherlich) und Parapsychologen auf. Die Literatur allein zu diesem einen Traum-Vorfall ist unüberschaubar. Wenn ein Patient die toxische Wirkung eines Medikamentes halluziniert, dann hält sich das Interesse in

Grenzen. Genialität in einem gewöhnlichen psychiatrischen Patienten zu vermuten hieße »oben und unten« und »konkret und abstrakt« zu vertauschen. Psychisches Leiden ist immer noch Leiden, da gibt es nichts zu stilisieren. Aber wer heftet Genialität immer nur an die Mächtigen, Schönen, Starken, Reichen und Guten? Stilisierung der Macht ist allemal leichter als Stilisierung der Ohnmacht, denn letztere baut auf Wut oder Selbstmitleid, erstere auf Narzißmus und Eitelkeit.

Selbstmord

Im Selbstmord zerbricht ein Leben am psychischen Leid. Die Nahestehenden kennen die Motive meist sehr genau, auch wenn sie sie manchmal nicht wissen wollen. Die Fernstehenden geben für die Tatmotive Wahrscheinlichkeiten innerhalb eines multifaktoriellen Erklärungsmusters an. Die Nahestehenden und die Fernstehenden verstehen sich nicht. Besonders in Zeiten der Trauer erleben die Nahestehenden die Fernstehenden als kalt und berechnend, auch wenn sie es konkret nicht sind. Gibt es in der Psychiatrie Nahestehende? Nach dem Tod vielleicht, aber auch vor dem Tod? Kann eine abstrakte Psychiatrie ein Netz aus konkreten, d.h. nahestehenden Helfern organisieren, oder ist sie per se dazu nicht in der Lage?

Paranoia

Eine Psychiatrie ohne Nähe wäre vollständig paranoisch. Gäbe es ein Maß für das Versagen der Psychiatrie, Nahestehendes zu organisieren, könnten wir das Ausmaß an Paranoia einer Institution einschätzen. Paranoia ist die Angst vor der Gewalt des Fremden. Alle Formen der potentiellen und tatsächlichen Gewalt lassen sich unter diesem Aspekt analysieren. Der Fernstehende ist der Fremde. Er ist, weil er nicht nahesteht, zu allem fähig, eben auch zur Gewalt, oder zu sublimen Formen der Gewalt. Er verabreicht unsichtbares Gift, ohne daß es die Nahestehenden merken können oder die anderen Fernstehenden merken wollen. Der Fernstehende ist die unberechenbare, unentdeckte, heimlich agierende, abstrakte Figur – nicht notwendig Mensch, vielleicht ein Sachverhalt, eine Struktur, ein Wesen, ein Etwas, das sich nur durch das Nachdenken erschließt. Dieses Wesen strömt ein Gift in die Atmosphäre aus. Von niemandem bemerkt, wird es eingemischt und inhaliert. Das namenlose »es« wird in der Psychose irreal symbolisiert zu einer Person. Das Namenlose ist jedoch zu abstrakt, als daß es, zumal wenn es konkret gefühlt wird, ohne Symbolisierung gedacht werden könnte. Paranoia ist dann vielleicht eine falsche und angstmachende Begriffsbildung von einem tatsächlich vorhandenen Sachverhalt oder eine hypersensible Antizipation institutioneller Gewalt.

Baden

Therapiepläne werden in der Regel ohne die Patienten entwickelt. Ohne Teilhabe sind sie nicht einsichtig. Stationspläne werden häufig noch nicht einmal von den Therapeuten selbst mitentwickelt. Manche Therapiepläne und Therapieziele sind so alt, daß sich an ihr Entstehen niemand so recht erinnern kann. Sie bilden das abstrakte Korsett, sie sind ein verlängerter Arm einer unflexiblen Institution.

Arbeitslosigkeit

In einer ausschließlich aus fernstehenden Mitgliedern bestehenden Institution kann es nur fernstehendes Verstehen geben. Fernstehendes Verstehen ist schlechter als kein Verstehen. Es macht noch einsamer oder noch wütender. Mancher kann dann nicht mehr an sich halten und flippt aus. Diese Form der Gewalt verstehen die fernstehenden Mitglieder meist als Krankheitssymptom. Wären sie nahestehend, dann könnten sie diese Ausbrüche auch als Probleme der fernstehenden Institution begreifen. Ganz konkret, vor Ort, hautnah, im direkten Kontakt, unmittelbar in der Situation ... bleibt als letztes Mittel doch nur die abstrakte Gewalt: Zwangsmedikation, Fixierung etc.

Träumen

Eine Patientin träumt von orientierungslos umherlaufenden Menschen in einem Hochhaus. Sie hat ein Bild von der Station, auf der sie lebt. P. Lazarsfeld bezeichnet solche Bilder als »integrierende Konstrukte« (Flick 1995). Natürlich wäre es möglich, Patiententräume nicht nur als Spiegel der inneren, sondern auch der äußeren Verfassung zu interpretieren. Es wäre sogar möglich, daß die Träume nicht interpretiert werden, sondern daß die Patientin ihre Träume selber deutet, so wie es Freud in seiner Selbstanalyse ja schließlich auch getan hat. Aber im Zustand ihrer Krankheit lassen wir die Patientin nicht über den Graben springen. Auf der einen Seite befindet sie sich - *wir* befinden uns auf der anderen, auf sicherem Grund. Die Seiten zu vertauschen, kann kaum jemand psychisch verkraften. Es gäbe keine Instanz, die das entfachte Chaos auffangen könnte. Selbst Supervision wäre überfordert, denn Supervision ist »oben«, und auch sie würde in den Sog der Infragestellung hineingezogen.

Wir können uns aber dieselbe Patientin als Repräsentantin einer Institution, z. B. eines Verbandes der Psychiatrieerfahrenen, vorstellen, wie sie auf einer Tagung von ihren Träumen erzählt und wie die Teilnehmer ihr zuhören. Auf einmal erscheint Kommunikation möglich, Einstellungen werden plötzlich bedeutsam, doch nur weil Abstraktes zu Abstraktem findet. Die Umwege sind vorgezeichnet.

Literatur

ANDERS, G. (1956): Die Antiquiertheit des Menschen - Über die Seele im Zeitalter der zweiten industriellen Revolution. München.

CLAESSENS, D.(1993): Das Konkrete und das Abstrakte - Soziologische Skizzen zur Anthropologie. Frankfurt a. M.

DEBUS, S. (1996): Gläserne Gefühle - Vom Eindringen in die Intimsphäre aus der Sicht der Probanden. In: *Sozialpsychiatrische Informationen*, 4. S.19-27

ELIAS, N. (1988): Über die Zeit. Frankfurt a. M.

FLICK, U. (1995): Handbuch qualitativer Sozialforschung. Weinheim.

GERHARDS, J. (1988): Soziologie der Emotionen. Weinheim.

HOCHSCHILD, A.R. (1979): Emotionwork, feeling rules, and social structure. In: *Am. J. soc.*, 85, S. 551-575.

PFEIFFER, H.; WARTMAN, T. (1995): Schizophrenie: Leben mit einer Krankheit. Janssen-Cilag und Organon, impact film, München.

RUDOLPH, J. (1971): Knaurs Buch der modernen Chemie. München/Zürich.

GABRIELE TERGEIST

Ist Schwarz und Weiß gleich Mann und Frau?

Aspekte zur Gewalt unter geschlechtsspezifischem Blickwinkel

Gewaltbereitschaft und Friedfertigkeit

Ohne Zweifel: Männer schlagen eher zu, töten und morden mehr als Frauen und sind überhaupt in den Gewalt- und Kriminalstatistiken häufiger vertreten als Frauen. Was aggressives Verhalten und Gewalt angeht, werden den beiden Geschlechtern unterschiedliche Eigenschaften zugeschrieben: Frauen sind nach diesen Zuschreibungen das friedliebende und Männer das aggressive und gewalttätige Geschlecht. Hieraus wurden teilweise Täter-Opfer-Dichotomien entwickelt, nach denen Männer schuldige Täter und Frauen schuldlose Opfer sind; real existierende Täterschaft von Frauen wird hierbei ausgeblendet bzw. anders bewertet: Selbst wenn Frauen zu Täterinnen werden, dann in der Regel nur als Reaktion auf vorher erlebtes Leid, durch Täter verursacht (HEILIGER/ENGELFRIED 1995; HEYNE 1996).

Die Friedfertigkeit der Frauen im Gegensatz zur Gewaltbereitschaft der Männer macht sie in Köpfen vieler zu den besseren Menschen. Dieses wird auch der Geschlechtervorteil genannt. Soweit zu Schwarz und Weiß.

Ausgeblendet werden hierbei die erheblichen Differenzen, die es zwischen Angehörigen desselben Geschlechts gibt und die anderen Farben neben dem pauschaliserenden Schwarzen und Weißen. Wir werden uns die Farbskalen anzuschauen haben und uns dabei einiger statistischer Erkenntnisse bedienen.

Männer kommen häufiger als Frauen durch Selbstmord, Unfälle, Mord oder alle übrigen vorsätzlichen Tötungen und Gewalteinwirkungen ums Leben und auch häufiger durch sich selbst oder durch Angehörige des eigenen Geschlechts, wie in der folgenden Tabelle dargestellt.

Tabelle 1: Todesursachen 1995 (Beispiele)

	Männer	%	Frauen	%	Gesamt
Mord u. alle übrigen vorsätzl. Tötungen	3049	68,3	1413	31,7	4462*
Selbstmord	9222	71,6	3666	28,4	12888**
Todesfälle durch Alkohol	4308	78,5	1182	21,5	5490
Unfalltod	13656	57,3	10162	42,7	23818

Quellen: * Bundeskriminalstatistik 1995, ** diese und die folgenden Zahlen: Statistisches Jahrbuch 1995, Fach 12

Männer werden öfter einer Tat verdächtigt, häufiger verurteilt und sind in größerer Anzahl in den einschlägigen Institutionen anzutreffen als Frauen.

Tabelle 2: Strafmündige Tatverdächtige 1994 (Beispiele)*

	Männer	%	Frauen	%	Gesamt
Gesamt	1520197	78,5	417455	21,5	1937652
davon z. B. Mord und Totschlag	3786	91,8	339	8,2	4125
gefährliche und schwere Körperverl.	80594	88,8	10202	11,2	90796
Gegen sex. Selbstbest.	23291	91,6	2126	8,4	25417
davon Vergewaltigung	4577	99,3	34	0,7	4611
sexuelle Nötigung	3079	97,9	67	2,1	3146
Schwerer und einfacher Diebstahl	495251	70,7	205631	29,3	700882
Verurteilt wurden in 1994	649945	84,9	115452	15,1	765397

*** Quelle: Statistisches Jahrbuch 1995, Reihe 1, Fach 10**

Am 31. 12. 1995 gab es in den Justizvollzugsanstalten Deutschlands insgesamt 61 108 inhaftierte Personen, davon waren 58 760 männlich, das sind 96,2 %, und 2 348 weiblich, das entspricht 3,8 %.

Der Bestand der Personen, die eine rechtswidrige Tat im Zustand der Schuldunfähigkeit oder verminderten Schuldfähigkeit begangen haben und aufgrund einer gerichtlichen Anordnung in einem Psychiatrischen Krankenhaus untergebracht wurden, betrug zum 31. 12. 1995 2860. Hiervon waren 2752 Männer und 108 Frauen, das entspricht obigen Prozentsätzen von 96,2 : 3,8 % (Quelle: Statistisches Jahrbuch 1995, Fach 10).

Interpretiert man all diese Daten, kann eine Schlußfolgerung sein, daß – absolut gesehen – Frauen auch zu allen Gewalttaten fähig sind. Bei dieser Feststellung stehenzubleiben wäre polemisch. Genauer müßte es heißen: Was strafrechtlich relevante Tatbestände angeht, sind Männer und Frauen unterschiedlich betroffen, und das Ausmaß ihres aggressiven gewalttätigen Verhaltens ist unterschiedlich hoch. Es gibt Delikte und Betroffenheit durch diese wie jene, die man »geschlechtstypisch« nennen kann. Den mehr als doppelt so häufigen Selbstmorden der Männer stehen die doppelt so häufigen Selbstmordversuche der Frauen gegenüber (Rachor 1995). Männer sind i. d. R.. wesentlich häufiger Täter als Frauen und werden öfter für ihre Taten bestraft. *Einige* Frauen sind in diesem Zusammenhang zu dem fähig, wozu *viele* Männer fähig sind. Was die tödliche Gewalt angeht, spielen Frauen bei Mord und Totschlag auf der Täterseite eine geringe Rolle, erwachsene Frauen stellen jedoch kontinuierlich auf der Opferseite etwa 40 % dar (Bundeskriminalamt; Hamburger Institut für Sozialforschung 1989).

Frauen sind als Opfer ebenfalls wesentlich öfter betroffen von sexueller Gewalt/sexueller Belästigung/Vergewaltigung und Gewalt in der Ehe/Beziehung sowie in Abhängigkeitsverhältnissen (zu sexuellen Übergriffen und der Betroffenheit von Patientinnen im Rahmen von Psychiatrie und Psychotherapie siehe Tergeist 1996).

Frauen erfahren also Gewalt vor allem im Kontext der Geschlechterdifferenz.

Potenzierter Irrglaube

Genauso wie sich in der Bevölkerung hartnäckig der Irrglaube hält, daß psychisch kranke Menschen besonders gefährlich, kriminell und gewalttätig sind, hielt sich lange die Auffassung in Profi-Kreisen, daß die Raten für aggressives bzw. gewalttätiges Verhalten bei psychisch kranken Frauen und Männern gleich hoch seien (Swanson u. a. 1990), ferner, daß es bei schizophrenen Psychosen zur Umkehr geschlechtsspezifischen Rollenverhaltens komme (Cheeks 1968; Weich 1968; Goldstein/Link, 1988, alle angegeben in Angermeyer/Grottker 1990). Frauen als psychiatrische Patientinnen wurden nach diesen zuletzt angegebenen Studien als gewalttätiger und aggressiver als ihre gesunden Geschlechtsgenossinnen eingeschätzt und in ihrem Benehmen als aggressiver, lauter und explosiver als männliche Patienten. Männliche schizophrene Patienten dagegen wurden als weniger feindselig, weniger fordernd, als passiver und als eher zurückgezogen beschrieben.

In Anlehnung an einige dieser Studien überprüften M.C. Angermeyer und D. Grottker (1990) die Fragestellung der Rollenumkehr in einer Untersuchung von insgesamt 328 Frauen und 274 Männern, die sämtlich an einer schizophrenen Psychose erkrankt und erstmals deswegen in einem psychiatrischen Krankenhaus aufgenommen worden waren. Die Untersuchungsergebnisse bestätigten die Geschlechtsunterschiede im Sinne der These der Geschlechtsrollenumkehr nicht, sondern eher das vom normalen Leben gewohnte:

Aggressive Handlungen kamen bei den Männern häufiger vor, ebenso kriminelle Handlungen sowie Alkohol- und Drogenabusus. All diese sind keine schizophreniespezifischen Phänomene!

J. Swanson stellte später (1994) im Gegensatz zu seinen früheren Untersuchungen dar, daß bei allen diagnostischen Kategorien (i.e. affektive Störungen, Schizophrenien, Substanzabhängigkeiten, Doppeldiagnosen) die Wahrscheinlichkeit gewalttätigen Verhaltens bei Männern höher ist als bei Frauen.

Die Vermutung liegt (mir) nahe, daß Untersuchungen, die das Gegenteil besagen, eine Haltung innewohnt, die geschlechtsuntypisches Verhalten verzerrt wahrnimmt bzw. eine unterschiedliche Toleranz bezüglich aggressiven Verhaltens bei Männern und Frauen zeigt, als es den empirisch absicherbaren Daten angemessen wäre. Das Erschrecken über Frauen, die aggressiv und laut sind, gewalttätig bzw. handgreiflich werden, ist größer, da es nicht mit ihrer Geschlechtsrolle zusammenpaßt, wenn sie zuschlagen. Bei den Männern ist der Gebrauch der Faust oder des Messers »normaler«. Das Milieu der Sozialkontrolle ist schon allein deshalb auf vielen Stationen für Männer und Frauen verschieden (siehe hierzu auch ESSER/BOHLMANN 1993).

Die grundsätzliche, institutionell abgedeckte Organisation der Gegengewalt oder Sicherungsmaßnahmen, wie z. B. Spritzen, Fixieren, körperliche Gewalt, ist an sich »übergeschlechtlich« (SCHNEIDER 1993), die »Antworten« auf diese Akte und die danach folgenden Konsequenzen sind jedoch häufig geschlechtsspezifisch. Hier muß sich jede in der Psychiatrie tätige Person fragen, ob sie mit zweierlei Maß mißt.

Wer greift wen an auf der Station?

T. STEINERT U. A. (1991) führten eine Untersuchung über aggressive Handlungen von psychiatrischen Patienten und Patientinnen gegenüber Klinikmitarbeitern und -mitarbeiterinnen durch. Von 179 Vorfällen, die sich auf 162 (angreifende) Personen verteilten, waren 115 männlich (= 71 %) und 47 weiblich (= 29 %). Von 179 geschädigten Mitarbeiterinnen und Mitarbeitern waren 100 männlich, das sind 56 %, und 79 weiblich, was 44 % entspricht. Diese Ergebnisse sagen also aus, daß aggressive Handlungen mehr als doppelt so häufig von psychisch erkrankten Männern ausgeübt wurden als von psychisch erkrankten Frauen, währenddessen sich diese Relation bei den geschädigten Personen zuungunsten der Frauen verschiebt, obwohl – absolut gesehen – Männer häufiger angegriffen wurden als Frauen. Die angegriffenen Männer waren vorwiegend zwischen 25 und 35 Jahren alt, bei den Frauen, die angegriffen wurden, überwogen die jungen Frauen zwischen 15 und 25 Jahren.

Das International Council of Nurses (ICN) stellte Untersuchungsergebnisse aus verschiedenen Ländern zusammen, die übereinstimmend aussagen, daß Pflegekräfte die von gewalttätigen Übergriffen am stärksten gefährdete Berufsgruppe darstellen und daß hier insbesondere Frauen Gewalt am Arbeitsplatz erleben (INTERNATIONAL COUNCIL OF NURSES 1995).[1]

---

[1] Die Ausführungen des ICN beziehen sich vorwiegend auf körperliche Gewalt, sexuelle Belästigung und verbale Angriffe, nicht nur von Patientenseite, sondern auch von Kollegenseite.

Dieses ist nicht verwunderlich, da Pflegekräfte den direktesten und häufigsten Kontakt zu Patienten haben, vorwiegend Frauen in den Pflegeberufen vertreten sind und sich die gesellschaftlichen Verhältnisse struktureller Gewalt auch in dem Bereich des Gesundheitswesens, also auch in der Psychiatrie widerspiegeln.

T. Steinert u. a. (1991) stellten jedoch auch eine relativ geschlechtsimmanente Objektwahl bei den Tätlichkeiten fest: Patienten griffen überwiegend Mitarbeiter an, Patientinnen überwiegend Mitarbeiterinnen. Diese Feststellung läßt sich in verschiedene Richtungen hin auslegen, z. B. einerseits mit geringeren Berührungs- und Sanktionsängsten dem bekannten eigenen Geschlecht gegenüber und dem vermuteten möglichen »Erfolg« bei Einsatz aggressiven Verhaltens, all das einhergehend mit der Selbst-Erlaubnis konkurrenten Verhaltens, andererseits als Akt der Abgrenzung, des Sich-Wehrens bei zuviel Nähe zum eigenen Geschlecht. In gemischtgeschlechtlichen Teams ist es dann häufig die gegengeschlechtliche Person, die bei den konflikthaften Auseinandersetzungen erfolgreich interveniert und schlichtet.

In dieser Studie wurden als mögliche Gründe für das aggressive Patientinnen- oder Patienten-Verhalten von den betroffenen Mitarbeitern und Mitarbeiterinnen z. B. genannt, daß die Patientinnen und Patienten Wünsche nicht erfüllt bekamen, daß sie Situationen bzw. Personen nicht zutreffend eingeschätzt hatten, daß Frustration, Spannung, Kränkung und Angst wesentliche Rollen spielten. Mögliche Wut ist ein Faktor, der bei den Ausführungen Steinerts unberücksichtigt bleibt. Wut auch darüber, Patient/Patientin und damit abhängig, ohnmächtig, unfrei, krank zu sein – sich als Opfer des Systems Psychiatrie zu begreifen. Wir wissen, daß sich Wut bei Frauen und Männern häufig unterschiedlich äußert: Bei Männern ist eher die Tendenz des »acting-out« zu verzeichnen, in der sich die Wut nach außen richtet und in fremdverletzenden Aktionen äußert, bei Frauen eher die Tendenz des »swallowing«, in der sich die Wut nach innen richtet und sich u. a. in selbstverletzendem Verhalten ausdrückt.

Gewalttätiges Verhalten seitens der Patientinnen und Patienten – unabhängig vom Geschlecht – kehrt Ohnmacht, zumindest kurzfristig, in Macht um. Die Rollen werden getauscht : Die angegriffenen Personen werden durch den Angriff zum Opfer und haben aufgrund ihrer professionellen Rolle zu reagieren: verbal und körperlich mit Abwehr und Gegenwehr, organisatorisch mit Einleitung der entsprechenden Sicherungsmaßnahmen bzw. der Sanktionen per Machtbefugnis. All das ist auf seiten der Mitarbeiterinnen und Mitarbeiter häufig begleitet von Gefühlen der eigenen Angst, der Ohnmacht, der Wut, der Sorge um sich selbst und um die Patienten und Patientinnen. So kehrt sich das Verhältnis wieder um, oft in einem Prozeß des interaktionellen Geschehens. Ebenfalls auf seiten der Mitarbeiterinnen und Mitarbeiter läßt sich in eskalierenden Situationen geschlechtstypisches Verhalten zur Ausprägung von Abwehr und Gegenwehr beobachten: Körperliche Abwehr oder Gegenwehr wird eher von Männern wahrgenommen, verbale Interventionen werden länger von Frauen versucht. Zur Verdeutlichung möchte ich folgendes Beispiel anführen:

> Mit ausladenden Schritten ging Frau N. über das Klinikgelände, begrüßte meinen Kollegen und mich als neue Kollegin lautstark und lachend und schüttelte uns kräftig die Hände. Ein kleiner Small-talk-Wortwechsel, und sie zog wieder ihrer Wege. Eine energische Person! Mein Kollege berichtete mir, daß diese kleine korpulente Frau in einem Erregungszustand einen schweren Polstersessel hochgehoben und mit voller Wucht durch ein Fenster geschmissen habe. Ich wollte es nicht glauben. Ein halbes Jahr später erlebte ich diese Patientin im akuten Erregungszustand, als sie einem Patienten gegenüber aggressiv handgreiflich wurde, der ihre Beziehungswünsche an ihn, sie u. a. als »häßliche Dicke« beschimpfend, abgelehnt hatte. Nachdem alle Interventionsbemühungen der beiden weiblichen Diensthabenden zur Schlichtung des Konfliktes und Abwendung der Gefahr gescheitert waren, konnte sie nur schwerlich durch den Einsatz körperlicher Gewalt von zwei zur Hilfe gerufenen Krankenpflegern »gestoppt« werden. Die Patientin wurde weggetragen. Sie trat und schlug so lange schreiend um sich, bis die Medikamentenverabreichung durch den Arzt nach erfolgter Fixierung wirkte und ihr die Glieder und die Zunge den Dienst versagten.

Therapeutisch konnte die Situation der Kränkung, die sie erlebt haben mußte durch die Beziehungsablehnung einerseits und andererseits durch das gewaltmäßige Weggetragen- und Behandelt-Werden, nicht aufgearbeitet werden. Die Patientin, die dieses »Behandlungsmuster« in ihrer langjährigen Psychiatriekarriere wiederholt erlebt hatte, verweigerte hierzu (den beiden Betreuerinnen) sämtliche Gesprächsversuche.

Gewalttätiges Verhalten von Patientinnen und Patienten untereinander erfüllt z. T. ähnliche Funktionen zur Demonstration von Macht im Rahmen der (vermeintlichen und reduzierten) Möglichkeiten. Gewalt in ihren vielfältigen Formen drückt sich nicht nur in direkten physischen Angriffen aus, sondern z. B. auch in der verbalen Drohung, in dem Entziehen von Beachtung und in der Vernachlässigung, in dem Erzeugen von Angst, in der Androhung von Schädigungen, in dem Beschneiden ökonomischer Möglichkeiten, in der Belästigung, in der sexuellen Anzüglichkeit und dem sexuellen Übergriff. In der Fähigkeit, diese Angst zu erzeugen, zu drohen, Reaktionen hervorzurufen, Grenzen zu verletzen, erfährt sich der Patient oder die Patientin als unmittelbar potent. Insofern ist für sie in der Täterrolle Gewalt »attraktiv«.

Die körperlichen und sexuellen Übergriffe sind auch hier i. d. R. die Domäne von (einigen) männlichen Patienten, nämlich Gewalt als eingespieltes, fast selbstverständliches Muster für (oft auch sexuelle) Ausbeutung, Machtdemonstration und Mittel zur Konfliktlösung. In diesem Kontext kommt auch der Prostitution in der Klinik und der sexuellen Ausbeutung eine Bedeutung zu.

Zu sexuellen Kontakten/Übergriffen in Psychiatrie und Psychotherapie zwischen Mitarbeiterinnen und Mitarbeitern sowie Patientinnen und Patienten habe ich vor kurzem an anderer Stelle berichtet (Tergeist 1996). In diesem Zusammenhang ist hier festzuhalten, daß Therapeuten wesentlich häufiger sexuelle Kontakte zu ihren Patientinnen unterhalten als Therapeutinnen zu ihren Patienten; bei den Pflegekräften ist der Geschlechterunterschied von der Anzahl her nicht so hoch, jedoch ergibt sich wiederum eine Differenz in der Frage der *Initiative* zur Aufnahme des sexuellen Kontaktes/Übergriffs, die wesentlich öfter von den Männern als von den Frauen ausgegangen war. Unabhängig hiervon liegt die Verantwortung für sexuelle Übergriffe immer auf der Seite der Profis, wenn sie auf sexuelle Initiativen eingehen.

Gewalt in der Praxis geschlechtsspezifisch zum Thema machen

Die mögliche Voraussagbarkeit aggressiver Handlungen psychiatrischer Patientinnen und Patienten ist wiederholt untersucht worden (z. B. Monahan/Steadman 1994). In diesem Zusammenhang wurden sowohl der außerpsychiatrischen Biographie bezüglich Erfahrungen von Gewalt als Lernvergangenheit als auch früheren Gewalterlebnissen in psychiatrischen Einrichtungen Bedeutung beigemessen. Der Traumatisierung durch Gewalt, den psychischen Folgeschäden sowie den geschlechtsspezifischen Verarbeitungsformen von Gewalterfahrungen wurden in der Forschung inzwischen der entsprechende Platz eingeräumt.

Wir wissen, daß Gewalterfahrungen, die Frauen und Männer in ihrer Vergangenheit erlebt haben, diese unterschiedlich »sozialisieren«: Männer neigen später ebenfalls zu gewalttätigem Verhalten, Frauen lernen eher, hilflos zu sein, und reagieren häufig autoaggressiv.

Zur Prävention von Gewalt und zum Schutz vor Gewalt ist es für die in der Psychiatrie Tätigen unabdingbar, sich mit dem Thema Gewalt geschlechtsspezifisch auseinanderzusetzen. Primär ist hierbei: sich zu informieren über die Dimensionen und Funktionen von Gewalt, den Abbau von Gewalttabus sowie die bewußte und eindeutige eigene Stellungnahme zur Gewalt.

Die eigenen Geschlechtsrollen und Strategien sind zu hinterfragen, z. B. auch in dem Sinne der Delegation von Gewalt in einer hierarchisch strukturierten gemischtgeschlechtlichen Einrichtung, der unterschiedlichen Ausprägungen von Angst, Hilflosigkeit und Wut als Reaktionen auf gewalttätige Patientinnen und Patienten, die sich sowohl in Rückzug auf der einen als auch in überdimensionierter Gegenwehr auf der anderen Seite äußern kann. Die Interventionen als Frau oder als Mann zur Abwendung einer Gefahr bzw. zur Gewährleistung des Schutzes sind auf ihre Unterschiedlichkeiten und Gemeinsamkeiten hin regelmäßig zu reflektieren, ebenso die Unterschiedlichkeiten und Gemeinsamkeiten in der Reaktion auf Patienten und Patientinnen. In Fallbesprechungen ist das Thema Gewalterfahrungen/Reaktionen im biographischen und im diagnostischen Kontext zu erfassen. Bewertungen zu fremdverletzendem und selbstverletzendem Verhalten und die eigenen Reaktionen – was und wer bekommt durch wen und wie mehr Beachtung? – müssen hinterfragt werden. Ebenso die geschlechtstypischen Zuschreibungen: die einseitige Reduzierung der Patienten auf die aggressive Täterebene und der Patientinnen auf die wehrlose Opferebene ist zu vermeiden, um einer Polarisierung entgegenzuwirken und um den Blick für Potentiale freizuhalten. Auf der anderen Seite ist der tatsächlich wesentlich größeren Vulnerabilität der Frau, Gewalt zu erfahren, in der spezifischen Wahrnehmung und im tatsächlichen präventiven und reaktiven Handeln in der Praxis (beiden Geschlechtern gegenüber) Rechnung zu tragen, z. B. durch

- die Dekonstruktion gewaltauslösender Situationen und die Konstruktion geeigneter Frei- bzw. Schutzräume,
- Gespräche über Gewalt und die Erarbeitung von Verhaltensstrategien bei entsprechenden Situationen zum eigenen Schutz, inkl. aufarbeitende therapeutische Gespräche nach Gewalt- und Abwehrsituationen,
- Vereinbarungen zu gewaltvermeidenden Ritualen und durch das Aufzeigen von eventuellen Konsequenzen bei (erneuter) Gewalt,
- das Anbieten konkreter Hilfe und Information über Hilfsmöglichkeiten,
- das Thematisieren geschlechtsspezifischer Unterschiede (nicht nur) bezogen auf Gewalt.

Literatur

Angermeyer, M.C.; Grottker, D. (1990): Kommt es bei schizophrenen Psychosen zur Umkehr geschlechtsspezifischen Rollenverhaltens? – Ergebnisse einer explorativen Studie. In: *Psychiatrische Praxis*, 17, S. 85–90.

Bundeskriminalamt (Hg.): Polizeiliche Kriminalstatistik (laufende Jahrgänge). Wiesbaden.

Esser, H.; Bohlmann, B. (1993): Gedanken zu Macht und Wut. In: Schneider, D.;Tergeist, G. (Hg.): a. a. O.

Hamburger Institut für Sozialforschung (Hg.) (1989): Geschlechtsspezifische Aspekte der Tötungskriminalität. Eine empirische Untersuchung von Gerichtsurteilen, unveröff. Manuskript.

Heiliger, A.; Engelfried, C. (1995): Männliche Sozialisation und potentielle Täterschaft. Frankfurt a. M./New York.

Heyne, C. (1996): Täterinnen. Offene und versteckte Aggression von Frauen. München.

International Council of Nurses (1995): Gewalt gegen beruflich Pflegende. In: *Pflege aktuell*, 2, S. 95 u. 96.

Monahan, J.; Steadman, H. (Hg.) (1994): Violence and Mental Disorder. Developments in Risk Assessment. Chicago.

Rachor, Ch. (1995): Selbstmordversuche von Frauen. Ursachen und soziale Bedeutung. Frankfurt a. M./New York.

Schneider, D.; Tergeist, G. (Hg.) (1993): Spinnt die Frau? Lesebuch zur Geschlechterfrage in der Psychiatrie. Bonn.

Schneider, D. (1993): Spurensuche. In: Schneider, D.; Tergeist, G. (Hg.): a. a. O.

Steinert, T. u. a. (1991): Aggressionen psychiatrischer Patienten in der Klinik. In: *Psychiatrische Praxis*, 18, S. 155–161.

Swanson, J. u. a. (1990): Violence and Psychiatric Disorder in the Community: Evidence from the Epidemiologic Catchment Area Surveys. In: *Hospital and Community Psychiatry*, 41, S. 761–770.

Swanson, J. (1994): Mental Disorder, Substance Abuse, and Community Violence: An Epidemiological Approach. In: Monahan, J.; Steadman, H. (Hg.): a. a. O.

Tergeist, G. (1996): Böse Falle. Zu sexuellen Übergriffen in der Psychiatrie und Psychotherapie. In: Herzog, G.; Tergeist, G. (1996): Störfall Sexualität. Intimitäten in der Psychiatrie. Bonn.

PETRA GROMANN

Schattenseiten der Reform oder Die »Zurückgebliebenen«

Angesichts der vielfältigen Reformbemühungen der vergangenen 20 Jahre – die Entwicklung gemeindepsychiatrischer Hilfen, die Verbesserung der stationären Hilfen, die Entwicklung besserer Behandlungsmethoden, der Erfolg von Enthospitalisierungsbemühungen sowie der Umsetzungsversuch individueller, lebensfeldbezogener Rehabilitation – scheint es auf den ersten Blick doch kontinuierlich »vorwärts« zu gehen. Neben den vielfachen Hindernissen, der extremen regionalen Unterschiede aber gibt es auch eine strukturelle »Schattenseite«.

Diese verborgene Schattenseite der Reform ist die weitgehend wenig bemerkte »Verlegung« großer Gruppen langzeithospitalisierter Menschen in private oder gemeinnützige Pflegeheime, bei einer weiterbestehenden und sich erneuernden Gruppe von »Langzeitkranken« in psychiatrischen Kliniken (HOFFMANN 1996).

Ich möchte die Schattenseite im folgenden etwas aufhellen, und zwar mit einer Betrachtung der Muster und Strukturen, die sich im Alltag des »Zurückgebliebenseins« verfestigen.

Ganz grundlegend für die Betrachtung der Schattenseite ist die Einschätzung, diese Bewohner/Patienten seien so »schwierig« oder so lebensuntüchtig, in allen Belangen abhängig, pflegebedürftig, resigniert und abgeschottet, daß für sie etwas anderes als langjährige stationäre Versorgung zu aufwendig, zu schwierig und auch für die Betroffenen zu anfordernd, ja krankheitsverstärkend sei. Dieser Mythos des »harten Kerns« mobilisiert zwar dort, wo engagiert und strukturell unterstützt konsequente Enthospitalisierungsarbeit geleistet wird, Rettungs- und Retterphantasien, und es gelingt dann auch – meist mit deutlichen Erfolgen –, Menschen außerhalb des Krankenhauses oder einer großen Heimeinrichtung in verschiedenen Lebensfeldern zu integrieren. Trotz dieser Erfolge kommt es dennoch zu keinem »Umschwung« in der Versorgungs- und Verlegungspraxis – der Schattenbereich wächst.

Nun ist das zum einen sicherlich strukturell zu analysieren im Zusammenhang mit mangelnden Ressourcen der nicht-stationären Versorgung, den Hindernissen einer konsequenten gemeindepsychiatrischen Arbeitsweise, den Lücken sozialrechtlicher Regelungen. Ich verweise dazu auf die Kritik an den sozialrechtlichen und strukturellen Hindernissen einer einrichtungsbezogenen Versorgung für psychisch kranke Menschen (AKTION PSYCHISCH KRANKE/KAUDER 1997).

Neben der strukturellen Analyse der Hindernisse gegenwärtiger Versorgungspraxis ist jedoch der Mythos des »harten Kerns« der »besonders schwierigen Patienten« zu hinterfragen, denn diese Sichtweise fordert geradezu Ausgrenzung heraus.

Der Mythos macht die Problematik an den Eigenschaften der Bewohner/Patienten fest und begründet so die isolierende langfristige Versorgung in großen stationären Einrichtungen, die zum Schatten reduzierende Versorgungspraxis, als notwendig.

Nun wäre als Gegenmodell von der »harten Schale« (vgl. KRUCKENBERG 1991) der institutionellen Versorgungspraxis zu reden. Die strukturelle Gewalt hospitalismusfördernder Lebensbedingungen, die mangelnde Qualifikation und die Überforderung der Mitarbeiter verbindet sich mit der finanziell und sozial armen Lage der Einrichtungen. Konkrete Kritik und praktische Alternativen zu hospitalisierenden Alltagsbedingungen spielen also neben der Analyse struktureller Ausgrenzung eine große Rolle für die Erhellung der Schattenseiten.

Bevor ich dazu übergehe, noch einige Vorbemerkungen.

Wenn wir davon ausgehen, daß das gemeinsame Merkmal der langzeituntergebrachten Klientinnen und Klienten mehr aus einer extremen sozialen Isolierung, dem Herausfallen aus privaten Beziehungen, Wohn- und Arbeitsplatzverlusten, einer Entwurzelung aus sozialräumlichen Bezügen besteht denn aus gleichen »Symptomen«, dann heißt das, daß diese Menschen sowohl mit ihrem Verhalten als auch mit ihren Lösungsversuchen die Anpassungsfähigkeit ihrer konkreten Umgebung dauerhaft überfordern und dies auch in der stationären Behandlungssituation tun. Anders herum gesehen, sind sie hoch empfindlich gegenüber den mangelnden Anpassungsleistungen der professionellen Milieus der Psychiatrie.

Institutionelle Ignoranz

Vor diesem Hintergrund sind die institutionellen Strategien zu bewerten, mit sozial störendem Verhalten und extremer Abhängigkeit von fremder Selbstsorge umzugehen.

Typischerweise sind die Versorgungseinrichtungen besonders groß und werden zentral verwaltet. Die Größe wird durch den Mythos des »rationalen Wirtschaftens« begründet: Zentrale Ressourcenverteilung führt zu rationellem Mitteleinsatz und damit zu gleichen Wirtschaftsbedingungen auf der Ebene der Untereinheiten. Autonomes Wirtschaften und die Anpassung der Ressourcen an spezifische Bedarfe ist hier weitgehend ausgeschlossen. Wichtigstes Organisationsprinzip ist die Gruppe, d. h. die Gleichversorgung einer zufällig zusammengesetzten Anzahl von Menschen. Soziale Anpassungsleistungen werden dann von den anderen Gruppenmitgliedern erwartet – und werden auch wider Erwarten in einem Ausmaß erbracht, das angesichts des Scheiterns nicht-erkrankter Menschen nur zu erstaunlich ist. J. Leff u. a. (1990) haben eine genauere Analyse der sozialen Rollenstruktur von Langzeitpatienten dargestellt.

Das Selbstverständnis der Mitarbeiter ist im wesentlichen ablauforientiert; hohe Bedeutung wird der Aufrechterhaltung von »Strukturen« zugemessen, damit die Versorgungsroutine nur wenig unterbrochen, d. h. nicht zu Anpassungsleistungen herausgefordert wird. Ch. und Th. Fengler (1980) haben auf die Bedeutung des Gleichbehandlungsprinzips und auf die Rolle des »reibungslosen Ablaufs« hingewiesen.

Wesentliches Moment zur Aufrechterhaltung des Ablaufs ist eine durchgängige Kontrolle der Lebensbereiche der Klienten, die sowohl die Privatsphäre einschränkt wie auch dauerhaft die Distanz zwischen Mitarbeitern und Klienten verfestigt.

Ein solchermaßen »bereinigtes Milieu«, eine durch den Verlust der eigenen Selbstsorge und des Haushaltens erzwungene Untätigkeit, verlangt als Anpassungsleistung der Klientinnen und Klienten noch stärkere Passivität und Lebensuntüchtigkeit, zumeist unterbrochen durch vielfältige Versuche des Aufbegehrens.

Nahezu alle den Verlauf psychischer Erkrankungen beeinflussenden Bedingungsfaktoren (vgl. Wienberg 1995, S. 92ff.) kommen dann in »krankheitsverstärkender« Weise zusammen: die Festlegung auf die

Behindertenrolle, negative Zukunftserwartungen, Rollenverluste, wenig Rückzugsmöglichkeiten und Geborgenheit, keine Stützung individueller Verarbeitung, keine Informiertheit zur Erkrankung und deren Folgen, streßreiche und geringe Nahkontakte, hohe Statusverluste.

Wahrscheinlich werden in allen Langzeitbereichen tätige Mitarbeiter diese eher »soziologische« Analyse der strukturellen Gewalt mit wachsendem Widerwillen lesen. Ihre Gegenfrage wird lauten, was sie denn unter den gegebenen Bedingungen tun sollen, wo doch

- alle zugänglichen Patienten und Klienten aus ihrem Arbeitsmilieu verschwunden sind,
- sie mit geringer personeller Ausstattung den Betrieb aufrechterhalten sollen und
- es wenig Einflußmöglichkeiten und Veränderungschancen in der eigenen Arbeit gibt.

Typischerweise arbeiten in den Schattenbereichen immer noch jene Mitarbeiter mit den schlechteren Qualifikationen, die selbst aus den dynamischen Teams herausgefallen sind und mit ihrer Art die Anpassungsleistungen der Jungen und besser Ausgebildeten überfordert haben. Der geheime Stolz, mit den Schwierigsten zurechtzukommen, sich einzurichten in überfordernden und schlechten Arbeitsbedingungen, hat eine große Bedeutung.

Die strukturelle Gewalt – gerade den Menschen gegenüber, die die höchsten fachlichen Ansprüche an individuelle Anpassung der Lebensumstände stellen –, die darin besteht, diese Anpassung systematisch zu verweigern, gerät aus dem Blickfeld. Dennoch ist dieses Wissen vorhanden; es setzt sich um als Gewährung von kleinen Privilegien und der Enttäuschung, wenn dies nicht mit Dankbarkeit beantwortet wird.

Diese Verweigerung der Anpassung der Lebensumstände an die »Schwierigsten« und »Anforderndsten« potenziert sich durch den Fortgang der Reform: Es bleiben die Einrichtungen zurück, die bloße »unqualifizierte Versorgung« leisten. In ihnen leben immer mehr Menschen zusammen, die durch die gegenwärtigen Hilfen im gemeindepsychiatrischen Bereich nicht in einem eigenen Lebensfeld stabilisiert werden können. Die Verschärfung struktureller Gewalt (mit der ständigen Gefahr des Umschlagens in manifeste Gewalt) durch eine steigende Anzahl von besonders anpassungsbedürftigen Klienten ist praktische Erfahrung. Früher war dies durch Verlegung innerhalb eines Hauses, d. h.

durch interne Verteilung zu lösen. Diese Möglichkeit verschwindet zunehmend und läßt Mitarbeiter vor Ort zu Reformgegnern werden.

Außerhalb des Blickfeldes liegt dabei, wieviel sozialräumliche Ausgrenzungsprozesse zu einer solchen Art von unerträglichem Zusammentreffen geführt haben.

Bleibt diese Spirale der Ausgrenzung bestehen, helfen auch methodische Konzepte, Fortbildungen und mehr Ressourcen für die »zurückgebliebenen« Institutionen nicht. Nur die sozialräumliche Entzerrung (die Chance, in einer Vielzahl von sozialen Milieus passende Umweltbedingungen zu schaffen) oder anders ausgedrückt: die konsequente Regionalisierung der Verantwortung kann hier Abhilfe schaffen.

Zugleich binden diese Einrichtungen für die »Zurückgebliebenen« alle Ressourcen zu einer Umsteuerung. Nur wenn im gemeindepsychiatrischen Bereich die Mittel und Strukturen vorhanden sind, andere als dauerhaft stationäre Hilfen verantwortlich zu entwickeln, können sich diese Arbeitsbedingungen verändern und verbessern (Aktion Psychisch Kranke/Kauder 1997).

Ist diese strukturelle Gewalt für alle Beteiligten also hinzunehmen, bis sich an den Bedingungen grundlegend etwas ändert?

Auch strukturelle Veränderungen bedürfen der Veränderung der Arbeitsweise vor Ort. Es gibt keine Alternative zu einer strukturelle und manifeste Gewalt verringernden Arbeitsweise – so schwierig die Umsetzung auch sein mag.

Institutionelle Aufmerksamkeit

Grundlegend für gewaltfreie Begleitung chronisch psychisch kranker Menschen ist das Verständnis für das Verhalten der Betreffenden vor dem Hintergrund ihres Lebensweges, ihrer Lebenssituation und ihrer Bewältigungsleistungen. Erst mit einem solchen Verständnis kann eine Annahme des Soseins dieses Menschen erfolgen, ein inneres und äußeres Zu-Ihm-Halten, verbunden mit einer Überwindung von Gefühlen des Ablehnens und der Tendenzen des Abschiebens.

Das schließt die Respektierung des eigenen Willens und eine weitgehende Berücksichtigung der Bedürfnisse ein, was zu einem deutlich klientenzentrierten Ablauf des Tages bzw. der Gruppe führen wird.

Überwunden werden muß die professionelle Neigung, den eigenen, vernünftigen Willen durchzusetzen.

Diese Anregungen und Vorschläge brauchen das Werben um das Einverständnis der Klienten, das Verhandeln mit ihnen und oft genug auch ausreichende Zeit (Eigenzeit, aber auch das entsprechende persönliche Tempo). Die Bereitschaft zur Annahme von Angeboten steht und fällt mit der Tragfähigkeit der zwischenmenschlichen Beziehungen und den Chancen, die die Kontinuität der professionellen Begleitung offen hält oder sogar erst erschließt.

Begleitung bedeutet in erster Linie die Weckung gemeinsamer, positiv realistischer Zukunftsperspektiven, das stufenweise Erarbeitung gemeinsamer kleinschrittiger Ziele zur Verbesserung der Bedingungen und der Bewältigungsleistungen der Betroffenen, kurz: die Vermittlung von Sinnangeboten.

Am Normalisierungsprinzip ausgerichtete Veränderungen der Einrichtung und weitestmöglich bedürfnisgerechte Alltagsbedingungen können zu einer Entschärfung der Konflikte im Zusammenleben beitragen. Die Reflexion des Gewordenseins der eigenen prägenden Modelle und des eigenen Gewalterlebens kann bei der Entwicklung des professionellen Selbstverständnisses helfen und hilft allemal bei einer Überwindung des Ausgeliefertseins gegenüber eigenen Gewaltimpulsen. »Selbst der weitgehend abhängige und ohnmächtige Behinderte nutzt – vielleicht aus tiefster Verzweiflung und Aussichtslosigkeit heraus – seine spezifischen physischen Möglichkeiten der Macht, wenn er affektgeladen ›Gegengewalt‹ ausübt, tobt und Betreuerinnen und Mitbewohner angreift. Seine Macht ist allerdings eng begrenzt. Die ihn letztlich beherrschenden und bestimmenden Machtverhältnisse sind (begreiflicherweise) so angelegt, daß die bedrohliche Aggressivität möglichst rasch verbannt werden kann.« (Bonderer 1993, S. 51)

Schließlich ist gerade angesichts der Verhärtung der Bedingungen für diese fordernde Gruppe von Menschen eine kritische Auseinandersetzung mit biologistischen, philosophischen und politischen Rechtfertigungen der Gewalt nötig. Die Überwindung der als Toleranz getarnten Gleichgültigkeit gegenüber der strukturellen und manifesten Gewalt ist auch eine gegen den Zeitgeist gewendete Verzweiflung der Vernunft.

Literatur

Aktion Psychisch Kranke; Kauder, V. (1997): Personenzentrierte Hilfen in der psychiatrischen Versorgung. Kurzfassung des Berichts zum Forschungsprojekt des BMG »Personenbemessung im komplementären Bereich der psychiatrischen Versorgung«. Manual mit Behandlungs- und Rehabilitationsplänen. Bonn.

Bonderer, E. (1993): Für das Fehlende oder gegen die Fehler. In: Egli, J. (Hg.): Gewalt und Gegengewalt im Umgang mit geistig behinderten Menschen. Luzern.

Bradl, Ch.; Steinert, I. (Hg.) (1996): Mehr Selbstbestimmung durch Enthospitalisierung. Kritische Analysen und neue Orientierungen für die Arbeit mit geistig behinderten Menschen. Bonn.

Fengler, Ch.; Fengler, Th. (1994): Alltag in der Anstalt. Bonn.

Gromann, P. (1996): Ein Leben in der Gemeinde – trotz leerer Kassen. In: Bradl, Ch.; Steinert, I. (Hg.): a. a. O., S. 236–241.

Hoffmann, M. (1996): Enthospitalisierung in Heime. In: *Soziale Psychiatrie*, 2, S. 40.

Kruckenberg, P. (1991): Zur Konfliktdynamik von Auflösungsprozessen. In: Gromann-Richter, P. (Hg.): »Was heißt hier Auflösung?«. Bonn, S. 76–85.

Leff, J. u. a. (1990): TAPS-Project 3. The Structure of Social-Network Data obtained from Long-Stay-Patients. In: *British Journal of Psychiatry*, 52, S. 848–852.

Theunissen, G. (1991): Wege aus der Hospitalisierung. Förderung und Integration schwerstbehinderter Menschen. Bonn.

Wienberg, G. (1995): Schizophrenie zum Thema machen. Bonn.

Utopien und Perspektiven

HARALD PFANNKUCH

»Offene Türen überall!«

Über die Selbstverständlichkeit des Herner Modells

Einführung

Gerne wird die Arbeit in Herne auf das Stichwort »offene Psychiatrie« reduziert, ganz so, als ginge von dort der Ruf aus, daß durch die Öffnung der Stationstüren eine gewaltarme Psychiatrie nahezu selbstläuferisch bedingt werde; resümierend stellt zum Beispiel ENGELMANN (1993, S. 5) fest: »Störend in der Debatte ist einzig die messianische Haltung, mit der die Offene Tür als (einziger) Eingang zum Paradies verklärt wird.«

Obgleich die »offenen Türen« zweifelsohne als unverzichtbarer Bestandteil »auf dem Weg zu einer gewaltfreien Psychiatrie« (KRISOR 1993) in Herne angesehen werden, da sie konkret und symbolisch eine neue Qualität des Umgangs von professionellen Helfern und Nutzern der Institution spiegeln, stellen diese nur *einen* Baustein im Bemühen um eine veränderte stationäre Psychiatrie dar, der von vielen und vor allem gleichrangigen weiteren Bausteinen in ein sich wechselseitig bedingendes Geflecht eingebettet ist.

Bevor ich auf dieses Herner Bedingungsgeflecht eingehe, möchte ich zunächst die offene Psychiatrie aus der Vogelperspektive kurz vorstellen und dann die Perspektiven der Skeptiker in der isolierten Diskussion um offene Türen kommentierend zusammenfassen.

Offene Psychiatrie aus der Vogelperspektive

Offene Türen in der Psychiatrie sind eine praxisbewährte Selbstverständlichkeit – in Bad Driburg seit knapp 30 Jahren, in Herne seit 20 Jahren und seit zum Teil vielen Jahren ebenfalls in Lauterbach, Merzig, Neunkirchen, Olpe und Plauen. Alle Einrichtungen haben die Pflichtversorgung für bestimmte Regionen übernommen und können demnach Patienten nicht unmittelbar ausgrenzen, da sie zunächst zur Aufnahme aller psychiatrischen Patienten der Region verpflichtet sind.

Abgesehen vom Landeskrankenhaus Merzig, das kurz vor seiner selbstinitiierten Auflösung steht, handelt es sich bei den genannten Einrichtungen um psychiatrische Abteilungen unterschiedlicher Größe an Allgemeinkrankenhäusern.

Neben den durchweg offenen Türen ist allen Kliniken eigen, daß sie auf eine Aufnahmestation verzichten und durchgängig heterogen belegte Stationen - d. h. unabhängig von Alter, sozioökonomischem Status, Diagnose, Dauer des Aufenthaltes usw. - aufweisen. Diese gemeinsamen Strukturmerkmale bieten nach übereinstimmender Auffassung in reflektierenden Erfahrungsberichten (vgl. Eichhorn 1986; Gerber 1997; Krisor 1991, 1993, 1994, 1995 b, 1997; Krisor/Pfannkuch 1994, 1996; Philipzen 1972, 1994; Pfannkuch 1994; Schmidt 1994, 1995; Schulte 1997; Waldmann 1997; Weise 1990; Weise/Uhle 1994; Werner 1994, 1996, 199; Werry 1997) Vorteile, von denen die *wesentlichen* wohl sind:

- Die verringerte Ballung besonders auffälliger psychopathologischer Phänomene gegenüber konventionellen Aufnahmestationen führt zu einem deutlich entspannteren Stationsklima.
- Gewaltvorkommnisse werden minimiert.
- Ein hohes Interaktionsniveau seitens der Nutzerinnen und Nutzer bedingt eine vermehrte Aktivierung des Selbsthilfepotentials.
- Das deutlich entspannte Stationsmilieu bildet einen günstigen Rahmen für die therapeutische Arbeit und trägt somit zur Suizidprävention - wie die geringen Suizidquoten der genannten Kliniken zeigen - bei.
- Die Fixierung auf spezifische psychopathologische Phänomene in der Selbst- und Fremdwahrnehmung der Patienten und Patientinnen wird aufgeweicht und bietet - je nach therapeutischer Ausrichtung - hervorragende Anknüpfpunkte für eine ressourcenorientierte psychiatrische Arbeit.
- Es entsteht die Möglichkeit, das Stationsgeschehen an alltäglicher Normalität zu orientieren, um so die Ausprägung einer »Welt für sich« mit eigenen Normen, die sich den allgemeinen sozialen Gegebenheiten ebenso wie der sozialen Kontrolle entziehen, zu verhindern (vgl. Goffman 1977; Pfannkuch 1997a).
- Die Mitarbeiterzufriedenheit erhöht sich.

Diese *identischen Strukturmerkmale* der Kliniken sind unverzichtbar zur Durchsetzung einer offenen Psychiatrie.

Die Diskussion der offenen Türen in der Psychiatrie aus skeptischer Perspektive

Die Pragmatiker

Diese Perspektive umfaßt jene, die offene Türen als etwas grundsätzlich Positives ansehen, jedoch immer wieder legitimieren, warum diese in ihrer Klinik nicht möglich sind. So betont J. Modestin aus Zürich (1991, S. 19), daß die offene Tür »das Engagement des Patienten, seine Autonomie und Selbständigkeit (fördert) und zu seiner Valorisierung« beitrage, gleichzeitig aber immer gewichtigere Gründe für die Schließung der Stationstüren sprächen: »Der Anteil der Gefährdeten an der Gesamtheit der akut Hospitalisierten stieg innerhalb von nicht ganz 10 Jahren von 11 % auf volle 50 % an«, zudem seien Menschen mit Doppeldiagnosen notwendig geschlossen unterzubringen.

Aus der Sicht der »offenen Psychiatrie« möchte ich kritisch anmerken, daß wir in Herne nicht die geringsten Probleme sehen, Patienten mit Doppeldiagnosen unter offenen Bedingungen zu behandeln; ebenso ist der Anteil der selbst- und fremdgefährdenden Menschen bei uns nicht in vergleichbarer Höhe anzusetzen. Über die Genese dieser immens hohen Anzahl gefährdeter Menschen kann auch nur spekuliert werden; allerdings sei in diesem Zusammenhang auf die Driburger Analyse von Diagnoseübereinstimmungen verwiesen, die aufzeigte, daß lediglich 55,8 % der Diagnosen bei den Patienten übereinstimmten, die zunächst im Landeskrankenhaus Marsberg und dann in der psychiatrischen Abteilung in Bad Driburg erstellt wurden (Struckmeier 1982, S. 383 ff.). Gleichzeitig muß zudem hervorgehoben werden, daß die Strukturmerkmale, die für alle offen geführten Kliniken bedeutsam sind, für die Züricher Klinik nicht gelten. Lediglich die Türen zu öffnen und sonst alles beim alten zu belassen (Aufnahmesituation, Patientenselektion) scheint demnach nicht auszureichen, eine offene Psychiatrie zu realisieren.

Auch H. Haselbeck (1997) beschreibt, und zwar kasuistisch, wie seine nachdrückliche Anordnung, das Einschließen von Patienten in Zimmern zu unterlassen, durch das gewalttätige und ungesteuerte Verhalten eines Patienten aufgehoben werden mußte. Es ist müßig, darüber zu spekulieren, ob unter den strukturellen Bedingungen der offenen Psychiatrie sich das gestörte Verhalten des beschriebenen Patienten in ähnlicher Form entfaltet hätte oder andere kreative Lösungsmöglichkeiten möglich gewesen wären; zunächst gilt es, die Darstellung Haselbecks zu akzeptieren. Allerdings scheint mir das methodische Vorgehen bedenklich, einen Einzelfall als Beleg dafür zu funktionalisieren, daß gewaltfreie Psychiatrie, eine Psychiatrie mit offenen Türen in der Realität scheitere und demnach eher als moralisches Gebot zu verstehen sei. Plausibel an Haselbecks Äußerungen ist der implizite Hinweis, daß auch die Vertreter der offenen Psychiatrie ihre Umgehensweise mit derartig gestörtem Verhalten darstellen sollten, was jedoch schon vielfältig geschehen ist (Krisor 1993.; Pfilipzen 1994).

Die Zweifler

Die Perspektive der Zweifler besteht darin, auf die »offene Psychiatrie« mit negativen Erklärungshypothesen zu reagieren. Generell laufe eine sanfte Psychiatrie Gefahr, »daß die Humanisierung stationärer psychiatrischer Einrichtungen nicht notwendigerweise zu einer Besserstellung aller Patienten führt, dann nämlich nicht, wenn sie mit einer Ausgrenzung Schwerstkranker gekauft wird« (Zeiler 1996, S. 211). Neben dem populären Vorwurf, offene und sanfte Psychiatrie würde durch eine höhere Medikation erkauft (Zeiler 1994), findet sich hier der Vorwurf, daß durch »gezielte Strafanzeigen« (Zeiler 1996, S. 211) unliebsame Patienten aus dem Behandlungsgeschehen ausgegrenzt würden und eine »gute Psychiatrie« von »gewalttätigen Patienten« abgespaltet werde. Als konkrete Beispiele finden sich Menschen mit einer diagnostizierten Persönlichkeitsstörung, die bei gewalttätigem Verhalten in der Klinik durch Strafanzeigen einer anderen Verantwortung unterstellt oder schlicht »disziplinarisch« entlassen werden.

Daß der Medikamentenverbrauch durch die Einführung offener Türen im Vergleich zu anderen Einrichtungen sehr günstig ausfallen kann, belegte H. Eichhorn (1992), auch das Hauptergebnis einer wissenschaftlichen Begleitforschung in Merzig lautet: »Mehr Psychopharmaka werden unter den Reformbedingungen des LKH Merzig auf keinen Fall verabreicht.« (Schmidt 1995, S. 520)

In Herne gibt es keine wissenschaftlichen Begleitforschungsergebnisse, jedoch spiegeln die Erfahrungswerte von ärztlichen Kollegen mit Arbeitserfahrung in geschlossenen Kliniken übereinstimmend, daß ein eher zurückhaltender Umgang mit Medikamenten vorherrsche.

Die Vorhaltung, sanfte Psychiatrie arbeite mit dem Mittel der gezielten Strafanzeige, basiert auf kasuistischen Einzelfallbeispielen. Dies ist bei den zweifelsohne interessanten Hypothesen Zeilers ebenso zu beachten wie die Frage, wieso das Mittel der »gezielten Strafanzeige« auf sanfte oder offene Psychiatrie begrenzt sein soll und nicht auch für geschlossene Unterbringungsformen gelten kann. Die Ausgangsbasis dieser Unterstellung ist zumindest als fragwürdig und spekulativ zu bezeichnen, zudem können ihr Fakten entgegengehalten werden:

Für Herne gilt 1994/95, daß 0,7 % (n = 8 p.a.) der behandelten Patienten als aufgenommene Notfallpatienten in eine andere psychiatrische Klinik in ihrer Heimatgemeinde überwiesen wurden; dies ist ein Wert, der deutlich unter dem vieler vergleichbarer Einrichtungen liegt. Die gezielte Strafanzeige mit Entlassungsfolge wurde in den letzten 5 Jahren in einem einzigen Fall, Strafanzeigen ohne ausgrenzende Folge 1993 bis 1995 in 8 Fällen gestellt. Dies bedeutet im Mittel des Jahres, daß es bei 0,2 % der aufgenommenen Patienten zu Strafanzeigen kam.

Vergleicht man diese Zahl mit der polizeilichen Kriminalstatistik für den Großraum Herne, zeigt sich, daß 1995 gegen 1,5 % der Bevölkerung anzeigenbedingt ermittelt wurde; Ladendiebstähle sind dabei ebenso ausgenommen wie BTM-Verstöße und ca. 90 % der Schwarzfahrdelikte.

Derartige Vergleiche sind sinnvoll, um die Diskussion von psychiatrischen Institutionen vor dem Hintergrund sozialer Realität zu führen und nicht durch psychiatrieimmanente Zahlenspiele erneut eine »Welt für sich« zu konstruieren.

Die Nutzer – skeptisch und zugewandt

»Daß Patienten sich in einer freundlichen und möglichst offen gestalteten Behandlungsatmosphäre wohler fühlen, bedarf eigentlich gar keiner Erwähnung« (Gunkel/Bröker/Priebe 1996, S. 21) – selbst diese minimale Konsensformel wird im fachlichen Diskurs angezweifelt. So betont A. Finzen, daß die geschlossene Station zwar »für die unfreiwillige Psychiatrie« (1991, S. 7) stehe, »dennoch müssen geschlossene Stationen für nicht wenige Kranke keine Gefängnisse, können sie sehr wohl Orte der Hilfe sein, vermitteln sie Geborgenheit und Zuflucht« (ebd., S. 7).

Der renommierte und selbst depressiv erkrankte Psychiater Kuiper scheint zunächst in der autobiographischen Verarbeitung seiner Leidenszeit die Erfahrungen Finzens zu unterstreichen, indem er anläßlich seiner Stationsverlegung betont: »Dort wurde die ›Tür zur Außenwelt‹ nicht abgeschlossen. Dabei hatte die abgeschlossene Tür mir gerade ein Gefühl der Sicherheit gegeben.« (Kuiper 1991, S. 110) Im gesamten Kontext seiner Schilderung wird dann jedoch deutlich, daß dieser Wunsch nach geschlossener Unterbringung seiner Krankheitssymptomatik, die auch in der eigenen Abkapselung bestand, entsprach. Der »Preis« der Geborgenheit auf der »geschlossenen Station« stellt sich in der gesamten Darstellung Kuipers als regressive Tendenz dar, die spezifische institutionelle Strukturen zur potentiellen Festschreibung einer psychiatrischen Langzeitkarriere funktionalisiert. In der theoretischen Reflexion mit Blick auf institutionelle Strukturen in psychiatrischen Kliniken finden sich derartige Prozesse wie folgt analysiert: »In der Regel herrscht in der Anstalt eine immense Komplizenschaft; eine prächtige Übereinstimmung zwischen Verrückten und Bewachern: daß sich bloß nichts rührt, alles an seinem Platz bleibt, alles Leben so und nicht anders weiterläuft, Tag für Tag, bis zum Tode. Vor allem nur ja nichts verändern, jede Veränderung bedeutet Bedrohung, Angst, Gefahr. So tun, als ob alles, wie es ist, gut wäre; sich methodisch bis ins kleinste organisieren, damit Antriebe blockiert werden, denn ideal ist der Leerlauf, immer das gleiche zur gleichen Zeit, jeder Tag, den der Liebe Gott gewährt, immerfort, Jahrhundert für Jahrhundert.« (Gentis 1980, S. 79)

Das Phänomen dieser »Komplizenschaft« läßt sich vielfältig beleuchten; so sind aus psychoanalytischer Sicht »Anstalten aber nicht nur deshalb von großer Stabilität, weil sie alle Beteiligten vor Beunruhigungen schützen, sondern auch, weil sie Bedürfnisse von Patienten und Mitarbeitern befriedigen: indem sie sich mit Elementen einer ›guten Familie‹ und mit therapeutischen Verfahren ausstatten, die an überschaubare (handwerkliche, ländliche) Produktionsweisen erinnern, befriedigen auch sie Wünsche, die mit jenen nichtpsychotischen, frühinfantilen, z. T. narzißtischen Bedürfnissen zu tun haben, die wir in unserer Einrichtung kennengelernt haben. (. . .) In spezifischer Weise ermöglichen es die Anstalten, die als böse erlebten personenhaften Objekte durch Räumlichkeiten zu ersetzen, indem sie eine gewissermaßen verdünnte Objektwelt anbieten. Solche Befriedigungsmöglichkeiten verschaffen die Anstalten auch ihren Mitarbeitern.« (LEUSCHNER 1985, S. 152)

In der Regel äußern sich Psychiatrie-Erfahrene daher in der Reflexion ihres Aufenthaltes in einer psychiatrischen Klinik anders. »Häufig haben Psychiatrie-Erfahrene gerade in der geschlossenen Abteilung das Gefühl, daß wir durch die dortigen Zwangsmaßnahmen menschenunwürdig behandelt und erniedrigt werden, was unser Selbstwertgefühl und unsere Selbsthilfepotentiale zerstört. Um so mühsamer ist dann der Weg aus der Krankheit heraus mit dem Ziel, wieder selbständig und selbstbewußt zu werden.« (VOELZKE/PRINS 1993, S. 23) Deutlicher kann der Preis regressiver Geborgenheit kaum benannt werden – auch wenn nie alles für alle gilt.

Gleichzeitig betont W. VOELZKE (1994, S. 128) die symbolische Bedeutung der offenen Türen: »Auch die offenen Türen in psychiatrischen Kliniken stellen ein Symbol des Verhandlungswillens dieser Institution dar«, indem zwischenmenschliche Interaktionen mechanistische Begrenzung ersetzt.

Aus der Sicht der Begleitforschung sieht die Betroffenenperspektive wie folgt aus: »Als vorrangige Belastung beschrieben 51 % den Aufenthalt auf einer geschlossenen Station. Auf solche Phasen fielen die dramatischsten Ereignisschilderungen bzw. die schlimmsten Empfindungen, teilweise unter Beteiligung von heftigen Gefühlsreaktionen (...) Dies traf vor allem auf die erstmaligen Unterbringungen zu.« (GUNKEL/BRÖKER/PRIEBE 1996, S. 25f.)

Die Rechtsunsicheren

In der Diskussion um eine offene Psychiatrie wird vielfach auch die offene Rechtslage im Falle erforderlicher Unterbringungen ins Feld geführt. »Eine Durchsicht der Unterbringungsgesetze der alten Bundesländer zeigt, daß nur das Unterbringungsgesetz von Nordrhein-Westfalen die Unterbringung ohne jede Einschränkung definiert als Einweisung und Verbleib einer Person gegen ihren Willen oder im Zustand der Willenlosigkeit in ein abgeschlossenes psychiatrisches Krankenhaus, einen abgeschlossenen Teil eines Krankenhauses oder eine Entziehungsanstalt für Suchtkranke.« (BERNADI 1994, S. 33) Aus dieser immer noch gültigen Version des Unterbringungsgesetzes in

Nordrhein-Westfalen von 1969 lassen sich zweifelsohne Rechtsunsicherheiten ableiten.

Daß allerdings allein in Nordrhein-Westfalen drei der sieben offenen Kliniken beheimatet sind und sie sich keinesfalls im rechtsfreien Raum bewegen, wird durch die interpretierende Ausführung des Juristen Bernadi deutlich:

Im »Unterbringungsgesetz ist daher nicht die geschlossene Tür, sondern die Sicherstellung des Aufenthaltes in der Einrichtung das Entscheidende. Dies gilt bei einer teleologischen Auslegung selbst für das Unterbringungsgesetz von Nordrhein-Westfalen.« (ebd., S. 33)

Die Polemiker

Die polemische Perspektive umfaßt Praktiker, die das engagierte Eintreten für eine veränderte Psychiatriekultur nicht auf einer professionell fundierten Ebene aufgreifen, sondern es mit dem Mittel der Rhetorik als skurril diskreditieren. Dabei überrascht, daß sich in dieser Perspektive auch Verfechter sozialpsychiatrischer Arbeit finden.

Beispielhaft formuliert G. Kruse: »Möge in Herne geschehen, was da wolle, mich lasse man mit bekehrerhaftem Eiferertum in Ruhe.« (Kruse 1995, S. 51) Dies impliziert die Überzeugung, daß qualitative Schritte, vielleicht auch Sprünge, in der stationären Psychiatrie nicht möglich sind oder nicht möglich sein dürfen, da die eigene berufliche Erfahrung dies schlicht nicht zuläßt: »Ich bin in mich gegangen und habe festgestellt, daß ich immer dann auf die Palmen gehe, wenn jetzt noch jemand kommt und behauptet, er habe das Rad erfunden.« (ebd., S. 52) So geht es dann auch weniger um eine fachliche Auseinandersetzung, sondern darum, vermeintliche Störenfriede der Bespiegelung halbwegs selbstzufriedener beruflicher Biographieschreibung durch persönliche Angriffe auszugrenzen (vgl. Kruse 1995; Krisor 1995 a).

Ähnlich wie Kruse verhält sich F. Reimer als Befürworter einer landeskrankenhausorientierten Psychiatrie, wenn er ohne eigene fachliche Begründung das Heterogenitätsprinzip auf den Stationen der offenen Psychiatrie rüde attackiert: »Eine völlig neue Dimension hat die Öffnung der Stationen durch die Propagierung der totalen Patientenmischung auf den psychiatrischen Abteilungen bekommen. Aus einem bedauerlichen Mangel, nämlich wegen fehlender Betten gezwungen zu sein, die Kranken mit unterschiedlichsten Krankheiten gemeinsam unterzubringen, hat man ein Behandlungsprinzip gemacht. Durch diese Mischung, der eine Kranke soll dem anderen helfen können, soll auch das Problem der Öffnung der Stationen beiläufig gelöst werden können. Die Patienten paßten auf, daß nur die die Station verlassen, denen diese Freiheit auch zuträglich ist. Dieser neueste Fortschritt ist eine besonders bedauerliche Variante der früheren ideologischen Überhöhung des Open-door-Systems und hat mit der Wirklichkeit nichts zu tun.« (Reimer 1992, S. 167) Ich schließe mich M. Krisor an, der feststellt (Krisor 1995 b): »Nach dem Gebrauch vieler populistischer Schlagworte (z. B. ›Ideologische Argumente‹, ›modische Attitüden‹ usw.) verliert Reimer dann schließlich die Kontrolle und wirft den in der Abteilungspsychiatrie Tätigen und Verantwortlichen Menschenversuche unter dem Mantel des Fortschritts vor. Diese gerade in Deutschland nicht mehr zu entschuldigende Entgleisung wiederholt er im folgenden Abschnitt nochmals: ›Solange es nicht plausiblere Gründe für eine totale Patientendurchmischung bzw. Miniaturabteilungen gibt, rangieren derartige Fortschrittlichkeiten unter unzulässigen Menschenversuchen.‹«

Als weiteres Erklärungsmodell derartigen Verhaltens sei auf die »politicale correctness«-Diskussion in den USA verwiesen, die sich auf die »Installation von tabuähnlichen Normen und Werten« (Haug 1995, S. 2) bezieht, um Prozesse der Ausgrenzung bestimmter Positionen aus gesellschaftlichen Diskursen transparent zu machen (vgl. Krisor 1995 b; Das Argument 1996).

Zur Erklärung des befremdenden Verhaltens Reimers möchte ich die Hypothese formulieren, daß das vehemente Ablehnen des »Heterogenitätsprinzips« vor allem sozialhistorische Gründe aufweist. Gerade die ältere Generation reformfreudiger deutscher Psychiater dürfte durch die Mißstände in der stationären Psychiatrie in den 50er Jahren überaus geprägt sein. Heterogenität aber »erlaubt eine funktionelle Verwendung der Unterschiede Alter, Geschlecht, Krankheitsursache, soziale Herkunft und anderer Merkmale (...); es ist also wichtig, daß sich in dieser heterogenen Umgebung Beziehungen, ergänzende Kontakte entwickeln. Das bedeutet, daß sich ein Kranker um einen anderen Patienten kümmern kann, eine junge Frau kann sich um eine sehr alte bemühen und umgekehrt.« (Oury 1986, S. 239). Heterogenität gehört zu den Errungenschaften der jüngeren Psychiatriegeschichte und erschließt, gepaart mit anderen veränderten Paradigmen der psychiatrischen Arbeit (Wohnortnähe, Trialog, Selbsthilfebewegung) neue Möglichkeiten.

Die Kuriosen

Eine gewisse technophile Leidenschaft kommt bei C. Müller auf, wenn er sich - nach durchaus interessanten Aspekten zur offenen und geschlossenen Tür - für einen Schließmechanismus in einer psychiatrischen Klinik begeistert: Zwar wolle er sich nicht zu den technischen Details gesicherter Türen äußern, es sei »lediglich über die sehr zweckmäßige, ja raffinierte Einrichtung Veltins in Mönchengladbach berichtet: Um psychoorganisch gestörten, verwirrten und damit auch gefährdeten Patienten das Aufschließen der Türen zu erschweren, ist in einer Distanz von mehreren Metern ein elektrischer Schalter eingebaut, der zu drücken ist. Innerhalb von wenigen Sekunden müssen dann ein paar Schritte vom Schalter zur Tür getan werden, die sich daraufhin öffnet, jedoch verschlossen bleibt, wenn der Betreffende nicht in relativ kurzem Zeitabstand die beiden Operationen des Schalterdrückens und des Türniederdrückens vollzieht.« (MÜLLER 1981, S. 91)

Mir scheint hier die ethische Basis dieser Begeisterung äußerst fragwürdig - diese Bewertung geschieht vor dem Hintergrund meiner Auseinandersetzung mit der Behandlung auch altersverwirrter Patienten (vgl. PFANNKUCH 1997).

Abschließend sei auf eine Publikation in der psychiatrischen Praxis verwiesen, die zunächst nichts mit unserem Thema zu tun zu haben scheint: Die baulichen und sanitären Bedingungen in einer Klinik in Jena mußten dafür herhalten, daß eine gemischtgeschlechtliche Belegung der Stationen nicht mehr möglich gewesen sein soll. So wurde die Wiedereinführung getrenntgeschlechtlicher Stationen befürwortet; dies geschah unter begleitforscherischer Obhut, um zu überprüfen, ob etwaige Nachteile für die Patientinnen und Patienten zu befürchten seien. Das Ergebnis lautete dann: »Generell hat die Geschlechtertrennung nicht zu einer Verschlechterung des Stationsklimas geführt.« (VIEWEG/SCHUBERT/LEMKE 1996, S. 290).

Nicht nur Befürworter des Heterogenitätsprinzips werden die Wiedereinführung getrenntgeschlechtlicher Stationen für einen bedenklichen Rückschritt halten. Auf eine thematische Vertiefung möchte ich an dieser Stelle verzichten; statt dessen soll noch einmal die gegebene bauliche Struktur der Klinik als Verursacherin getrenntgeschlechtlicher Stationen betont werden, da uns dieses Argument der baulichen Gegebenheiten auch bei der Ablehnung offener Türen begegnet (vgl. Engelmann 1993, S. 4).

An diesen Beispielen zeigt sich, in welchem Maße als relevant definierte Ausgangsbedingungen eine Eigendynamik konkreter stationärer psychiatrischer Arbeit nehmen können und kreative Lösungsversuche, die etwa das Problem unübersichtlicher Stationen betreffen, bei beabsichtigter Einführung von vornherein abgeschnitten werden.

Das Herner Modell – Auf dem Weg zur gewaltfreien Psychiatrie

Verhaltensprofile auf den Stationen

Aus meinem Vorschlag, bei unübersichtlichen baulichen Gegebenheiten die offenen Türen beispielsweise durch einen entsprechend plazierten Spieletisch einsehbar zu machen, mögen insbesondere die »Zweifler« ableiten, daß man auch in Herne nicht ohne einen »Türwächter« auskäme, um das Entweichen zwangsuntergebrachter Personen zu verhindern.

In einem dreiwöchigen Forschungsprojekt der Universität Trier wurde mit Hilfe der computergestützten Verhaltenskartographie, »einem Beobachtungsverfahren zur objektiven Erfassung und Beschreibung des Alltags auf psychiatrischen Stationen per Fremdbeobachtung« (Kircher 1996, S. 104), das Geschehen auf unseren Stationen tags und nachts begleitet. Die Ergebnisse »bezüglich der Stationstür weisen auf ein geringes Ausmaß von Kontrolle der PatientInnen durch das Personal und eine geringe funktionale Bedeutung der Stationstür hin. Hierfür spricht das häufige Verlassen und Betreten der Station durch PatientInnen, die Seltenheit von Situationen, in denen ein Patient oder eine Patientin vom Entweichen abgehalten wurde (zweimal verbal, nie körperlich), das Fehlen jeglicher Aggressionen gegen die Stationstür und die lediglich geringe Häufigkeit anderer stationstürbezogener Verhaltensweisen (Beobachten der Stationstür, Prüfen des Zustands der Stationstür).« (Orth 1996, S. 78) In Herne ist demnach die offene Stationstür eine natürliche Selbstverständlichkeit, die – im besten Sinne – niemanden interessiert.

Gewaltereignisse in der offenen Herner Gemeindepsychiatrie

Die folgende »Gewaltstatistik« und Übersicht über »sonstige Reaktionen der Institution« erfassen wesentliche Merkmale, die als gewaltsame Vorkommnisse bezeichnet werden können.

Gewaltstatistik

	1990/91	1993	1994	1995
Gesamtaufnahmen	1 200	1 300	1 200	1 300
Anzahl aggressiv-körperlicher Kontakte	54 (4,5 %)	24 (1,8 %)	30 (2,5 %)	52 (4 %)
Anzahl der beteiligten Patienten	33 (2,75 %)	13 (1 %)	21 (1,75 %)	28 (2,1 %)
von Fixierung betroffene Personen	17 (1,4 %)	6 (0,46 %)	11 (0,9 %)	12 (0,9 %)

Sonstige Reaktionen der Institution

	1993	1994	1995
Einleitung PsychKG	8 (0,6 %)	7 (0,58 %)	5 (0,38 %)
Injektion mit Zwang*	10 (0,77 %)	13 (1 %)	13 (1 %)
Injektion ohne Zwang*	7 (0,54 %)	8 (0,66 %)	?
Fixierungen	6 (0,46 %)	13 (1 %)	12 (0,9 %)
Ermahnungen	4 (0,3 %)	14 (1,16 %)	?
Anzeige/Rechnung	3 (0,25 %)	3 (0,25 %)	2 (0,15 %)
Entlassung	1 (0,77 %)	2 (0,16 %)	keine

* z. T. ungleiche Reaktion, d. h. nicht in allen Fällen lag eine »Gewalttätigkeit« von Patienten als Ursache vor.

Eine Diskussion dieser Ergebnisse vor dem Hintergrund vorhandener Untersuchungen zeigt die deutliche Abhebung der Herner Verhältnisse (vgl. KRISOR 1995) und offenbart für die »Gerontopsychiatrie« ebenfalls nachvollziehbare und exorbitante Unterschiede (vgl. LEIDINGER/PITTRICH/SPÖHRING 1995; PFANNKUCH 1997).

Zur Gewaltarmut in Herne – ein Erklärungsmodell und Beispiele

Die offenen Türen, die heterogene Zusammensetzung aller Stationen sowie der Verzicht auf eine Aufnahmestation bilden den institutionellen Rahmen einer offenen und gewaltarmen Psychiatrie. Isolierte Versuche, Türen (fakultativ) zu öffnen, ohne die sonstigen Rahmenbedingungen anzugleichen, sind meines Wissens bisher gescheitert. Nicht zufällig gleichen sich daher alle offenen Psychiatrien mit Pflichtversorgung in diesem Punkt.

Darüber hinaus bewährten sich im Bemühen um eine gewaltfreie Psychiatrie in Herne jene Behandlungsprinzipien, die neben den Symptomen unserer Klientel verstärkt die Ressourcen der einzelnen fokussierten. Dabei ist es besonders hilfreich, die Lebenswelt der Klienten zu berücksichtigen; dies kann primär bedeuten, möglichst außenorientiert therapeutisch tätig zu sein, sekundär aber auch, die Gemeinde in die Klinik zu holen (Motiv der »offenen Tür«).

Beispiele für die Außenorientierung der Herner Klinik bestehen im Sportkurs, in der sogenannten Atelierarbeit und in verschiedensten Veranstaltungen (KRISOR 1993, S. 131ff.), die die Öffnung repräsentieren. Ähnliches gilt auch für unser selbstverwaltetes Patientengremium (KRISOR/PFANNKUCH 1996). Es ließen sich noch viele andere Beispiele aus der Praxis nennen, die vor dem Hintergrund der institutionellen Strukturen der Herner Klinik die Modifizierungsprozesse im Krankheitsverständnis und dem ihm zugrunde liegenden Menschenbild sowie der therapeutischen Ausrichtung spiegelten; die wechselseitige Beeinflussung der jeweiligen Faktoren hat M. KRISOR (1995) in folgendem Schaubild zusammengefaßt:

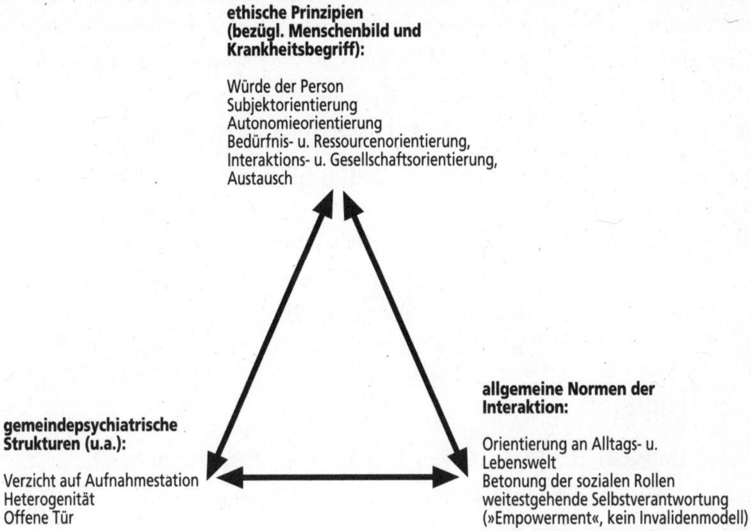

Interdependenz von Strukturen, ethischen Prinzipien und allgemeinen Normen der Interaktion

Im Zusammenwirken dieser Faktoren sehen wir die Ursache der geringen »Gewaltquote« in Herne, da das Zusammenspiel der einzelnen Elemente *präventiv* wirkt, indem

- gewaltfördernde Milieus verhindert werden,
- zudem die – wenn therapeutisch notwendig – Fokussierung auf individuell-defizitäre Anteile in ressourcenorientierte Angebote eingebunden ist sowie
- die Ausprägung eigener Kliniknormen, die sich von der sonstigen sozialen Realität weitgehend abheben, verhindert wird.

Vielleicht haben meine Ausführungen geholfen, daß die heutige stationäre Psychiatrie nicht ausschließlich im Gefüge der »flächendeckenden Systeme spezieller Institutionen für die unterschiedlichen industriell unbrauchbaren Gruppen der sozialen Frage« gesehen wird, deren Ziel es sei, ihre »Insassen zu kontrollieren, zu depersonalisieren, zu verwahren, zu verwalten, zu erziehen, zu therapieren und zu verwissenschaftlichen« (Dörner 1991, S. 43). So könnte eine Form der Stigmatisierung jeglicher stationärer psychiatrischer Arbeit verhindert werden, die deren potentielle Möglichkeiten von vornherein negiert und zugleich damit reale Mißstände in der stationären Psychiatrie legitimiert, da von dieser Organisationsform nichts anderes zu erwarten sei. Dabei sollte auch endlich die unsinnige Dichotomiesierung von ambulant und stationär in »gut« und »böse« aufgehoben werden, um in einer sachlichen Auseinandersetzung die reale Arbeit verschiedener Institutionstypen in ihrer jeweiligen Ausprägung in eine bereichernde Konkurrenz um eine subjektzentrierte Psychiatrie treten zu lassen.

Literatur

Bernadi, S. (1994): Offene Psychiatrie - offene Rechtslage? Einführung in die Problematik. In: *Treffpunkte. Zeitschrift für Gemeindepsychiatrie*, 18, 4–6, S. 32–34.

Das Argument. Zeitschrift für Philosophie und Sozialwissenschaften (1996), 38, 1.

Dörner, K. (1991): Mosaiksteine für ein Menschen- und Gesellschaftsbild - Zur Orientierung psychiatrischen Handelns. In: Bock; T.; Weigand, H. (Hg.), Hand-Werks-Buch Psychiatrie. Bonn, S. 38–46.

Eichhorn, H. (1986): »Braucht die Psychiatrie geschlossene Stationen?« Bemerkungen zu »ethischen Prinzipien und moralischen Normen des psychiatrischen Handelns«. In: *Psychiat. Neurol. med. Psychol.*, 7, S. 39–42.

Eichhorn, H. (1992): DDR-Psychiatrie: Skizze eines Rückblicks. In: *Sozialpsychiatrische Informationen*, 22, S. 9–13.

Engelmann, I. (1993): Paradise lost ... oder die Entzauberung der psychiatrischen Abteilung. In: *Soziale Psychiatrie,* 17, 4, S. 4–6.

Finzen, A. (1991): Vorwort. In: Floeth, T.: Ein bißchen Chaos muß sein. Bonn.

Gentis, R. (1980): Das Phantasma der Mauern: Insassen und Anstaltsbenutzer. In: Wambach, M.M. (Hg.): Die Museen des Wahnsinns und die Zukunft der Psychiatrie. Frankfurt a. M.

Gerber, H.G. (1997): Pflichtversorgung mit offenen Türen. Erfahrungsberichte der psychiatrischen Abteilung des Evangelischen

Fliedner-Krankenhauses Neunkirchen. In: KRISOR, M.; PFANNKUCH, H. (Hg.): a. a. O.

GOFFMAN, E. (1977): Asyle. Über die soziale Situation psychiatrischer Patienten und anderer Insassen. Frankfurt a. M.

GUNKEL, S.; BRÖKER, M.; PRIEBE, S. (1996): Psychiatrische Behandlung aus der Sicht chronisch schizophrener Patienten. In: *Sozialpsychiatrische Informationen*, 26, 1, S. 20–33.

HASELBECK, H. (1997): Tu, was Du willst – vom Elend der Ethik. In: KRISOR, M.; PFANNKUCH, H. (Hg.): a. a. O.

HAUG, F. (1995): Editorial. In: *Das Argument*, 1, S. 2.

KIRCHER, P. (1996): Computergestützte Verhaltenskartographie in der Reformpsychiatrie. Unveröffentlichte Diplomarbeit an der Universität Trier, Fachbereich Psychologie.

KRISOR, M. (1991): Die Psychiatrische Abteilung als Aufnahmeabteilung. In: KIPP, J.; WOLPERT, E. (Hg.): Die therapeutische Arbeit psychiatrischer Abteilungen. Köln, S. 43–52.

KRISOR, M. (1993): Auf dem Weg zur gewaltfreien Psychiatrie. Das Herner Modell im Gespräch. Bonn.

KRISOR, M. (Hg.) (1994): Dem Menschen begegnen – Zur Wiederentdeckung des Subjekts in der Psychiatrie. Regensburg.

KRISOR, M. (1995): Die Wiederentdeckung des Subjekts des drogenabhängigen Menschen. Unveröff. Vortrag. »Forum Rehabilitation. Brennpunkte in der Psychiatrie«, Hamburg, 9.-10.06.1995.

KRISOR, M. (1995 a): Die Negierung des Subjekts als institutioneller Angriff auf das Selbst – ein Fallbeispiel. In: *Sozialpsychiatrische Informationen*, 25, 1, S. 45–49.

KRISOR, M. (1995 b): Auf dem Weg zu einer gewaltfreien Psychiatrie. In: KIPP, J.; WEHMEIER, P.M. (Hg.): Handeln und Atmosphäre im therapeutischen Raum psychiatrischer Abteilungen. Regensburg, S. 21–66.

KRISOR, M.; PFANNKUCH, H. (1994): Stationäre Behandlung Drogenabhängiger – zur Arbeitsweise eines gemeindepsychiatrischen Therapiezentrums im Kontext aktueller Entwicklungen und bestehender Einrichtungen. In: *Verhaltenstherapie und psychosoziale Praxis*, 1, S. 73–112.

KRISOR, M.; PFANNKUCH, H. (1996): Zur Entwicklung einer autonomie- und subjektorientierten stationären Gemeindepsychiatrie in Herne. In: *Verhaltenstherapie und psychosoziale Praxis*, 28, 3, S. 393–414.

KRISOR, M.; PFANNKUCH, H. (Hg.) (1997): Was Du nicht willst, das man Dir tut ... – Gemeindepsychiatrie unter ethischen Aspekten. Regensburg.

KRUSE, G. (1995): Der leuchtende Pfad in die gewaltfreie Psychiatrie oder Lassen wir die Kirche im Dorf. In: *Sozialpsychiatrische Informationen*, 25, 1, S. 49–52.

KUIPER, P.C. (1991): Seelenfinsternis. Die Depression des Psychiaters. Frankfurt a. M.

LEIDINGER, F.; PITTRICH, W.; SPÖHRING, W. (Hg.) (1995): Grauzonen der Psychiatrie. Die gerontopsychiatrische Versorgung auf dem Prüfstand. Bonn.

LEUSCHNER, W. (1985): Psychiatrische Anstalten – Ein institutionalisiertes Abwehrsystem. Teil II. In: *Psychiatrische Praxis*, 12, S. 149–153.

MODESTIN, J. (1991): Notwendigkeit geschlossener Stationen im Akutbehandlungsbereich. In: *Krankenhauspsychiatrie*, 2, S. 15–19.

MÜLLER, C. (1981): Psychiatrische Institutionen. Ihre Möglichkeiten und Grenzen. Berlin/Heidelberg/New York.

ORTH, U. (1996): Computergestützte Verhaltensbeobachtung auf zwei offenen und durchmischten psychiatrischen Stationen. Unveröffentlichte Diplomarbeit, Universität Trier, Fachbereich Psychologie.

OURY, J. (1986): Grundbegriffe der institutionellen Therapie. In: *Blätter der Wohlfahrtspflege*, 133, 10, S. 239–241.

PHILIPZEN, H. (1972): Bad Driburg – St. Josef-Hospital – Abteilung für klinische Psychiatrie. In: *Sozialpsychiatrische Informationen*, 7, S. 23–40.

PHILIPZEN, H. (1994): Offene Psychiatrie – ein Wagnis? Info I des Landeswohlfahrtsverbandes Hessen, S. 27–35.

PFANNKUCH, H. (1994): Die Region, ihre sozialen Ressourcen und das Subjekt – Gemeindepsychiatrie in Herne. In: KRISOR, M. (Hg.): a. a. O., S. 253–279.

PFANNKUCH, H. (1997): Der gerontopsychiatrische Diskurs unter ethischen Aspekten. In: KRISOR, M.; PFANNKUCH, H. (Hg.): a. a. O.

PFANNKUCH, H. (1997 a): Suchtkliniken und Hausordnungen – einige Anmerkungen zu einer problematischen Beziehung. In: *Sucht*, 43, im Druck.

POLIZEILICHE KRIMINALSTATISTIK (1995). Eigene Recherchen.

REIMER, F. (1992): Jahrzehntelange Erfahrungen mit dem Open-door-System. In: *Spektrum der Psychiatrie und Nervenheilkunde*, 21, 4, S. 164–168.

SCHMIDT, L.R. (1994): Zur »Befreiung« psychiatrischer Patienten in Deutschland. In: *Report Psychologie*, 19, 5–6, S. 14–21.

SCHMIDT, L.R. (1995): Offene, gemeindenahe Standardversorgung in der stationären Psychiatrie. In: *Verhaltenstherapie und psychosoziale Praxis*, 27, 4, S. 509–528.

SCHULTE, T. (1997): Pflichtversorgung mit »offenen Türen« in Lauterbach. In: KRISOR, M.; PFANNKUCH, H. (Hg.): a. a. O.

STRUCKMEIER, G. (1982): Die psychiatrische Versorgung im Kreis Höxter. Bericht zu dem vom Bundesminister für Jugend, Familie und Gesundheit geförderten Modellprojekt »Ambulante psychiatrische und psychotherapeutische/psychosomatische Versorgung der Bevölkerung«. Unveröff. Manuskript, Bad Driburg.

VIEWEG, T.; SCHUBERT, R.; LEMKE, S. (1996): Das Stationsklima gemischt- und getrenntgeschlechtlicher akutpsychiatrischer Stationen. Ergebnisse einer Befragung. In: *Psychiatrische Praxis*, 23, S. 290–293.

VOELZKE, W.; PRINS, F. (1993): Auf dem Weg zum psychiatrischen Krankenhaus der Zukunft aus der Sicht Psychiatrie-Erfahrener. In: K. DÖRNER (Hg.): Akutpsychiatrie. Gütersloh, S. 15–31.

VOELZKE, W. (1994): Vorstellungen und Forderungen von Psychiatrie-Erfahrenen an eine tatsächliche Reformpsychiatrie. In: M. KRISOR (Hg.): a. a. O., S. 123–140.

WALDMANN, K.-D. (1997): Pflichtversorgung mit »offenen Türen«. In: KRISOR, M.; PFANNKUCH, H. (Hg.): a. a. O.

WEISE, K. (1990): Psychotherapie in der Psychiatrie. In: THOM, A.; WULFF, E. (Hg.): Psychiatrie im Wandel. Erfahrungen und Perspektiven in Ost und West. Bonn, S. 288–307.

WEISE, K.; UHLE, M. (1994): Die psychiatrische Abteilung am Allgemeinkrankenhaus im theoretischen und praktischen Kontext psychosozialer Versorgung. In: KRISOR, M. (Hg.): a. a. O., S. 71–85.

WERNER, W. (1994): Offene Psychiatrie im LKH Merzig. In: *Treffpunkte. Zeitschrift für Gemeindepsychiatrie*, 18, 456, S. 8–14.

WERNER, W. (1996): 55 Monate Landeskrankenhaus Merzig (1990–1995): Öffnung und Auflösung. In: *Sozialpsychiatrische Informationen*, 26, 3, S. 26–31.

WERNER, W. (1997): Offene Sektorpsychiatrie 1995: Merzig z. B. In: KRISOR, M; PFANNKUCH, H. (Hg.): a. a. O.

WERRY, W.-D. (1997): Pflichtversorgung mit »offenen Türen« in Olpe. In: KRISOR, M.; PFANNKUCH, H. (Hg.): a. a. O.

WINKLER, W.T. (1975): Das psychiatrische Krankenhaus. Organisatorische und bauliche Planung. In: KISKER, K.B.; MEYER, J.E.; MÜLLER, C.; STRÖMGREN, E. (Hg.): Psychiatrie der Gegenwart. Band 3: Soziale und angewandte Psychiatrie. Berlin.

ZEILER, J. (1994): Ausgrenzung gewalttätiger Kranker durch eine »friedfertige« Psychiatrie? In: *Fundamenta psychiatrica*, 8, S. 124–130.

ZEILER, J. (1996): Sanfte Psychiatrie – Metamorphosen der Gewalt? In: *Psychiatrische Praxis*, 23, S. 209–212.

MATTHIAS SEIBT

Gewalt und Zwang in der Psychiatrie

Rechtfertigung

Gewalt und Zwang in der Psychiatrie werden von den dort Tätigen meistens damit begründet, sie dienten der Vermeidung eines größeren Übels. Hilfe wider Willen ist hierfür ein Schlagwort, das auch als Buchtitel Verwendung fand. Daß gegen den Willen der Patientinnen und Patienten gehandelt wird, steht also auch aus psychiatrischer Sicht außer Frage. Wie die »Hilfe« aussieht, werde ich im folgenden erläutern.

Juristische Grundlagen

Eine Unterbringung von Personen nach § 11 PsychKG des Landes Nordrhein-Westfalen »ist nur zulässig, wenn und solange durch ihr krankhaftes Verhalten gegen sich oder andere eine gegenwärtige Gefahr für die öffentliche Sicherheit und Ordnung besteht, die nicht anders abgewendet werden kann. Die Unterbringung ist auch dann zulässig, wenn nach dem krankhaften Verhalten eine nicht anders abwendbare gegenwärtige Gefahr besteht, daß die betroffene Person Selbstmord begeht oder sich selbst erheblichen gesundheitlichen Schaden zufügt. Die fehlende Bereitschaft, sich behandeln zu lassen, rechtfertigt für sich allein keine Unterbringung.«

Es muß also entweder Fremd- oder Selbstgefährdung in Verbindung mit »krankhaftem Verhalten« vorliegen. Eine psychische Krankheit allein, was immer das auch sein mag, reicht also nach PsychKG NRW nicht aus. Die Rechtslage in den anderen Bundesländern ist sehr ähnlich.

Leider sind die Psychisch-Kranken-Gesetze nicht die einzigen Gesetze, welche psychiatrische Gewalt legalisieren. Das sogenannte Betreuungsgesetz, dessen Name schon ein unverschämter Euphemismus ist, läßt in § 1906 BGB Zwangsunterbringung dann zu, wenn sie »zum Wohl des Betreuten erforderlich ist, weil ... eine Untersuchung des Gesundheitszustandes, eine Heilbehandlung oder ein ärztlicher Eingriff notwendig ist ... «

»Notwendig« ist ein sehr dehnbarer Begriff. In der Bochumer Praxis schaut das dann so aus:

Eine Frau läuft nackt über die Straße und verkündet, sich nur noch von Wasser und herabgefallenen Früchten zu ernähren, um ein Zeichen gegen die immer weiter fortschreitende Zerstörung der Lebensgrundlagen zu setzen. Die Sozialpsychiatrie erwirkt die Einrichtung eines PsychKG. Es erfolgt Zwangsbehandlung mit Haldol und Neurocil. Als die Selbsthilfegruppe der Frau einen Rechtsanwalt auftreibt, der bei der nächsten Instanz darauf hinweist, eine Selbst- oder Fremdgefährdung sei in keiner Weise plausibel gemacht worden, wird das PsychKG von der kooperativen Richterin flugs in eine Eilbetreuung umgewandelt. Die Zwangsbehandlung mit Haldol und Neurocil wird nun, weiterhin völlig legal, bis zum Einsetzen von Herzrhythmusstörungen fortgesetzt, danach folgt eine abrupte Reduktion der Neuroleptika und eine Verlegung auf die innere Station eines Allgemeinkrankenhauses. Sofort nach Herabsetzen der »Medikamente« hat die Frau weitausholende, nicht kontrollierbare Bewegungen der Extremitäten, die sich nicht wieder zurückbilden. Der Schlaf ist völlig gestört. Ein halbes Jahr später ist sie tot (kein Suizid).

Die Bilanz

Nun kann man sagen, dies sei, wenn auch ein sehr bedauerlicher, so doch ein Einzelfall, wie er mit etwas Pech eben mal vorkommen könne. Doch in Deutschland herrscht Ordnung, es wird (fast) alles gezählt. So schreibt das Statistische Jahrbuch 1992:

Von 325 746 in den alten Ländern der BRD (ohne Hamburg) behandelten Psychiatriepatientinnen und -patienten kamen 1990 bei einer durchschnittlichen Verweildauer von 70,7 Tagen 4424 zu Tode. Hierin sind 45 048 Suchtpatientinnen und -patienten mit 48 Todesfällen enthalten.

Rechnen wir ein bißchen: 70 Tage sind ein Fünftel des Jahres. 4000 von 320 000 sind 1,25 %. 1,25 % mal fünf ist 6,25 %. Diese Hochrechnung aufs ganze Jahr ist nötig, weil es einen Unterschied macht, ob ich 1,25 % Todesrate bei einem Tag Verweildauer oder bei einem halben Jahr Verweildauer habe.

Gehen wir von einer Lebenserwartung von 80 Jahren aus, so beträgt die natürliche Todesrate jährlich 1,25 %. Für die obigen Anstaltsinsassen wären also bei der angegebenen Verweildauer 814 Todesfälle zu erwarten gewesen.

Dazu kommt noch, daß einige durch psychiatrische Behandlung hervorgerufene Todesfälle auf somatischen Stationen stattfinden. Außerdem erfolgt keine Berücksichtigung der im halben Jahr nach einem Anstaltsaufenthalt mit Neuroleptikabehandlung stark erhöhten Selbsttötungsrate. Schätzungen und Zählungen (Haase 1977, S. 410) gehen hier bis zur 100fachen Selbsttötungsrate[1] gegenüber der »Normal«bevölkerung. Das läßt das Gerede von der Suizidprophylaxe durch die Psychiatrie etwas merkwürdig aussehen.

Bedenkt man zu schlechter Letzt noch, wer die Daten für diese Statistiken liefert, nämlich die in der Psychiatrie Tätigen, wird klar, daß, wenn es eine Verfälschung der Daten gab, diese wahrscheinlich nicht zuungunsten der Psychiatrie ausfiel. Ich zitiere eine antipsychiatrischer Neigungen gewiß unverdächtige Person, den Sozialpsychiater Asmus Finzen: »Unser Nachhaken im Rahmen der Untersuchung ergab, daß in Krankengeschichten und Entlassungsbüchern oft kein Vermerk über den Tod oder den Suizid der Patienten zu finden war. Wenn sich der Suizid während eines Urlaubs ereignet hatte, wurde er nicht selten rückwirkend entlassen. Wenn der Suizidversuch nicht zum sofortigen Tod geführt hatte, galt er für das Krankenblatt und die Statistik als verlegt in die Innere oder in die Chirurgische Klinik.« (Finzen 1990, S. 45).

Die Maßnahmen im einzelnen

Alles aufzuzählen, was in den 90er Jahren an Zwang und Gewalt gegenüber Psychiatrie»patienten« üblich ist, wird mir nicht gelingen.
Beliebt ist weiterhin die Fixierung, auch bei nicht gewalttätigen[2]

---

[1] Bei männlichen Homosexuellen ist die Selbsttötungsrate dreimal, bei Dialysepatienten zehnmal so hoch als in der Durchschnittsbevölkerung.

[2] Durch sogenannte psychisch Kranke ausgeübte Gewalt ist ein wider besseres Wissen verbreiteter psychiatrischer Mythos. G. Bruns schreibt: »Böker und Häfner (1973)

»Patienten«. Zurückzuführen ist diese Maßnahme nicht nur auf den Unwillen und die Unfähigkeit von Ärzten und Pflegepersonal, sich auf die ihnen anvertrauten Menschen einzulassen, sondern auch auf die Notwendigkeit, den »Patientinnen« und »Patienten« klarzumachen, daß es Schlimmeres gibt, als Neuroleptika zu schlucken.

Wenn Psychopharmaka verordnet werden, sind die Substanzen bevorzugt in Gebrauch, die sowohl objektiv (Schädlichkeit) als auch subjektiv die unangenehmsten Wirkungen haben. Das sind Neuroleptika und Antidepressiva. (Die neuen Generationen von Psychopharmaka – atypische Neuroleptika und sogenannte selektive Serotonin-Wiederaufnahmehemmer – sind zwar gelegentlich subjektiv besser verträglich, bergen aber dafür noch massivere Risiken.) Substanzen mit geringerer Schädlichkeit wie Tranquilizer, nicht klassifizierte Schlafmittel oder, welch verwegener Gedanke, Beruhigungstees oder homöopathische Mittel gelangen selten bzw. nie zum Einsatz.

Überlebt man den Aufenthalt in der Anstalt, was, wie im letzten Abschnitt deutlich wurde, keineswegs selbstverständlich ist, so warten in der Gemeinde weitere Unerfreulichkeiten auf die psychiatrische »Kundschaft«.

Oft ist die Hauptaufgabe der »Betreuer« die Sicherstellung der Neuroleptikaeinnahme. Dies geht bis zu morgendlichen Hausbesuchen, bei denen unter Aufsicht gemörserte Tabletten zu schlucken sind. Bei solch massiven Eingriffen ins Privatleben erscheinen dann irgendwann sogar

---

haben in ihrer großen Studie ›Gewalttaten Geistesgestörter‹ für die Bundesrepublik nachgewiesen, daß die reale Gefährlichkeit Geisteskranker mit geringen Schwankungen zwischen den Diagnosegruppen (mäßig überrepräsentiert: Schizophrenie) nicht höher liegt als die Gefährlichkeit der strafmündigen Bevölkerung als Gesamtheit. Ähnliche Ergebnisse werden aus Schweden berichtet (Lindqvist und Allebeck 1990), wo für Schizophrene die generelle Kriminalitätsrate auf dem Niveau der Gesamtbevölkerung lag, für Gewalttätigkeit erhöht war, die Gewalthandlungen jedoch von deutlich unterdurchschnittlicher Ernsthaftigkeit waren; auch in Alaska (Philipps et al. 1988) erwiesen sich Schizophrene nicht als nennenswert häufiger in Gewaltverbrechen verwickelt als die übrige Bevölkerung.« (Bruns 1993, S. 40, siehe auch seinen Beitrag in diesem Band)

Depotspritzen ungeachtet ihrer größeren Schädlichkeit als kleineres Übel.

Auch in Krisensituationen ist auf den »Betreuer« als guten Zuarbeiter der Anstaltspsychiatrie meistens Verlaß. Wenn die Betroffenen nicht von sich aus in die Anstalt gehen, dann wird bei Vorliegen einer Vermögenspflegschaft ganz gern auch mal der Geldhahn zugedreht, auf daß sich die Krise ja nicht von selbst entschärft.

Die letzten 25 Jahre

Nun wird behauptet, in den letzten 25 Jahren habe sich vieles in der Psychiatrie zum Besseren gewandelt. Erfreulicherweise ist die offene, direkte Brutalität des Personals gegenüber den Insassen deutlich seltener geworden. Eine traurige Selbstverständlichkeit, die einer Demokratie nicht gerade zur Zierde gereicht. Dieser Fortschritt wurde außerdem hauptsächlich durch massiven Druck von außen[3] erreicht. Weitere Faktoren beim weniger Unmenschlich-Werden[4] des Anstaltsalltags waren die größer werdende zeitliche Entfernung vom Deutschland des Nationalsozialismus sowie der stetig wachsende Reichtum der Deutschen.

Wenn auch die Hauptursachen dieses Fortschritts nicht in der veränderten Geisteshaltung der Psychiater und ihre Helfer zu suchen sind, so kann diese Tatsache nicht hoch genug eingeschätzt werden. Gewalt erzeugt Gewalt[5], daher ist jede Verringerung von Gewaltmaßnahmen zu begrüßen.

---

3 Siehe hierzu z. B. Sozialistische Selbsthilfe Köln: Aussonderung der Entarteten, Teil 1–4, 1975–1980, sowie Dortmunder Selbsthilfe: Der Krimi von St. Georg, 1983; beides im Selbstverlag.

4 Humanisierung klingt besser, trifft es aber »irgendwie« nicht ganz.

5 Wenn Psychiatrisierte gewalttätig werden, dann oft nach Jahren psychiatrischer Behandlung. So gab z. B. der Schäuble-Attentäter an, er habe sich für sein durch die Psychiatrie verpfuschtes Leben an einem Repräsentanten dieses Staats rächen wollen.

Betrüblicherweise beschränkt sich diese Gewaltverringerung auf die offen sichtbare Gewalt, auf die Zahl der Todesfälle hatte diese Entwicklung meines Wissens keinen Einfluß. Hier ist, bedingt durch ständig steigende Neuroleptika- und Antidepressiva-Verschreibung sowie durch die immer beliebter werdenden Depotspritzen, von steigenden Todeszahlen[6] auszugehen. Die Verordnung von Neuroleptika ist im Zeitraum von 1983 bis 1992 um 72 % gestiegen, die von Antidepressiva sogar um 181 % (Schwabe/Paffrath 1993, S. 347).

Ein für die Entwicklung der letzten 25 Jahre oft gebrauchtes Schlagwort ist »Enthospitalisierung«. Und tatsächlich hat sich die Zahl der Anstaltsbetten verringert, die Aufenthaltsdauern sind kürzer geworden. Dafür hat sich die Zahl der Heimplätze in dieser Zeit mindestens verdoppelt[7], hier ist ein neuer Langzeitbereich entstanden.

Auch die gemeindenahe Psychiatrie als Antwort auf die großen Anstalten fernab vom ursprünglichen Wohnort der Psychiatrisierten hat ihre Nachteile. Inzwischen ist statistisch erwiesen (Bruns 1993, S. 87, 94–97, 109f.), daß in Gebieten mit sogenannter gemeindenaher »sozialer« Psychiatrie die Zahl der Zwangseinweisungen trotz oder wahrscheinlich wegen dieses »Angebots« zugenommen hat. Für Nordrhein-Westfalen bedeutet das, daß die Zahl der Zwangseinweisungen von 13 076 (1986) auf 22 092 (1992) gestiegen ist (Crefeld/Gollmer 1994). G. Bruns, in den 70er und 80er Jahren noch engagierter Mitarbeiter der »Reform«psychiatrie, schreibt dazu: »Ansonsten erscheint als der sicherste Weg, Zwangseinweisungen durch Veränderungen der ambulanten Versorgung zu reduzieren, die Verdünnung psychiatrischer Versorgungsträger bzw. ihre Nichterreichbarmachung.« (Bruns 1993, S. 110)

Auch das »Betreuungs«gesetz war, glaubt man den Aussagen der Befürworter, mit Reformabsichten verbunden. Die tatsächliche Entwicklung nach fünf Jahren »Betreuungs«recht wurde auf dem Deutschen Vormundschaftsgerichtstag Ende 1996 so beschrieben: »Mit Sor-

---

[6] Eine Reihe konkreter Untersuchungen zu diesem Thema nennt Peter Lehmann in »Schöne Neue Psychiatrie«, Band 1, S. 111f., Berlin 1996.

[7] Leider fehlen in diesem Bereich, bedingt durch die Vielzahl der Heimträger, Zahlen.

ge wird der drastische Anstieg der Zahl der Betreuungen wie auch der Zahl der Unterbringungsverfahren im Rahmen des Betreuungsrechts (von rund 40 000 im Jahr 1992 auf weit über 52 000 in 1995) verfolgt ...« Und weiter: »... haben inzwischen 600 000 Menschen einen gerichtlich bestellten Betreuer. ... Aber für immerhin ein Drittel aller Betroffenen ist inzwischen ein Berufsbetreuer bestellt.« (Brill 1997) Die Stundensätze der »Betreuer« liegen zwischen 25,- und 75,- DM bei mittellosen, bei vermögenden »Betreuten« bei bis zu 300,- DM.[8]

Ist die Sicht des Autors nicht doch sehr einseitig?

Selbstverständlich nein! Denn es ist nun mal so, daß an Menschen und Institutionen, die der Meinung sind - und, schlimmer noch, danach handeln -, ihr Wirken sei derart segensreich, daß auch der Einsatz von Zwangsmitteln durch sie gerechtfertigt sei, wesentlich strengere Maßstäbe anzulegen sind als an diejenigen, die nicht dieser Meinung sind. Würde es um jeden Psychiatrie-Todesfall ein solches Geschrei geben wie derzeit um die *vergleichsweise* harmlosen Aktivitäten der Scientology-Sekte (Scientologen[9] verabreichen z. B. weder Neuroleptika noch Elektroschocks), dann säßen die meisten Psychiater über kurz oder lang im Knast.[10] Leider ist eine solche juristische Praxis in den nächsten Jahren nicht zu erwarten.

Auch der Einwand, Zwangsbehandlung sei doch eher die Ausnahme, die allermeisten »Patientinnen« und »Patienten« seien doch freiwillig in der Psychiatrie, greift nicht. Erstens sind viele der »Freiwilligen« zu Beginn ihres Aufenthalts unfreiwillig in die Anstalt gekommen. Meist

---

[8] Hierzu die passende Aussage aus der Selbstdarstellung der *Irren-Offensive Ruhrgebiet*: »Auch die sogenannte soziale oder Gemeindepsychiatrie lehnen wir ab. Wie sich gezeigt hat, nehmen mit zunehmender Gemeindepsychiatrie auch stationäre Aufenthalte und Zwangseinweisungen zu. Das System wächst und versorgt sich selbst mit Patienten. Die ›Hilfe‹ dient in erster Linie den ›Helfern‹, auch bisher tolerierte Abweichungen werden nun psychiatrisiert.«

[9] Um Mißverständnissen vorzubeugen: Für Scientology habe ich auch nichts übrig. Die Psychiatrie finde ich nur deutlich schlimmer.

[10] Milde Richter würden, bei Anlegung der auch sonst bei Tötungsdelikten üblichen Maßstäbe, auf Körperverletzung mit Todesfolge erkennen.

reichen schon wenige Wochen erzwungenen Neuroleptikakonsums, einen sich anfangs gegen die Psychiatrisierung wehrenden Menschen derart weichzukochen, daß er oder sie sich zu einem Leben außerhalb der Anstalt nicht mehr in der Lage fühlt und »freiwillig« die nächsten Monate in der Anstalt verbringt. Zweitens suchen viele Menschen »freiwillig« die Anstalt auf, da sie sich die demütigende Prozedur einer Zwangseinweisung ersparen möchten. Des weiteren kommen Menschen wegen »medikamenten«-verursachter »Depressionen« oder »Psychosen« freiwillig in die Anstalt. Und zu schlechter Letzt sind die von psychiatrischen Drogen[11] abhängig Gewordenen zu nennen, deren erneutes Ausrasten Folge einer drogenverursachten Rezeptorenveränderung ist.

Häufig wird in Diskussionen gegen antipsychiatrische Vorstellungen der Einwand gebracht, man müsse doch »irgend etwas« tun. Man könne doch die Menschen nicht ohne »Hilfe« lassen. Die Versuchung, lieber zu schaden als untätig zu bleiben, hat schon in früheren Jahrhunderten bestanden. Daher kennt die Medizin seit langer Zeit den Grundsatz »primum nil nocere«, auf Deutsch: »vor allem nicht schaden«. Dieser Grundsatz wird bei Neuroleptikaverabreichung grob mißachtet.

Aber es gibt doch Menschen, denen die Psychiatrie hilft! Ja, sicherlich, doch es kommt nicht auf Einzelfälle an, sondern auf das Gesamtergebnis. Und das ist katastrophal.

Gibt es Hoffnung auf Besserung?

Hoffnung gibt es nur in sehr eng begrenztem Ausmaß. Die Einsicht, daß das Leiden an persönlichen und/oder sozialen Problemen keine Krankheit darstellt, ist nicht weit verbreitet. Auch die Hoffnung, psychiatrisch Tätige würden irgendwann zur Kenntnis nehmen, was sie

[11] Ich verwende den Euphemismus »Medikament« und das Wort »Droge« synonym. Die übliche Unterscheidung zwischen den beiden ist willkürlich, da der Weltanschauung bzw. Mode unterworfen. Heroin wurde im Deutschen Reich bis 1917 über Apotheken vertrieben. Einige Mediziner halten Opiate für unschädlicher als Neuroleptika.

z. B. durch ihre hemmungslose Drogenverabreichung anrichten, ist naiv. Erstens sind die Folgen der Neuroleptikaverabreichung oft derart verheerend, daß sie selbst medizinischen Laien ins Auge springen. Zweitens hat es schlimmere Unterdrückungssysteme als die deutsche Psychiatrie der 90er Jahre in der Geschichte der Menschheit gegeben, die auch nie über einen Mangel an willigen Helfern zu klagen hatten.

Bleibt die seit etwa fünf Jahren sich langsam verstärkende Selbstorganisation der Psychiatrie-Erfahrenen als Hoffnungsschimmer. Punktuell haben sich hier Verbesserungen erreichen lassen, wie das im Januar 96 eröffnete Berliner Weglaufhaus[12] oder die an einigen wenigen Anstalten mittlerweile mögliche Behandlungsvereinbarung. Solche Entwicklungen lassen die Hoffnung zu, daß die heute in der deutschen Psychiatrie praktizierte Gewalt auch den Täterinnen und Tätern keinen Spaß macht[13].

Allerdings wollen wir angesichts dieser Silberstreifen am Horizont nicht trunken werden vor Glück. Denn:

Auf dem von der Bundesdirektorenkonferenz der Anstaltsleiter am 7. Juni 1995 in Bielefeld veranstalteten Symposium stellte der Bundesverband Psychiatrie-Erfahrener (BPE) folgende Forderungen bzw. Wünsche zur Veränderung des Stationsalltags in der bundesdeutschen Psychiatrie vor:

- Patiententelefone in einer Kabine auf jeder Station
- Münzkopierer deutlich sichtbar im Eingangsbereich jeder Anstalt
- auf jeder Station deutlich sichtbar ein Anschlag, daß auf Wunsch Briefpapier, Briefumschläge und Briefmarken zur Verfügung gestellt werden

[12] Uta Wehde: Das Weglaufhaus – Zufluchtsort für Psychiatrie-Betroffene. Erfahrungen, Konzeptionen, Probleme. Berlin 1991 und Uta Wehde: Das Berliner Weglaufhaus zum Schutz vor psychiatrischer Gewalt – endlich eröffnet. In: Wildwasser Bielefeld e.V. (Hg.): Der aufgestörte Blick. Multiple Persönlichkeiten, Frauenbewegung und Gewalt. Bielefeld 1997 (im Druck).

[13] Weder Sadismus noch Boshaftigkeit, obwohl in Einzelfällen sicherlich vorhanden, scheinen mir eine ausreichende Erklärung fürs Mitmachen des Personals. Der Gehorsam gegenüber (wissenschaftlicher) Autorität, der in Milgrams eindrucksvollen Experimenten Durchschnittsbürgern Grund war, ihnen Unbekannte zu foltern, dürfte auch das Mitmachen des Anstaltspersonals erklären.

- Aufhängen des BPE-Flugblatts auf jeder Station
- Anbieten eines täglichen Spaziergangs unter freiem Himmel von mindestens 1 Std. Dauer
- Einrichten einer Teeküche auf jeder Station, daß man sich rund um die Uhr zu essen und zu trinken machen kann

Der BPE erwartete die Umsetzung dieser Wünsche (Forderungen) innerhalb eines Jahres. Uns Psychiatrie-Erfahrenen ist bewußt, daß es sich um Kleinigkeiten handelt, doch irgendwo muß ein Anfang gemacht werden. Für uns ist der Umgang mit diesen Wünschen ein Gradmesser für die Ernsthaftigkeit des Umgangs der Professionellen mit den Psychiatrie-Erfahrenen. Bis heute (Juni 1997) ist nichts passiert.

Literatur

Brill, K.-E. (1997): Betreuerbestellung ist zum Lotteriespiel geworden. In: *Psychosoziale Umschau*, 1, S. 13–14.

Bruns, G. (1993): Ordnungsmacht Psychiatrie. Opladen.

Crefeld, W.; Gollmer, E. (1994): Die Zahl der Zwangseinweisungen ist dramatisch gestiegen. In: *Psychosoziale Umschau*, 2, S. 28–30.

Dortmunder Selbsthilfe (1983): Der Krimi von St. Georg. Dortmund (Selbstverlag).

Finzen, A. (1990): Der Patientensuizid. Bonn.

Haase, U. (1977): Therapie mit Psychopharmaka und anderen seelisches Befinden beeinflussende Medikamente.

Lehmann, P. (1996): Schöne neue Psychiatrie. Bd. 1, Berlin.

Schwabe/Paffrath (1993): Arzneimittelindex.

Sozialistische Selbsthilfe Köln (1975–80): Aussonderung der Entarteten. Köln (Selbstverlag).

Wehde, U. (1991): Das Weglaufhaus - Zufluchtsort für Psychiatrie-Betroffene. Erfahrungen, Konzeptionen, Probleme. Berlin.

Wehde, U. (1997): Das Berliner Weglaufhaus zum Schutz vor psychiatrischer Gewalt - endlich eröffnet. In: Wildwasser Bielefeld (Hg.): Der aufgestörte Blick. Multiple Persönlichkeiten, Frauenbewegung und Gewalt. Bielefeld.

THOMAS BOCK

Modelle gewaltarmer Psychiatrie

Auswirkungen eines neuen Psychose-Verständnisses

Eine Frage vorweg: Gäbe es eine an Gewalt arme Psychiatrie, woran wäre sie reich? An Vielfalt oder an Chaos, an Spannungen oder an Hoffnung? Ich glaube, daß Psychiatrie nicht frei von Gewalt sein kann, solange es gesellschaftlich und zwischenmenschlich bedingte Gewalt gibt. Aber es muß nicht sein, daß ein allzu enges medizinisches Krankheitsverständnis und eine entsprechend falsche Struktur der Hilfen für seelisch leidende Menschen zusätzliche Gewalt erzeugt bzw. vorhandene Gewaltbereitschaft zuspitzt.

Ich will hier Modelle gewaltarmer Psychiatrie darstellen, reflektieren und entwerfen und sie aus einem entsprechenden Psychoseverständnis heraus begründen. Dieses Psychoseverständnis nenne ich versuchsweise anthropologisch (»sozialpsychiatrisch« ginge auch) im Unterschied zum verengten Blickwinkel rein medizinischer Pathologie. Ich meine damit die Berücksichtigung sozialer und subjektorientierter Aspekte zusätzlich zur somatischen Krankheitsdynamik und halte dies nicht für wirklich neu. Nicht nur die Beachtung der sozialen Bedingungen von Krankheitsentstehung, -zuschreibung und -verlauf, sondern auch die subjektorientierte Berücksichtigung von Psychoseinhalten und ihren Bezug auf die gesamte Biographie haben in Deutschland eine längere Tradition. Ich erinnere nur an die Pioniere der Psychotherapie und an die Tradition von Daseinsanalyse und Phänomenologie (BINSWANGER 1964; BLANKENBURG 1988). Neu ist das inzwischen gewachsene Selbstbewußtsein der Psychoseerfahrenen, welches diesem umfassenden Verständnis eine neue Chance gibt und das der Psychiatrie-Mitarbeiterschaft eine neue Beziehungsgestaltung und Machtverteilung abverlangt. Dieser Veränderungsprozeß braucht Zeit. Und eine wirkliche Veränderung wird sich eher über die öffentliche Kultur- als über die Fachdiskussion entwickeln.

Nun könnte jemand entgegehalten, daß jede Gesellschaft die Psychiatrie hat, die sie verdient, und daß die Ordnungsfunktion der Psychiatrie gesellschaftlich zugeschrieben wird: Alle psychiatrie-historischen Analysen stimmen darin überein, daß sich die Psychiatrie als medizinisches Fach erst mit den veränderten Anforderungen der Arbeitswelt etablieren konnte. Vor der industriellen Revolution war eine genaue Differenzierung der »Randständigen« nicht nötig (DÖRNER 1978). Der historische Blick soll die Gegenwart hinterfragen helfen und sie nicht zementieren. In diesem Sinne möchte ich mir die ketzerische Frage erlauben, ob mit den Bedingungen dauerhafter Massenarbeitslosigkeit und dem veränderten Menschenbild der Postmoderne nicht die Grundlage für einen allzu engen medizinischen Krankheitsbegriff entfallen ist.

Teilergebnisse medizinischer Forschung mögen beeindruckend sein, ein reduktionistisches Menschenbild jedoch funktioniert kurzschlüssig, erklärt nichts (Warum hört Herr XY Stimmen? Ah ja, er hat eine Psychose.) und wird der Wirklichkeit nicht gerecht.

Unterschiedliche Verstehensansätze für Psychosen

Zunächst möchte ich das Thema insofern vereinfachen, als ich zwei mögliche Verstehensansätze kontrovers definiere. Beide Ansätze enthalten gegensätzliche Ideen, kommen im konkreten Leben aber vermutlich eher in Mischformen vor. Zuspitzend unterscheide ich (A) ein pathologisches und (B) ein anthropologisches Krankheitsverständnis. Man könnte auch von »Krankheits-« und »Gesundheitsaspekten« der Psychose sprechen:

(A) Die Psychose ist eine schwere psychische Erkrankung, die in erster Linie somatisch als Folge einer Stoffwechselveränderung, einer veränderten Hirnfunktion und damit zusammenhängender Wahrnehmungsstörungen und Reizoffenheit zu erklären ist. Über eine vor allem pharmakologische Behandlung wird die Psyche wieder erreichbar und kann sich stabilisieren. Die Einflüsse der Biographie werden (günstigenfalls) nicht geleugnet, aber der eigentlich somatischen Ursache untergeordnet. Insofern wird die Psychose letztlich gar nicht als psychische, sondern als somatopsychische Erkrankung behandelt.

(B) Die Psychose ist vor dem Hintergund eines allgemein-menschlichen Potentials und einer spezifischen Dünnhäutigkeit als Ausdruck eines inneren Konflikts und als eine besonders starke Reaktion auf biographische Krisen (Lösung, Bindung, Selbstverwirklichung, Trennung etc.) zu verstehen, die im Leben eines jeden Menschen unvermeidlich sind und deren angemessene Bearbeitung auch Chancen beinhaltet. Die Psychose bedeutet zugleich eine Störung der Identität und den verzweifelten Versuch ihrer Rettung. Diese tiefe Ambivalenz wirkt in viele Symptome hinein. Insofern genügt es nicht, sie schnellstmöglich zu beseitigen. Therapie muß diesem Ringen um Identität hilfreich beistehen, weitere Kränkung meiden und der Abspaltung von Erlebnisinhalten behutsam entgegenwirken. Somatische Aspekte der Psychose werden nicht geleugnet, aber u. a. mit Hinweis auf die Plastizität der neuronalen Strukturen (Ciompi 1987) als Ausdruck der seelischen Krise und nicht als deren Ursache verstanden. Im Falle einer somatischen Eigendynamik könnte man von der Psychose als psychosomatischer Erkrankung sprechen.

Der Unterschied beider Modelle hinsichtlich der Ursachen seelischen Leidens erscheint vielleicht graduell. Doch im Kontext der jeweiligen Denksysteme und -traditionen ergeben sich deutlich verschiedene Handlungskonsequenzen.

Verschiedene Handlungskonsequenzen

Ein (medizinisches) Krankheitverständnis sieht einen gesunden Zustand durch Krankheit außer Kraft gesetzt. Hierfür hat der Patient weder Schuld noch Verantwortung. Die Medizin verspricht (explizit oder implizit) Heilung und tut alles mögliche, um dieses Versprechen einzuhalten. Sieht man die Psychose aber als Ausdruck eines tragischen Konflikts und eines unter gegebenen Bedingungen schlüssigen Handelns, dann trifft den einzelnen wie in griechischen Tragödien zwar auch keine individuelle Schuld, doch das Handeln selbst erscheint nicht völlig außer Kraft gesetzt, und die Selbst-Verantwortung des eigenen Handelns ist nicht völlig aufgehoben. Die unterschiedlichen Konsequenzen für die Therapeut-Patient-Beziehung möchte ich an den Begriffen »Verantwortung« , »Heilung« und »Beziehung« verdeutlichen.

(A) Das gängige medizinische Krankheitsverständnis bedingt eine hierarchische Beziehung, bei der Macht und Verantwortung beim Psychiater liegen. Er bemüht sich zwar um »Compliance«, aber letztlich weiß allein er, was er zu tun hat. Seine Anamnese führt zur Indikation, seine Diagnose zur Therapie und diese je nach Prognose zum Erfolg. Behandelt wird eine Krankheit, die

Beziehung zum erkrankten Menschen wird weitgehend vermieden. Ein tendenziell überforderter und/oder resignierter Arzt steht unter dem Zwang des Heilsversprechens seiner Disziplin und beansprucht, um es einzulösen, Macht bzw. bekommt sie vom Patienten zugeschoben. Beide halten an einem Ideal von Gesundheit fest, das es so absolut gar nicht gibt. Bevor sie merken, daß diese Art der Beziehung nur sehr vorübergehend entlastet und einer gemeinsamen konstruktiven Arbeit eher den Boden entzieht, bringen sie sich in ein Dilemma, das Gewalt auf beiden Seiten wahrscheinlicher macht.

(B) Im zweiten Fall steht ein idealtypisch gelassener, tatsächlich aber ständig verwickelter und um Balance ringender Therapeut (welcher Berufsrolle auch immer) neben dem Patienten, um gemeinsam die Situation zu entwirren, die Botschaft der Psychose zu entschlüsseln und neue Wege zu entwerfen, auszuprobieren und zu begleiten. Beide begeben sich auf eine u.U. langwierige Gratwanderung und Suche nach Sinn und Ausweg der Krise und bringen zudem eine prinzipiell gleichberechtigte unterschiedliche Erfahrung ein. Beide glauben, daß »es normal ist, verschieden zu sein« (R. v. Weizsäcker), und versuchen so, jenseits absoluter Gesundheits- und Leistungsansprüche auch in schwierigen Lebenslagen Hoffnung zu wahren. Beider Beziehung ist günstigenfalls so tragfähig, daß sie im möglichst vorher bedachten und ausgehandelten Not- und Sonderfall auch Maßnahmen ohne/gegen den Willen des anderen verträgt.

Der Psychiater A. versüßt eine möglichst dauerhafte Medikation mit der Analogie des Zuckerkranken. Psychiater B. vergleicht sich eher mit einem Internisten, der Fieber zu verstehen sucht, es jedenfalls nicht um jeden Preis, sondern nur im Falle besonderer Eigendynamik direkt medikamentös bekämpft. Unter »Krankheitseinsicht« versteht A. die Einsicht des Patienten in das Wissen des Arztes, B. die eigene Einsicht in die biographischen Zusammenhänge des anderen und in die Grenzen des eigenen Verstehens.

Diese Gegenüberstellung ist, um der Veranschaulichung willen, zugespitzt und wirkt insofern ein wenig künstlich. Wir alle verhalten uns in unterschiedlichen Situationen verschieden und bewegen uns irgendwo zwischen den aufgezeigten Polen. Doch erscheint es mir wichtig, sich eben diese Kontextabhängigkeit immer wieder bewußt zu machen und zu erkennen, wer oder was mich gerade die innere Logik der Psychose und den Aspekt der inneren Vielfalt des Menschen oder aber den der Krankheit und der allgemeinen Leistungsfähigkeit in den Vordergrund stellen läßt.

Jenseits dieser Polarisierung scheint mir im Umgang mit dem Krankheitsbegriff eine nüchterne Haltung angemessen: Wenn jemand aufgrund seiner psychisch besonderen Situation arbeitsunfähig ist, dann ist er im sozialrechtlichen Sinne psychisch krank und hat Anspruch auf Lohnersatzleistungen. Ob ich ein bestimmtes Verhalten oder ein bestimmtes Symptom krank nenne, erscheint mir kulturabhängig.

Die ökonomische Schutzfunktion des Krankheitsbegriffs ist für mich entscheidend.

Verschiedene Gewalterfahrungen

In meinen ersten Berufsjahren hat mich vor allem eine noch relativ harmlose Gewaltszene geprägt: Ein junger Mann drohte in vielleicht psychotischer Erregung seinem Nachbarn eine volle Kaffeekanne auf den Kopf zu schlagen. Ich packte ihn, um ihn schlicht festzuhalten. Ich fühlte mich heldenhaft, hatte aber andererseits Skrupel, weil ich dachte, als Psychologe doch eigentlich feinere Mittel einsetzen zu müssen. In diesem kleinen Moment des Zauderns handelte ich mir ein blaues Auge ein. Zwischen aufgesetzter Heldenpose und vermeintlicher Berufsrolle war ich als Person verschwunden und in meinem Handeln unklar geworden. So oder so: Der Dampf war raus und die Kanne blieb stehen.

Ich möchte unterscheiden zwischen einer in Beziehung gebundenen und einer institutionell versteckten anonymen Gewalt. Die erste ist reflektierbar und kann sich in einem (therapeutischen) Prozeß wieder auflösen. Die andere gerät schnell aus dem Bewußtsein und wird dann Teil einer unhinterfragten Machtstruktur.

Im Rahmen des Hamburger Psychose-Seminars, also im Dialog von Psychoseerfahrenen, Angehörigen und Mitarbeitern, kamen neben den üblichen Aspekten von Gewalt noch die folgenden zur Sprache:

- die Gewalt durch die Psychiatrie, wenn sie auf seelische Zustände nur pharmakologisch reagiert, z. B. Gespräche über Gewalterlebnisse und -phantasien nicht anbietet,
- die Gewalt der Gesellschaft, wenn sie psychoseerfahrene Menschen hinsichtlich Arbeit und Wohnung benachteiligt,

- die Gewalt durch Angehörige, z. B. wenn sie eine Krankheit nicht wahrhaben wollen und Gesundheit zum einzigen Maßstab machen,
- die Gewalt, die in Psychosen zum Ausdruck kommt im Sinne eines Durchbruchs von Impulsen nach subjektiv demütigender Erfahrung.

In der Diskussion ergaben sich dann vor allem zwei Fragen:

Haben psychoseerfahrene Menschen mehr Gewalt erfahren, oder sind sie vielleicht nur durchlässiger für individuelle und gesellschaftliche Gewalterfahrungen, die letztlich uns alle betreffen?

Ist die in Psychosen artikulierte Gewalt immer wörtlich und als unmittelbare Bedrohung ernst zu nehmen oder als Ausdruck einer archaischen Sprache wie in Märchen und Mythen eher symbolisch zu verstehen?

Wenn also jemand in der Psychose eine Stimme hört, die ihm sagt, er solle Mutter oder Vater töten, dann müssen die Eltern nicht zwangsläufig Polizeischutz beantragen oder schuldbewußt nach Gründen für die angekündigte Todesstrafe suchen. Möglich ist auch eine symbolische Interpretation, die besagt, daß jeder, um erwachsen zu werden, Mutter und Vater »in sich« überwinden muß. Nicht zwangsläufig hat ein Psychoseerfahrener besondere Grenzüberschreitungen zu kompensieren. Vielleicht ist er auch zu verstehen als jemand, dem die Entwicklung von Eigenheit aus welchen Gründen auch immer schwerfällt. Und von wem soll er lernen, sich abzugrenzen, wenn nicht von den nächsten Verwandten? Psychiatrie kann die psychotische Aussage wörtlich nehmen und den Patienten mit Medikamenten lahmlegen, um die »Gefahr« zu beseitigen. Und sie kann ihm Übersetzungshilfe leisten und gemeinsam herauszufinden versuchen, warum er ein verständliches Gefühl so lange oder so weit abspalten muß, bis es so veränderte Züge bekommt.

Kontexte von Gewalt

Die Wirklichkeit ist kompliziert. Weder ist die Gewalterfahrung des psychotischen Patienten objektiv meßbar, noch ist die von ihm artikulierte Gewalt sicher zu bestimmen. Und bevor eine symbolhafte Übersetzung gelingen kann, haben Patient und Therapeut vielleicht jahrelang um eine höchst reale Beziehung gerungen. Wichtig erscheint mir in diesem Zusammenhang, daß die Art der Wahrnehmung und Klassifizierung von Gewalterfahrungen im Zusammenhang mit Psychosen schon vom jeweiligen Psychoseverständnis beeinflußt wird: Zwischen symbolisch verschlüsselter und unmittelbarer Gewalt zu unterscheiden macht nur Sinn, wenn ich der Psychose eine eigene symbolische Ausdruckskraft zubillige. Und zwischen in Beziehung gebundener und institutioneller Gewalt zu trennen, bedeutet, eine (therapeutische) Beziehung zum psychotischen Patienten für möglich zu halten und zudem wertzuschätzen.

Gewalt im psychiatrischen Zusammenhang global zu definieren muß schwerfallen. Vielleicht ist sie zu verstehen als agierte Aggressivität, als unmittelbare oder mittelbare Selbst- und Fremdverletzung. Sie kann vom Patienten oder vom Therapeuten bzw. von der Institution ausgehen. In jedem Fall ist sie auf mehreren Ebenen kontextabhängig:

- auf globaler Ebene durch die Zunahme von Gewaltbereitschaft in der Gesellschaft,
- auf einer mittleren Ebene durch bestimmte feindschaftliche Strukturen sowie
- auf der Ebene konkreter Interaktion.

Die Alltäglichkeit von Gewalt auf *gesellschaftlicher* Ebene erhöht auch das Gewaltpotential in der Psychiatrie. Die Benachteiligung von psychisch Kranken in der aktuellen Sozialpolitik kann auch die Beziehung in psychiatrischen Institutionen beeinflussen. Wird etwa die Forschung an nicht-einwilligungsfähigen Patienten legitimiert, verstärkt das insgesamt ein Klima von Angst und Gewalt.

Psychiatrische Strukturen können Gewalt erzeugen oder verstärken: Normale psychiatrische Akutstationen sind vermutlich der ungeeignetste Ort für Menschen in akuten Psychosen. Entscheidende ökologische Bedingungen für Ruhe und Rückzug sind nicht gegeben. Zu große Dichte und Enge erschweren Rücksicht und Toleranz und lassen Aggressivität zu Gewalt werden. Das Vorhandensein einer Isolierzelle macht ihren Gebrauch wahrscheinlicher. Eine bestimmte Gewaltbereitschaft schafft sich ihre Anlässe selbst. Hingegen kann eine Kultur der Begegnung oder ein »therapeutisches Milieu« die Anzahl der notwendigen Zwangsmaßnahmen erwiesenermaßen erheblich reduzieren (Jiko 1995).

Bei der Gestaltung angemessener *Beziehungen* ist der Besonderheit von Psychosen Rechnung zu tragen: Gewalt kann in Psychosen erwachsen aus der Reaktion auf eine subjektiv bedrohlich erlebte Grenzüberschreitung (schon eine Annäherung auf drei Meter wird als Eindringen erlebt) oder auf eine angsterzeugende Projektion (der Arzt erscheint als Teufel).

Ein Patient kann Gewalt herausfordern im Rahmen einer Identifikation (z. B. mit Jesus am Kreuz) oder im Sinne einer Projektion der eigenen Wut auf andere. Das jeweilige Krankheitsverständnis von Patient und (!) Personal bestimmt mit, ob eine Lawine oder eine Schneeballschlacht ausgelöst wird (Aderhold 1997).

Förderliche Rahmenbedingungen gewaltarmer Psychiatrie

Ich bin überzeugt, daß relativ viele psychoseerfahrene Menschen Gewalt erfahren haben in dem Sinn, daß sie sich in ihrem Leben häufig als eigenständige Person entwertet und wie ein Gegenstand behandelt fühlten (Bock u. a. 1997). In diese Definition geht mit ein, daß eben diese Erfahrung subjektiv ist und daß bei der Betrachtung widriger Umstände Beziehungen zu anderen Menschen und politische Lebensbedingungen nicht zu trennen sind.

Psychiatrie muß entsprechend Umstände meiden, die zusätzlich entwertend sind, und Beziehungen ermöglichen, die den anderen möglichst nicht zum Gegenstand noch so wohlmeinender Bemühungen machen. Alles weitere ergibt sich daraus. Und man kann durchaus fragen, ob hierfür besondere praktische Modelle oder eher besondere theoretische Verstehensansätze erforderlich sind. Im Zusammenhang mit den Verbrechen der NS-Psychiatrie verwies D. Buck 1995 auf die Sprach- und Beziehungslosigkeit damaliger Psychiater. »Nur mit wem ich rede, den lerne ich kennen.« Reden meint nicht nur Worte austauschen, sondern in eine zwischenmenschliche Beziehung treten auf möglichst gleichberechtigter Ebene.

Akutbehandlung

1. **Soteria lebt:** Eine milieuorientierte Akutversorgung außerhalb des Krankenhauses kommt nicht in jedem Fall ohne Medikamente aus, schafft aber langfristig eher eine akzeptierende und versöhnliche Haltung des Betroffenen sich selbst und seiner Umgebung ihm gegenüber (Ciompi u. a. 1991).
2. **Weniger ist mehr**: Schon eine weniger medizinische Atmosphäre und

eine therapeutische Grundhaltung auf einer Regel-Akutstation im Krankenhaus kann Zwangsmaßnahmen wie Fixierungen drastisch reduzieren (Jiko 1995).

3. **Gemeinsam verhandeln statt behandeln:** Eine in ruhigen Zeiten gleichberechtigt ausgehandelte Behandlungsvereinbarung wirkt vertrauensbildend und lehrreich für beide Seiten. Erneute Krisen können entdramatisiert und weniger gewaltsam werden. Auch über die Art und Weise evtl. notwendiger Zwangsmaßnahmen ist gemeinsam zu verhandeln (Pörksen u. a. 1994).

4. **Being with:** Einen Menschen in akuter Psychose in Beziehung zu halten ist eine möglicherweise lernbare Kunst. Es kommt u. a. darauf an, auch Nicht-Verstehen zuzulassen, auch absichtslos dabei sein zu können, lustvoll mit Grenzsituationen umzugehen, intuitiv aufmerksam für die fragilen Ich-Grenzen des anderen zu bleiben.

5. **Persönliche Begleitung:** Mit den aktuellen Sparmaßnahmen werden die Erfolge der Psychiatrie-Personalverordnung in rasantem Tempo zurückgenommen. In der Akutpsychiatrie dürfen wir uns nicht mit dem Primat der Medikation trösten (lassen). Persönliche Begleitung kann Zwangsmaßnahmen, etwa durch Stationsschließung, vermeiden helfen. Sollten Fixierung und Isolierung dennoch notwendig sein, ist persönliche Begleitung erst recht geboten.

Langzeitbetreuung

1. **Raum für Eigenheit:** Langfristige Hilfen sind lebensnah vorzuhalten. Institutionalisierung ist zu vermeiden. Betreuung im Wohn- und Arbeitsbereich muß unterschiedliche Lebensstile konsequent berücksichtigen.

2. **Budgetierung:** Die Finanzierung im komplementären Bereich ist so zu gestalten, daß Beziehungskontinuität gefördert wird und nicht technokratischen Ziffern zum Opfer fällt.

3. **Sozialrechtliche Gleichstellung:** Die Beteiligung vorrangiger Kostenträger darf nicht zu unnötiger Medizinalisierung führen. Sie ist nicht zuletzt deshalb notwendig, weil die finanzielle Benachteiligung der Familien diskriminierend wirkt und Quelle ständiger Spannungen ist.

4. **Aufsuchende Hilfen:** Eine große Zahl von besonders betreuungsbedürftigen Menschen und ihre Familien bleiben ohne Hilfe, weil angemessene Strukturen fehlen. Die traditionelle Struktur psychotherapeu-

tischer Hilfen schließt Schwerkranke häufig aus. Übrige ambulante Angebote greifen erst unter PsychKG-Bedingungen. Auf der Basis von Institutsambulanzen gilt es etwa, eine flexible Kultur ambulanter, ggf. auch aufsuchender Begleitung zu entwickeln.

5. **Krisendienste:** Übliche ambulante Hilfen sind wenig flexibel und kundenfreundlich. Die Öffnungszeiten richten sich i. d. R.. nach den Interessen der Anbieter. Krisendienste zu Nachtzeiten und am Wochenende können gemeinschaftlich vorgehalten werden. Ihre Tragfähigkeit erhöht sich erheblich, wenn auch Krisenbetten zur Verfügung stehen.

Grundsätzliches

1. **Selbsthilfepotentiale ernst nehmen:** Ressentiments und potentiell bis zu Gewalt eskalierende Gegenreaktionen werden auch dadurch erzeugt, daß die Möglichkeit von individueller und kollektiver Selbsthilfe auf allen Ebenen - von der Akut- bis zur Langzeitbehandlung - gering geschätzt, häufig theoretisch grundsätzlich sogar ausgeschlossen wird. Die theoretischen Konzepte müssen überdacht und die inzwischen vielfältigen praktischen Erfahrungen integriert werden.

2. **Gemeinsame Sprache:** Psychose-Seminare können einen annähernd herrschaftsfreien Diskurs zwischen Psychoseerfahrenen, Angehörigen und psychiatrisch Tätigen fördern. Eine gemeinsame Sprache zu entwickeln und eine gleichberechtigte Begegnung zu üben kann Gewaltpotentiale zwar nicht auflösen, doch eine bessere Streitkultur entwickeln helfen (Bock/Buck/Esterer 1997).

Gewalt in der Psychiatrie erwächst aus individueller Ohnmacht oder aus kollektiver institutioneller Macht (Borsi 1992). »Gewalttätigkeit ist eine Form von Kommunikation, eine recht verzweifelte Form von Kommunikation, aus einer Überforderungssituation heraus, weil andere kommunikative Mittel nicht verfügbar sind oder nicht zum Ziel geführt haben. Das Ziel unserer Bemühungen ist es daher, mit dem Patienten in eine nicht-schlagende Kommunikation zu treten, Kommunikationskanäle zu öffnen, ins Gespräch zu kommen. Der Umgang mit Gewalt gehört damit zu unserer Arbeit.« (Hubschmid 1990) Psychiatrische Institutionen sind ständig in Gefahr, Ohnmacht zu erzeugen, zu verstärken oder zu verfestigen. J. Oury (1992) spricht von einer Tendenz, die psychotische Entfremdung durch eine soziale Entfremdung zu verdoppeln, und fordert eine »Pflege der Institution«, ein Konzept der »therapie institutionelle«, um an die Stelle autoritärer, technokratisch akzentuierter Therapeut-Patient-Verhältnisse wahrhaftige Beziehungen treten zu lassen.

Literatur

ADERHOLD, V. (1997): unveröff. Manuskript.

BINSWANGER, L. (1964): Grundformen und Erkenntnis menschlichen Daseins. München.

BLANKENBURG, W. (1988): Phänomenologisch-anthropologische Aspekte von Wahn und Halluzinationen. In: OLBRICH, H.M. (Hg.): Halluzinationen und Wahn. Berlin/Heidelberg/New York.

BOCK, T.; BUCK, D.; ESTERER, I. (1997): »Es ist normal, verschieden zu sein«, Psychose-Seminare - Hilfen zum Dialog. Bonn.

BOCK, T. (1997): Lichtjahre - Psychosen ohne Psychiatrie. Selbstverständnis und Lebensentwürfe von Menschen mit unbehandelten Psychosen. Bonn.

BORSI, G.M. (1992): Therapieimmanente Gewalt und Menschenbild In: *Verhaltenstherapie und psychosoziale Praxis*, 4, S. 475ff.

CIOMPI, L. (1987): Auf dem Weg zu einem kohärenten multi-dimensionalen Krankheits- und Therapieverständnis der Schizophrenie: Konvergierende neue Konzepte. In: BÖKER, W.; BRENNER, H.D. (Hg.): Bewältigung der Schizophrenie. Bern.

CIOMPI, L.; DAUWEILER, H.P.; MAIER, CH.; AEBI, E. (1991): Das Pilotprojekt »Soteria Bern« zur Behandlung akut Schizophrener. In: *Nervenarzt*, S. 428–435.

CLAUSSEN, H.J. (1997): Die Realität ist anders, als sie scheint oder: Forschung und Psychiatrie sind die Geschichte der eigenen Fehler. (Vortrag für den Bundesverband der Psychiatrie-Erfahrenen auf der DGSP-Fachtagung »Forschung«). Berlin, unveröff. Manuskript.

DÖRNER, K. (1978): Gesellschaftlicher Nutzen und Schaden des Krankheitsbegriffs. In: Reader zur Psychiatrie und Antipsychiatrie. Band 1, AG SPAK. Berlin.

HOFMANN, W. (1983): Die »psychotherapie institutionelle«. Theorie und Praxis einer psychiatrischen Bewegung in Frankreich. Frankfurt a. M./New York.

Hubschmid, T. (1991): Gewalt in der Ohnmacht. Vom Umgang mit gewalttätigen Psychiatriepatienten. In: *Gruppenpsychotherapie und Gruppendynamik*, 27, S. 111ff.

Jiko, I. (1995): Soteria lebt. In: *Psychosoziale Umschau*, H. 3, S. 7.

Oury, J. (1983): Zur »psychotherapie institutionelle«. In: Hofmann, W.: a. a. O., S. 39f.

Pörksen, N. u. a. (1994): Vom Psychiatrischen Testament zum Behandlungsvertrag - Auf dem Weg zu mehr Vertrauen. In: Bock, T. u. a. (Hg.): Im Strom der Ideen. Bonn.

MICHAEL EINK

Sanfter, weicher, freier?

Ausblick auf unsere künftigen Gewalttätigkeiten

Gewaltfreie Psychiatrie sei die Quadratur des Kreises, sie müsse immer eine Fiktion bleiben, so argumentiert die Mehrzahl der Autorinnen und Autoren in diesem Band. Aus ihrer Sicht kann der Doppelcharakter psychiatrischer Interventionen, der gesellschaftliche Auftrag von Hilfe *und* Kontrolle, von psychiatrisch Tätigen subjektiv zwar abgelehnt oder verleugnet, nicht jedoch real aufgekündigt werden.

Hilfe birgt immer einen selbstwertbedrohenden Aspekt, die therapeutische Beziehung konstituiert sich automatisch - auch bei systemischer Umetikettierung der Klienten zu »Kunden« - asymmetrisch und manipulativ. Nicht zuletzt psychiatrische Patienten drohen dies zu übersehen, wenn sie, nachvollziehbar aus einer Situation besonders krasser Ent-mächtigung, die Dichotomisierung »Böse Psychiatrie - Gute Psychotherapie« vornehmen.

Mitarbeiterinnen und Mitarbeiter haben kaum Möglichkeiten, den Widerspruch zwischen beruflichem Selbstverständnis als Helfer und professioneller Praxis (auch) als Gewalt-Tätige zu integrieren. Die Erkenntnis, daß oft auch psychiatrisches Nicht-Handeln Gewalt bedeutet, entschärft den Konflikt wohl kaum. Bleibt uns damit nur zu akzeptieren, daß Psychiatrie keine »gewaltfreie Zone« sein kann und weiter zu machen wie bisher?

High Noon

In der leidenschaftlich geführten Diskussion um »Gewaltfreie Psychiatrie« blockieren sich die Kontrahenten vielleicht nicht nur gegenseitig, sondern auch jeweils selbst. Die Absolutheit der aufgeworfenen Frage läßt nur zwei Antworten zu:

Wer das eigene Bemühen zum Modell erhebt und sich »auf dem Weg zur gewaltfreien Psychiatrie« sieht (Krisor 1992), provoziert die »Widerstände der Reformpsychiater«, die er selbst beklagt (ebd., S. 21-31). Eigene Fragen, Unsicherheiten und vereinzeltes Scheitern können nicht mehr thematisiert werden, weil »Modelle« so wenig Raum für Widersprüche bieten wie das Werbefernsehen. Wer Vorträge italienischer Reformpsychiater hört, die ich in besonderer Weise schätze, kennt das Dilemma.

Auf der anderen Seite der Barrikade reagieren die »entlarvten Reformpsychiater« gekränkt und sehen ihr Engagement für eine Humanisierung der Psychiatrie entwertet. Mit ihrer Fokussierung auf die selbstbewußte Persönlichkeit des Kontrahenten und grundsätzlichen Einwänden gegen die Utopie absoluter Gewaltfreiheit in der Psychiatrie ersparen sie sich selbst, dem Gegner und der interessierten Fachwelt jede weitere Diskussion. Dabei wird keiner der Beteiligten, wohl auch nicht die »Realos«, ernsthaft behaupten, die vorherrschenden Verhältnisse entsprächen dem, was fachlich wünschenswert und machbar ist.

Der diskrete Charme der Psychiatrie

»Niemand würde auf die Idee kommen, jemand, der eine innere Erkrankung hat oder der einer Operation bedürfte, gegen seinen Willen in ein Krankenhaus zu bringen und ihn dann gar noch gegen seinen Willen zu operieren oder an irgendwelche medizinische Apparate anschließen. Es gibt sehr viele Patienten, die behandlungsbedürftig wären und die gegen jeden Sinn und Verstand und gegen jede Logik die Kooperation, die Zusammenarbeit mit dem Arzt verweigern. Es kann einfach nicht so sein, daß die psychisch Kranken allein deswegen, weil sie uneinsichtig sind und die Uneinsichtigkeit automatisch mit ihrer Krankheit erklärt wird, anders behandelt werden als körperlich Kranke. Psychisch Kranke können sehr wohl aus anderen Gründen uneinsichtig sein als deswegen, weil sie depressiv sind oder weil sie schizophrene Symptome haben.«

A. Finzen u. a. (1993, S. 154) werden hier deshalb so ausführlich zitiert, weil sie die Konflikte um Gewalt in der Psychiatrie auf einer Ebene thematisieren, die in der Grundsatzdiskussion nicht aufgeht. Selbst wenn wir davon ausgehen, daß Psychiatrie nicht immer und überall gewaltfrei sein kann, sollte der Hinweis auf den Zusammenhang von Behandlungsbedürftigkeit und fehlender Krankheitseinsicht nachdenklich stimmen. Er eröffnet Fragen nach der Grundhaltung gegenüber psychischer Devianz und ihrem Ausdruck in Form konkreter Handlungsstrategien. Da Einstellungen, sowohl Ressentiments in der Allgemeinbevölkerung als auch paternalistische Überfürsorglichkeit bei psychiatrischen Profis, grundsätzlich wandlungsfähig sind, tut sich hier ein Reflexionsfeld für all jene auf, die darüber nachdenken, wie das Maß an Gewalt in der psychiatrischen Arbeit drastisch reduziert werden kann.

Im Hinblick auf ihre sinnfälligsten Formen - Zwangseinweisung und Fixierung - sollen noch einmal einige »Gestaltungsspielräume« und Einflußfaktoren erwähnt werden, um dem hartnäckigen Gerücht entgegenzuwirken, Gewalt konstituiere sich in der Psychiatrie naturgesetzmäßig im Rahmen der Psychopathologie der Patienten und sei wenig beeinflußbar.

Georg Bruns hat in seinem Beitrag deutlich gemacht, wie extrem unterschiedlich die Rate der Zwangseinweisungen in verschiedenen Regionen ist. Für Großstädte werden Raten zwischen 5 und 199 Zwangseinweisungen pro 100 000 Einwohner berichtet, in Köln z. B. ist das Risiko, zwangseingewiesen zu werden, viermal höher als im benachbarten Düsseldorf. Die Frage, ob Bürgerinnen und Bürger mit Verhaltensauffälligkeiten gegen ihren Willen in der Psychiatrie untergebracht werden, entscheidet sich nicht in erster Linie nach dem Grad ihrer »objektiven« psychopathologischen Auffälligkeiten, sondern nach Wohnort und Versorgungsstruktur, sozialen Merkmalen der Betroffenen (Bauer 1982) und Merkmalen des zuständigen Arztes (Spengler u. a. 1981).

Der Zwangseinweisung ähnlich, ist auch die sogenannte Fixierung nicht bedauerliche Psychiater-Pflicht, die in dramatischen Grenzsituationen leider als Ultima ratio Anwendung finden muß. Mit dem Wissen, daß sich gewalttätige Handlungen durch Patienten selten plötzlich und unvorhersehbar entwickeln (Ernst 1981), drängt sich die Frage auf, in welcher Form Mitarbeiter zuvor versuchen, Kontakt herzustellen und beruhigend, entängstigend und deeskalierend aufzutreten. Mir ist keine Untersuchung bekannt, die dem nachgegangen ist. Wenn sich Kollegen überhaupt mit dem Thema auseinandersetzen, beschäftigen sie sich eher mit (leichter quantifizierbaren) Gewaltereignissen als mit Erfahrungen ihrer erfolgreichen Vermeidung, obwohl gerade davon viel gelernt werden könnte. Dies gilt auch für das - ansonsten empfehlenswerte - Buch von A. Finzen u. a. (1993). Bemerkenswert darin sind u. a. Befragungsergebnisse von Patienten nach erfolgter Zwangsmedikation. Drei Viertel von ihnen meinen in der Rückschau, dies wäre vermeidbar gewesen durch Gespräche mit Therapeuten oder Angehörigen, durch körperliche Betätigung, räumlichen Rückzug oder Entspannungsübungen. Jeder Stationsmitarbeiter wird ehrlicherweise einräumen müssen, daß solche Angebote zur Deeskalation (wie in Basel) nicht immer genutzt werden, was auch, aber nicht nur in der personellen Ausstattung begründet sein mag. Horst Haltenhof hat in seinem Beitrag mehrere Untersuchungen benannt, die den Zusammenhang von Fixierung und Tageszeit/Personalbesetzung nachweisen, besonders drastisch zeigen dies F. Reimer und H. Starz (1989):

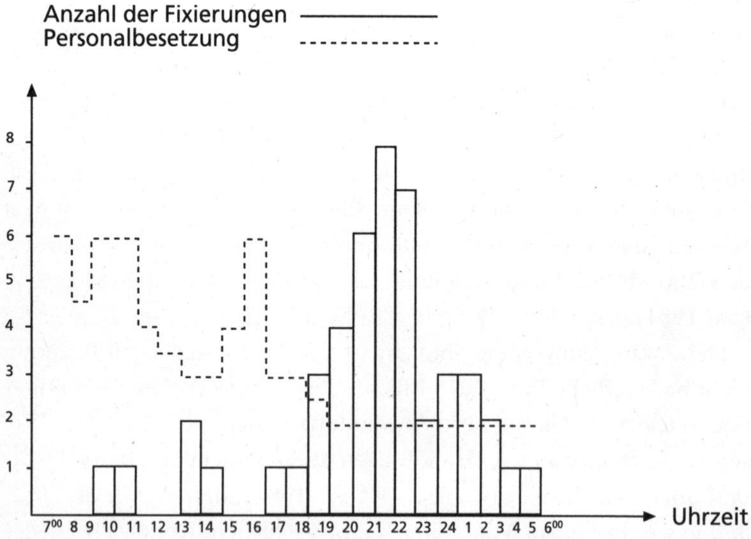

Das Schweigen der Psychiater

Die verbreitete Sprachlosigkeit im Umgang mit Gewalt läßt sich psychologisch deuten; »die Motivation zum einfühlenden Eingehen auf aggressive Gefühlsäußerungen ist meist besonders gering, da Aggressionen eher Unbehagen und Distanz schaffen« (VERRES 1982, S. 135). So berichtet H. STIERLIN (1956), daß nur mit 2 % der aggressiven Patienten eine Aussprache stattfand. Wenn 35 Jahre später, nach Psychiatrie-Reform und grundlegendem Wandel der therapeutischen Ansprüche, T. STEINERT U. A. (1991) berichten, daß »überraschend selten (28,4 %)« aufarbeitende Gespräche nach Gewalt durch Patienten stattfanden, macht dieser Kunstfehler stutzig. Vielleicht gründet er nicht nur in allgemeinem »Unbehagen an Aggressionen« (Verres) und der »Neigung, Aggressionen auszublenden« (Steinert), sondern auch in dem Gespür der Mitarbeiter dafür, daß ein beträchtlicher Teil des Dramas um Gewalt in der Psychiatrie vermieden werden könnte. Ihrem Umgangsstil mit Patienten und der Beziehungsgestaltung kommt ebenso eine entscheidend wichtige Bedeutung zu wie strukturellen Bedingungen, wie sie Harald Pfannkuch in diesem Band dargestellt hat (vgl. dazu auch FINZEN U. A. 1993, S. 158f.). Offene Türen, gemischtbelegte Stationen anstelle eines »Dampfkessels« geschlossener Aufnahmestationen und die therapeutische Kultur tragen zur Vermeidung von Zwangsmaßnahmen bei. Den Einfluß des therapeutischen Milieus auf die Entstehung von Aggression und Gewalt hat ein Patient prägnant auf den Punkt gebracht: »If you're in a bad situation, you think and act bad.« (KATZ/KIRKLAND 1990)

Zurück in die Zukunft

Als vor Jahren in den westfälischen Landeskrankenhäusern die Fixierungsdokumentation zur Pflicht erhoben wurde, konnte plötzlich die Zahl der Fesselungen halbiert werden; Dokumentationspflicht und Legitimationsdruck können demnach in drastischer Form Einfluß auf das Maß an Gewalt nehmen. Irritierend bleibt jedoch weiterhin die diffuse Breite der »Indikation« in der Praxis. So berichtet Horst Haltenhof in seinem Beitrag, daß viele Fixierungen mit »verbal-aggressivem Verhalten«, »Drohungen« und »Verweigerung der Medikamenteneinnahme«

begründet werden. Vor einer solchen Anwendung der Fixierung als Ultima ratio schützt wohl bis heute keine Dokumentationspflicht.

V. Dittmann (1988) hat berichtet, daß sich mit zusätzlichen »Nachtwachen«-Mitarbeitern die Zahl der Fesselungen vermindern läßt. Angesichts des aktuellen Kostendrucks der Krankenhäuser im Zuge der Gesundheits»reform« sind die Bedingungen für eine Orientierung an dieser positiven Erfahrung jedoch denkbar ungünstig, mittelfristig muß man eher Sorge vor einer Renaissance des personalsparenden Bettensaales haben.

Die gesellschaftliche Entwicklung der Entsolidarisierung und Ausgrenzung, der Anpassungsdruck unserer »Don't worry, be happy«-Kultur (Seidel 1990) belasten auch Bemühungen innerhalb der Psychiatrie, das Ausmaß von Gewalt zu verringern. Ein beträchtlicher Anteil der gegenwärtig und zukünftig bedeutsamen Konflikte ist allerdings »hausgemacht«: Zu den Schattenseiten der Psychiatrie-Reform zählt die »Klinifizierung zur Hochakutpsychiatrie«, durch die zunehmende Konzentration Schwerkranker in den Kliniken wird es immer schwieriger, ohne Zwangsmaßnahmen zu arbeiten (Ernst 1982).

Von Gütersloher Kollegen, die zu Recht stolz sind auf das erfolgreiche Enthospitalisierungskonzept für Langzeitpatienten, wird beklagt, daß sich dadurch eine immer größere Medizinierung und Klinifizierung der psychiatrischen Tätigkeit entwickelt habe, viele Mitarbeiter am Rand ihrer Belastungsfähigkeit angelangt, Neuroleptikaverbrauch und Wiederaufnahmerate überdurchschnittlich hoch geworden seien (Bentlage/Lewe 1990). Bei aller Besonderheit der Gütersloher Entwicklung wird der Konflikt in unterschiedlicher Schärfe als »Tribut an die Reform« für viele klinische Einrichtungen kennzeichnend sein. Im Unterschied zu Gütersloh haben viele Kliniken die Reform zur Klinifizierung i. S. der Umsiedlung von Langzeitpatienten in Heime betrieben (Eink 1995) und sich gleichzeitig der vermeintlich gefährlichsten Patienten entledigt. So berichtet Leygraf (zit. n. Pittrich 1996), daß sich die Zahl der Verlegungen aus psychiatrischen Einrichtungen in die forensische Psychiatrie von 1984 bis 1994 verzehnfacht habe.

Auch diese Verschiebepraxis und der Umgang mit »therapieresistenten Systemsprengern« muß Eingang finden in unsere Zwischenbilanz psychiatrischer Gewalt und in alle skeptischen oder optimistischen Prognosen. Für eine offene Auseinandersetzung wäre sicher hilfreich, wenn es gelänge, den Zwang zur professionellen Selbstlegitimation aufzugeben zugunsten eines Selbstverständnisses, nach dem psychiatrisch Tätige Zweifelnde sind, deren einzige Wahrheit in der eigenen Frag-Würdigkeit besteht (Seidel 1990).

Endstation Sehnsucht

Sowenig Gewalt in der Psychiatrie ein Naturereignis ist, sowenig kann sich eine drastische Reduktion des Gewaltpotentials ohne grundlegende Veränderungen in der therapeutischen Alltagspraxis entwickeln. Wie Thomas Bock verbinde ich Hoffnungen am ehesten mit den Auswirkungen eines neuen Psychoseverständnisses. Der erste Schritt mag darin bestehen, Herrschaftswissen und medizinische Definitionsmacht zu entmythologisieren und ein neues Rollenverständnis zu entwickeln. Behandlungsvereinbarungen, Akteneinsicht, von Patienten (mit-)verfaßte Entlassungsbriefe und Behandlungsbewertungen sind Elemente einer solchen Kultur. Mit gesetzlich festgelegten Kontrollinstanzen (Ombudsleute, Patientensprecher, Beschwerdestellen) ließe sich der Legitimationsdruck für uns Gewalt-Tätige erhöhen. Wenn wir schließlich neue Formen des Umgangs und der Begleitung in Weglaufhäusern und Soteria-Projekten lernen könnten, würde wohl vieles von dem, was unter den vorherrschenden Bedingungen psychiatrischer Institutionen als »leider unvermeidbare Gewalt« schamhaft-hilflos von uns verbucht wird, ver-rückt.

Nach Utopia unterwegs, belasten kleine Gewichte im Handgepäck kaum: Welche Klinik eröffnet als erste eine neue Konkurrenz ihrer Stationen, indem die monatliche Belegungsstatistik durch Vergleichserhebungen geringer Zwangsmaßnahmen ersetzt wird?

Wo brennen psychiatrisch Tätige darauf, Forschungen zu »Langzeitneurolepsie als Gewalt« (Knoll 1990; Elgeti 1993) durchzuführen?

Welche Juristen attackieren das neue Betreuungsgesetz, durch das die Zahl der Menschen unter (!) Betreuung auf 600 000 anstieg (Brill 1997)?

Wer veröffentlicht Erfahrungen, die das hartnäckige Gerücht bestätigen oder widerlegen, daß Versuche, psychiatrische Gewalt zu reduzieren, immer einen »Preis« kosten, z. B. bei Stationsöffnung in Form erhöhter Medikation?

Vielleicht hat sich die deutsche Reformpsychiatrie in den letzten 25 Jahren zu sehr an Veränderungen der Versorgungsstrukturen orientiert und dabei Fragen eines veränderten Umgangs mit den Klienten, einschließlich der Auseinandersetzung mit der Gewalt, vernachlässigt. Durch die aktuellen Diskussionen um Psychose-Seminare, Behandlungsvereinbarungen, Soteria-Projekte, durch das Engagement der Psychiatrie-Erfahrenen geraten wir Profis in der gewalttätigen Psychiatrie unter einen verstärkten Legitimationsdruck.

Dies alles sind Bewegungen, die Veränderungen bewirken können - wenn wir wollen.

Literatur

BAUER, M. (1982): Zwangseinweisungen in der Psychiatrie. In: WALLER, H. (Hg): Zwangseinweisung in der Psychiatrie. Bern, S. 10–20.

BENTLAGE, H.; LEWE, U. (1990): Die Kehrseite der Medaille oder Was hat die Putzfrau mit der Psychiatriereform zu tun? In: *Sozialpsychiatrische Informationen*, 4, S. 34–36.

BRILL, K.E. (1997): Betreuerbestellung ist zum Lotteriespiel geworden. In: *Psychosoziale Umschau*, 1, S. 13–14.

DITTMANN, V. (1988): Zwangsunterbringung und Zwangsbehandlung in einer psychiatrischen Universitätsklinik. In: *Schleswig-Holsteinisches Ärzteblatt*, 4, S. 232–236.

EINK, M. (1995): Enthospitalisierung. Aufstieg und Fall eines Zauberwortes. In: *Soziale Psychiatrie*, 1, S. 4–7.

ELGETI, H. (1993) : Depot-Neuroleptika in der Sozialpsychiatrie. In: *Zeitschrift für Gesundheitswissenschaften*, 4, S. 310–318.

ERNST, K. (1981): Praktische Klinikpsychiatrie. Berlin.

ERNST, K. (1982): Zwangsmaßnahmen in der psychiatrischen Klinik – statistisch registriert und vom Kranken beurteilt. In: *Schweizerische Ärztezeitung*, 6, 63, S. 298–302.

FINZEN, A. U.A. (1993): Hilfe wider Willen. Zwangsmedikation im psychiatrischen Alltag. Bonn.

KATZ, P.; KIRKLAND, F.R. (1990): Violence and Social Structure on Mental Hospital Wards. In: *Psychiatry*, 53, S. 262–277.

KNOLL, M. (1990): Aggressivität im psychiatrischen Alltag. In: *Fundamenta Psychiatrica*, 4, S. 124–131.

KRISOR, M. (1992): Auf dem Weg zur gewaltfreien Psychiatrie. Das Herner Modell im Gespräch. Bonn.

PITTRICH, W. (1996): Begrüßung zur 47. Gütersloher Fortbildungswoche. In: DÖRNER, K.; BÖKER, K. (Hg.): Das Krankenhaus lernt laufen. Gütersloh, S. 16–20.

REIMER, F.; STARZ, H. (1989): Gewalt und Sicherheit im Psychiatrischen Krankenhaus. In: *Spektrum*, 5, S. 195–198.

SEIDEL, R. (1990): Der Einzelne und die Anderen. Psychiatrisches Handeln zwischen Selbstbestimmung und Zwang. In: *Sozialpsychiatrische Informationen*, 4, S. 8–14.

SPENGLER, A. U.A. (1981): Erste Erfahrungen in einem psychiatrischen Notdienst. In: *Psychiatrische Praxis*, 8, S. 18–24.

STEINERT, T. U.A. (1991): Aggressionen psychiatrischer Patienten in der Klinik. In: *Psychiatrische Praxis*, 18, S. 155–161.

STIERLIN, H. (1956): Der gewalttätige Patient. Basel.

VERRES, R. (1982): Therapeutischer Umgang mit Aggressionen. In: *Psychiatrische Praxis*, 9, S. 131–137.

Der Herausgeber

Michael Eink: Jahrgang 1957, Dr. rer. biol. hum., Dipl. Päd., Professor am Fachbereich Sozialwesen der Ev. Fachhochschule Hannover. Tätigkeit im Übergangswohnheim und in einer Beratungsstelle, Leiter der Rehabilitationsstation der Abt. Sozialpsychiatrie in der Medizinischen Hochschule Hannover. Mitglied der Redaktion der *Sozialpsychiatrischen Informationen* und des Vorstands der Deutschen Gesellschaft für Soziale Psychiatrie (DGSP). Veröffentlichungen zu Psychiatriereform, Enthospitalisierung, Sexualität und Beziehungsarbeit. Adresse: Ev. Fachhochschule, FB Sozialwesen, Postfach 690369, 30612 Hannover.

Autorinnen und Autoren

Thomas Bock: Jahrgang 1954, Dr. phil., Dipl. Psych., tätig im Universitätskrankenhaus Eppendorf und Mit-Initiator der Psychose-Seminare. Zahlreiche Veröffentlichungen *(Stimmenreich, Lichtjahre)*. Adresse: UKE, Martinistraße 52, 20246 Hamburg.

Georg Bruns: Jahrgang 1948, Dr. med., Dipl. Soz., Nervenarzt, langjährige Tätigkeit im ZKH Bremen-Ost, im Sozialpsychiatrischen Dienst und als Oberarzt, Habilitation in der Medizinischen Soziologie, jetzt tätig in eigener Praxis. Adresse: Schubertstraße 54, 28209 Bremen.

Stephan Debus: Jahrgang 1955, Dr., verheiratet, 3 Kinder, Studium der Physik und Philosophie, Promotion zum Thema »Emotion und Chaostheorie«. Mitbegründer des *Wissenschaftsladens Hannover e. V.* Seit 1994 Mitarbeiter in der Abteilung Sozialpsychiatrie und Psychotherapie an der Medizinischen Hochschule Hannover, Leitung des *Soteria*-Arbeitskreises. Adresse: Abtl. Sozialpsychiatrie und Psychotherapie, Postfach, 30623 Hannover.

Ilse Eichenbrenner: Jahrgang 1950, Sozialarbeiterin im Sozialpsychiatrischen Dienst Berlin-Charlottenburg und Koordinatorin des Psychiatrischen Notdienstes dort. Vorstandsmitglied der Deutschen Gesellschaft für Soziale Psychiatrie (DGSP). Redaktionsmitglied der *Sozialen Psychiatrie.*

Petra Gromann: Jahrgang 1953, Dr., Dipl. Soz., Professorin an der Fachhochschule Fulda. Adresse: Marquardstraße 35, 36039 Fulda.

Horst Haltenhof: Jahrgang 1954, Dr. med., Krankenpflegehelfer und Psychiater, 1991–94 Oberarzt an der Psychiatrischen Universitätsklinik Marburg, seither an der Abteilung Sozialpsychiatrie und Psychotherapie der Medizinischen Hochschule Hannover. Adresse: Postfach, 30623 Hannover.

Hans-Joachim Haug: Jahrgang 1953, Priv.-Doz. Dr. med., Facharzt für Psychiatrie und Neurologie/Psychotherapie. Oberarzt an der Psychiatrischen Universitätsklinik Basel. Adresse: PUK Basel, Wilhelm-Klein-Straße 27, 4025 Basel.

Ulrich Kobbé: Jahrgang 1951, Dr. phil., Dipl. Psych., forensisch-psychologische Tätigkeit als Psychotherapeut, Supervisor, Lehrtherapeut und in Leitungsfunktionen. Zahlreiche Veröffentlichungen und Mitherausgeber der Zeitschrift *Forensische Psychiatrie und Psychotherapie*. Adresse: Am Brüningsberg 10, 59556 Lippstadt.

Harald Pfannkuch: Jahrgang 1961, Sozialwissenschaftler am Psychiatrischen Therapiezentrum St. Marien-Hospital Eickel, Arbeitsschwerpunkte: Gemeinde- und Sozialpsychiatrie, Psychiatriereform, Abhängigkeitserkrankungen, psychisch kranke ältere Menschen. Adresse: Marienstraße 2, 44651 Herne.

Renate Schernus: Jahrgang 1942, Dipl.-Psych.,1970–1985 Arbeit mit anfallskranken Kindern,1985–1996 Leiterin einer Abteilung für mittelfristige psychiatrische Behandlung, seit April 1996 Leiterin des Fachbereichs Psychiatrie der Teilanstalt Bethel. Adresse: Grete-Reich-Weg 11, 33617 Bielefeld.

Matthias Seibt: Jahrgang 1959, Dipl. Psych., gründete 1991 mit anderen die *Irren-Offensive Ruhrgebiet.* Mitglied im Vorstand des Bundesverbandes Psychiatrie-Erfahrene. Adresse: Irren-Offensive, Berggate 1, 44809 Bochum.

Ralf Seidel: Jahrgang 1941, Dr. med., Studium der Medizin und Philosophie. Arzt für Neurologie, Psychiatrie, Psychotherapie. 1980–1984 Oberarzt an der Medizinischen Hochschule in Hannover. Seit 1984 Leitender Arzt der Rheinischen Landesklinik Mönchengladbach. Veröffentlichungen u. a. zur Geschichte der Psychiatrie im Nationalsozialismus, zu Ethik, zu Psychiatrie und Kunst. Adresse: Heinrich-Pesch-Straße 39–41, 41239 Mönchengladbach.

Gabriele Tergeist: Jahrgang 1950, Finanzwirtin, Sozialpädagogin, Sozialarbeiterin, Forschungstätigkeiten in Israel und USA. Heute freiberuflich in Fortbildung und Beratung für soziale Einrichtungen tätig. Diverse Veröffentlichungen *(Spinnt die Frau, Störfall Sexualität)*. Adresse: Hellkamp 41, 20255 Hamburg.

Günther Wienberg: Jahrgang 1953, Dipl. Psych., tätig lange Zeit im Bereich der Abhängigkeitserkrankungen. Von 1992 bis 1997 Dezernent der Ausbildungsstätten in den von Bodelschwinghschen Anstalten Bethel. Jetzt Geschäftsführer in der Teilanstalt Bethel. Zahlreiche Veröffentlichungen. Adresse: Maraweg 9, 33617 Bielefeld.

Gunter Herzog/Gabriele Tergeist (Hg.)

Störfall Sexualität

Intimitäten in der Psychiatrie

Ist die Sexualität für die Psychiatrie nur ein Störfall, den es zu verhindern, zu behindern, zu ignorieren gilt?

Psychisches Leid und sexuelles Verlangen schließen sich nicht aus. Auch unter psychiatrischen Lebensumständen begegnen sich Menschen mit Leib und Seele, mit Lust und Wahn, mit dem Grundbedürfnis nach Sexualität, Zärtlichkeit und Liebe.

Dieses Fachbuch bricht mit Tabus und Vorurteilen und bezieht Stellung zum Umgang mit intimen Angelegenheiten in der Psychiatrie.

»Eine ›psychiatrische Peepshow‹ im handlichen Fachbuchformat – kann das denn gutgehen? Allen ehrlich Besorgten, Skeptikern und Voyeuren sei freudig zugerufen:

Ja, es kann!

Die farbige Vielfalt von fachlichen und literarischen Beiträgen macht das Stöbern und Festlesen zum Erlebnis und oft genug zum Déjà-vu, denn hier steht es jetzt einmal schwarz auf weiß, was alle Beteiligten im psychiatrischen Alltag oft genug (un)angenehm bewegt.«

Hartwig Hansen, Soziale Psychiatrie

»Störfall Sexualität ist eine Glanzleistung der Herausgeber und des Verlages!«

Rolf Brüggemann, Seelenpresse

ISBN 3-88414-185-6, 270 S., 34.00 DM